Didaktisch handeln und denken 1

Fokus angeleitetes Lernen

Hans Berner, Urban Fraefel, Barbara Zumsteg (Hrsg.)

Dieses Werk erscheint in zwei Einzelbänden

Band 1 Didaktisch handeln und denken 1
        Fokus angeleitetes Lernen
Band 2 Didaktisch handeln und denken 2
        Fokus eigenständiges Lernen

© 2011 Verlag Pestalozzianum an der Pädagogischen Hochschule Zürich
www.verlagpestalozzianum.ch

Projektleitung
Markus Brandenberg

Herausgeberschaft
Hans Berner, Urban Fraefel, Barbara Zumsteg

Autorinnen und Autoren
Hans Berner, Regula von Felten, Urban Fraefel,
Dorothea Tuggener Lienhard, Barbara Zumsteg

Fotos
René Rötheli, Baden

Korrektorat
Heike Burkard, Rorbas

Herstellung
Vreni Stoob, St. Gallen

Druck
Fratelli Roda SA, Taverne

ISBN: 978-3-03755-115-8 (Verlag Pestalozzianum)
ISBN: 978-3-8340-0860-2 (Schneider Verlag)

Inhalt

Vorwort 7

| Kapitel 1 | **Was sind gute Lehrerinnen und Lehrer?** | 11 |

Basics — 13

Die Suche nach den guten Lehrerinnen und Lehrern 14
Was müssen gute Lehrerinnen und Lehrer wissen und können? 16
Es kommt auf die Lehrerin, den Lehrer an 17

Texte — 21

1. Best-Practice-Lehrpersonen in der Deutschschweiz 22
2. Professionelle Kompetenz von Lehrkräften 23
Kommentierte Literaturhinweise 25

Materialien — 27

1. Der hohe Stellenwert persönlicher Erinnerungen an seine Lehrerinnen und Lehrer 28
2. Projekt «Eine unvergessliche Lehrperson» 29
3. Einblick in eine Projekt-Erfahrung 30
4. Lehrer soll nur werden, wer wirklich gut ist! 32
5. Sind Sie immer noch Lehrerin? 35
6. Dank des Nobelpreisträgers Albert Camus an seinen Lehrer 37
7. Die Bekenntnisse eines New Yorker Lehrers in einem literarischen Bestseller 39
8. Eine Hommage an einen Lehrer 41

| Kapitel 2 | **Unterricht beobachten – Feedback geben – reflektieren** | 43 |

Basics — 45

Unterricht beobachten 46
Feedback geben 48
Reflektieren 51

Texte — 53

1. «Glauben wir, was wir sehen, oder sehen wir, was wir glauben?» ... 54
2. Soziale Wahrnehmung und Wahrnehmungsfehler 57
3. Reflexion des Handelns – eine grundlegende Kompetenz 59
4. Lernen ist nicht Reflex, sondern Reflexion 62
5. Reflexionsfähigkeit und -praxis der Lehrperson 65
Kommentierte Literaturhinweise 67

Materialien — 69

- **1** Unterricht beobachten und dokumentieren — 70
- **2** Feedback — 73
- **3** Checkliste für die Selbstreflexion — 75
- **4** «Reflexions-Fenster» und «Reflexions-Portal» — 76
- **5** Beispiel eines Reflexions-Portals — 78
- **6** Raster für unterrichtliche Kompetenzen — 80

Kapitel 3 — Ziele setzen — 83

Basics — 85

Braucht es Ziele? — 86
Gute Ziele setzen — 88

Texte — 93

- **1** «Wenn man nicht genau weiss, wohin man will, landet man leicht da, wo man gar nicht hinwollte.» — 94
- **2** Merkmale zweckmässiger Zielbeschreibungen — 95

Materialien — 99

- **1** Lernziele setzen — 100
- **2** Lernziele formulieren – Liste von möglichen Verben — 101
- **3** Lernzielhierarchisierung – dargestellt am Beispiel des Anspruchsniveaus von Lehrerfragen — 102
- **4** Lernziele ergeben sich selbstverständlich, wenn Sache, Bedingungen, Bedeutung und Sinn geklärt sind — 104
- **5** Lernziele formulieren als Ergebnis der Klärung von Sache, Bedingungen, Bedeutung und Sinn: Beispiele — 105

Kapitel 4 — Lehren durch Instruieren – Lernen durch Konstruieren — 107

Basics — 109

Basistechniken — 110
Erlernen von Basistechniken — 111
Was gehört zu den grundlegenden Techniken des Unterrichtens? — 112

Texte — 115

- **1** Lehren durch Instruktion — 116
- **2** Darbietung im Unterricht — 124

Kommentierte Literaturhinweise — 129

Materialien — 131

1. Aufmerksamkeit herstellen – vor Unterrichtsbeginn — 132
2. Aufträge erteilen — 133
3. Aufträge im Sportunterricht — 137
4. Kurzvortrag, Informationsinput — 138
5. Der Kurzvortrag: Einige Empfehlungen — 139
6. Verständlich vortragen: Das Hamburger Verständlichkeitskonzept — 141
7. Erklären: Auf Fragen und Schwierigkeiten antworten — 142
8. Erzählen für Kinder — 143
9. Fragen stellen im Unterricht — 145

Kapitel 5 — Spielphasen planen und begleiten — 147

Basics — 149

- Was bedeutet Spielen für Kinder? — 150
- Zeit zum Spielen — 153
- Raum zum Spielen — 155
- Möglichkeiten der Spielbegleitung — 156

Texte — 159

1. «Stimulieren» oder «Wachsenlassen»? – eine pädagogische Streitfrage zum heutigen Kinderspiel — 160
2. Der Raum als «dritter Erzieher» — 163
- Kommentierte Literaturhinweise — 166

Materialien — 169

1. Praxisbezogene Aufträge zum Thema Spielen — 170
2. Merkmale von Spielangeboten und -materialien — 171
3. Planspiel — 174

Kapitel 6 — Lernprozesse begleiten — 177

Basics — 179

- Was ist unter «Lernprozessbegleitung» zu verstehen? — 180
- Die Rahmentheorie: Wissen wird vornehmlich sozial konstruiert — 181
- Was sind die Merkmale der Lernprozessbegleitung? — 182
- Scaffolds und Feedbacks in der Übersicht — 183
- Die Kompetenz des Begleitens von Lernprozessen — 185

Texte — 187

1. Adaptiver Unterricht — 188
2. Individuelle Lernbegleitung – Qualitätsansprüche und Indikatoren — 190
3. Fordern und Fördern in der Grundschule — 191
- Kommentierte Literaturhinweise — 193

Materialien — 195

1. Projekt «Eine Schülerin, einen Schüler individuell begleiten» 196
2. Lern- und Verstehensprozesse begleiten: Beispiel «Getreide mahlen» 200

Anhang — Planen und reflektieren — 203

Planungsübersicht 204
Unterricht evaluieren und weiterentwickeln 206

Autorinnen und Autoren 208
Bildnachweis 208

Vorwort

In seinem 2005 veröffentlichten Bestseller *Teacher Man* schreibt Frank McCourt über seine Erfahrungen als Lehrer in der rauen schulischen Realität von New York. Er erzählt, was er von seinen insgesamt zwölftausend Schülerinnen und Schülern gelernt hat als Lehrer, als Geschichtenerzähler, als Schriftsteller. Er beschreibt seinen aus der Sicht der Unterrichtsqualitätsforschung eher eigenwilligen persönlichen Unterrichtsstil: «Anstatt zu unterrichten, hab ich Geschichten erzählt. Nur damit sie ruhig sind und in ihren Bänken sitzen bleiben.» Und seine Rolle als Lehrer: «Ich war mehr als ein Lehrer. Und weniger. Im High-School-Klassenzimmer ist man Feldwebel, Rabbi, Schulter zum Ausweinen, Zuchtmeister, Sänger, Stubengelehrter, Büroangestellter, Schiedsrichter, Clown, Berater, Beauftragter für die Kleiderordnung, Schaffner, Fürsprecher, Philosoph, Kollaborateur, Stepptänzer, Politiker, Therapeut, Narr, Verkehrspolizist, Priester, Mutter-Vater-Bruder-Schwester-Onkel-Tante, Buchhalter, Kritiker, Psychologe, Rettungsanker.» (McCourt 2005, S. 29)

Diese selbstkritischen literarischen Erinnerungen an eine durch Zeit und Ort bestimmte schulische Realität mit rund dreiunddreissigtausend gehaltenen Lektionen vor ungefähr zwölftausend Schülerinnen und Schülern vermitteln einen faszinierenden Einblick in das Handeln und Nachdenken eines Lehrers. Das Buch zeigt eindrücklich die Komplexität des Berufes, die Sonnen- und Schattenseiten pädagogischen Handelns, die Chancen und Grenzen mehr oder weniger durchdachter geplanter didaktischer Arrangements. Das Buch ermöglicht aber auch einen spannenden Einblick in eine Lehrerbiografie vom ersten Tag einer Lehrerlaufbahn bis zum letzten: «Am ersten Tag meiner Lehrerlaufbahn wäre ich fast entlassen worden, weil ich das Pausenbrot eines Schülers aufass.» (S. 19) «Die Glocke läutet, und sie bewerfen mich mit Konfetti. Sie wünschen mir ein schönes Leben. Ich wünsche ihnen dasselbe. Bunt gesprenkelt gehe ich durch den Korridor. Jemand ruft mir nach: He, Mr. McCourt, Sie sollten ein Buch schreiben. Ich probier's.» (S. 331, 332)

Am Anfang seiner Lehrerausbildung hatte Frank McCourt ganz klare und einfache Vorstellungen: «Unterrichten stellte ich mir ganz einfach vor: Man erzählt den Schülern, was man weiss, und irgendwann hält man Prüfungen ab und verteilt Noten.» (S. 58) Nach ersten Erfahrungen realisiert er: «Da kommen sie. Und ich bin nicht bereit. Wie könnte ich auch? Ich muss das Lehren erst noch lernen.» (S. 19)

Die beiden Bände des Studienbuches *Didaktisch handeln und denken* sollen einen Beitrag zu diesem Lernen des Lehrens leisten. Sie sollen Studienanfängerinnen und Studienanfänger in grundlegende Kompetenzen und Aspekte des didaktischen Handelns und Denkens sowie in Fragen des Berufs einführen. In den einzelnen Kapiteln werden zentrale Aspekte des didaktischen Handelns anhand von einführenden und zusammenfassenden Inputs, von Quellentexten und Materialien geklärt. Diese Kombination von aktuellen Theorie- und Praxis-Elementen kann auch für erfahrene Lehrerinnen und Lehrer zu einer herausfordernden Lektüre werden, weil Bekanntes und Bewährtes in einem neuen Licht erscheinen kann.

Der erste Band widmet sich in den verschiedenen Kapiteln ausgehend von der Grundfrage «Was sind gute Lehrerinnen und Lehrer?» den Themen Unterricht beobachten – Feedback geben – reflektieren, Ziele setzen, Lehren durch Instruieren – Lernen durch Konstruieren, Spielphasen planen und begleiten sowie Lernprozesse begleiten.

Im zweiten Band geht es ausgehend von der Grundfrage «Was ist guter Unterricht?» um die Themenbereiche Inhalte auswählen, in Epochen unterrichten, selbständig lernen durch Unterrichtskonzeptionen wie Werkstatt-Unterricht, Unterricht mit Arbeitsplänen, Atelierarbeit, Dialogisches Lernen, Projekt-Unterricht, Kooperatives Lernen sowie um die Beurteilung von Lernfortschritten. Im abschliessenden, die beiden Bände zusammenfassenden Kapitel geht es um die anspruchsvolle Balanceleistung zwischen Instruktion und Konstruktion.

Jedes Kapitel folgt dem gleichen Aufbau: Ein Grundlagenteil, in dem der aktuelle Stand des Wissens kompakt zusammengefasst ist (Basics); ein Teil mit ausgewählten Texten und weiterführenden kommentierten Literaturhinweisen sowie ein Teil mit Materialien.

Basics

Eine kompakte Übersicht führt in das Thema ein und resümiert die zentralen Begriffe, Konzepte und Zusammenhänge.

Texte

Dieser Teil umfasst ausgewählte Quellentexte verschiedener Autoren und Autorinnen zu diesem Thema. Zudem enthält er eine kommentierte Literaturliste.

Materialien

Dieser Bereich ergänzt das Thema des Kapitels mit Beispielen, weiteren Texten und Konkretisierungen, teilweise spezifisch für einzelne Stufen und Fächer. Eine ausgewogene, vollständige Dokumentation zum Thema des Kapitels ist weder gewollt noch möglich. Die Konzepte und Materialien zeigen vielmehr die Aspekte des Themas und stellen es aus verschiedenen Blickwinkeln dar – zum Teil bewusst widersprüchlich. Diese Breite soll helfen, sich vielfältig mit dem Thema zu befassen, auszuprobieren, zu lesen, zu diskutieren.

Im ersten Band wird der Fokus auf angeleitetes Lernen gelegt, im zweiten auf eigenständiges Lernen. Dies geschieht aus Gründen der Komplexitätsreduktion im ersten Teil der berufspraktischen Ausbildung – und nicht aus Gründen einer Favorisierung eines bestimmten Unterrichtsstils. Denn: Wir sind der Meinung, dass Bertolt Brecht mit seiner im *Buch der Wendungen* formulierten Erkenntnis recht hat: «Jeder Lehrer muss lernen, mit dem Lehren aufzuhören, wenn es Zeit ist. Das ist eine schwere Kunst. Die Wenigsten sind imstande, sich zu gegebener Zeit von der Wirklichkeit vertreten zu lassen. Die Wenigsten wissen, wann sie mit den Lehren fertig sind. Es ist freilich schwer, zuzusehen, wie der Schüler, nachdem man versucht hat, ihm die Fehler zu ersparen, die man selber begangen hat, nunmehr solche Fehler macht. So schlimm es ist, keinen Rat zu bekommen, so schlimm kann es sein, keinen geben zu dürfen.» (Brecht 1992, S. 63)

Wir bedanken uns bei allen Beteiligten der berufspraktischen Ausbildung an der PH Zürich für ihre Optimierungsvorschläge. Ihre kritischen Rückmeldungen zu den Basics- und Quellentexten sowie zu den Materialien haben dazu beigetragen, diese Grundlagen für die berufspraktische Ausbildung in einer Balance zwischen Theoretisch-Anspruchsvollem und Praktisch-Anwendbarem zu halten.

Ein besonderer Dank geht an den Fotografen René Rötheli: Aus seiner grossen Sammlung faszinierender Bilder konnten wir Bild-Spuren auswählen, die den anspruchsvollen Prozess des didaktischen Handelns und Denkens von Lehrpersonen symbolisieren.

Im Januar 2011
Hans Berner und Barbara Zumsteg

Kapitel 1 Was sind gute Lehrerinnen und Lehrer?

Die einfachen Antworten auf die Frage «Was ist eine gute Lehrerin, was ein guter Lehrer?» erfolgen häufig in Form von eher naiven additiven Wunschkatalogen über ideale Lehrpersonen. Aus der Perspektive der Bildungsforschung wird dieses Alltagswissen mit konkreten kritischen Fragen konfrontiert, die mit der umfassenden Frage «Was müssen gute Lehrpersonen wissen und können?» zusammengefasst werden kann.

Es ist völlig unbestritten: Effiziente Lehrerinnen und Lehrer, die in der Lage sind, gute Beziehungen zu ihren Schülerinnen und Schülern aufzubauen, haben einen nachhaltigen Einfluss auf das Leben der Schülerinnen und Schüler. Empirische Studien beweisen: Es kommt auf die Lehrerin, den Lehrer an! Lehrerinnen und Lehrer haben mit ihren Kompetenzen und ihrem unterrichtlichen Handeln erheblichen Einfluss auf die Lernentwicklung von Schülerinnen und Schülern.

| Basics | Seite 13 | Texte | Seite 21 | Materialien | Seite 27 |

Basics Was sind gute Lehrerinnen und Lehrer?

HANS BERNER

Die Suche nach den guten Lehrerinnen und Lehrern

«Wo ein guter Lehrer am Werk ist, wird die Welt ein bisschen besser.»

Diese für Pädagoginnen und Pädagogen ermunternd-hoffnungsvolle Aussage des Kognitionspsychologen und Lehrerbildners Hans Aebli in einem vor mehr als 20 Jahren durchgeführten Interview hat bis heute ihre Richtigkeit. (vgl. Aebli 1983, S. 3–13) In einem Artikel mit dem Titel «‹Der gute Lehrer›, ‹die gute Lehrerin› im Spiegel der Wissenschaft» hat sich Franz Weinert, einer der renommiertesten Unterrichtsforscher, auf dieses optimistische Credo bezogen und es als gleichermassen wahr und weise bezeichnet: Wahr, weil alle unvoreingenommenen Beobachter des Wirkens und der Wirksamkeit von Lehrpersonen Beispiele vor Augen haben, die mit dem pädagogischen Optimismus von Aebli in selbstevidenter Weise übereinstimmen; weise, weil viele Erfahrungen dafür sprechen, dass grosse Reformen oder neue Technologien die Welt zwar dramatisch verändern, aber ob dadurch auch die Welt für die einzelnen Menschen ein bisschen besser wird, hängt in der Welt der Schule in besonderem Masse vom Wirken einzelner Menschen – guter Lehrerinnen und Lehrer – ab. (vgl. Weinert 1996, S. 141)

In der Literatur kommen Lehrerfiguren häufig vor – und es lässt sich nicht verschweigen, dass negative oder bemitleidenswerte Figuren zahlreicher sind. Abschreckende Beispiele finden sich in Friedrich Torbergs «Der Schüler Gerber», in Hermann Hesses «Unterm Rad», in Hermann Burgers «Schilten». Aber es gibt selbstverständlich auch ausserordentlich positive Beispiele wie die im Materialienteil zitierte Ehrerbietung von Albert Camus an seinen Lehrer nach Erhalt des Nobelpreises oder der als «Hommage» betitelte Text von Alfred Häsler an seinen Primarlehrer. Auch in Filmen wird durch bekannte Schauspieler Lehrerfiguren ein Denkmal gesetzt: Etwa Robin Williams in der Rolle von John Keating im Film «Dead Poets Society» als begeisterter und begeisternder Literatur-Lehrer in der Welton Academy in Vermont oder Michelle Pfeiffer in der Rolle von LouAnne Johnson im Film «Dangerous Minds» als idealistische Lehrerin in der «Realität» einer Schule in East Palo Alto Kalifornien.

Im Schweizer Dokumentarfilm «Zum Abschied Mozart» von Christian Labhart wird ein Musiklehrer porträtiert, der sich auf besondere Weise für die Wichtigkeit und den Ernst einer gewählten Sache engagiert. Der hohe Anspruch, mit den Schülerinnen und Schülern einer 9. bis 12. Klasse Mozarts Requiem aufzuführen, erfordert von allen ausserordentliche Anstrengungen beim Proben und Höchstleistungen im Konzert. Der Weg zum hohen Ziel einer gelungenen Aufführung ist für die in völlig anderen Freizeit-Welten lebenden Schülerinnen und Schüler immer wieder unbequem und hart. Das Engagement und die Begeisterung des Lehrers für die Sache, seine Unnachgiebigkeit und Kompromisslosigkeit faszinieren und irritieren die Schülerinnen und Schüler gleichermassen. Die Aufführung mit zwei Konzerten in vollen Sälen ist der Lohn für eine beeindruckende Lehrer- und Schülerleistung.

© Christian Labhart

Eigentlich sind gute Lehrpersonen ja ganz einfach zu beschreiben ...

Gute Lehrpersonen sind pünktlich und zuverlässig, sie sind freundlich gegenüber Schülerinnen und Schülern, Kollegen, Eltern und Vorgesetzten, sie sind fleissig, engagiert und belastbar, und sie haben die Belange ihrer Schule, ihrer Klassen und einzelner Schülerinnen und Schüler im Auge. Ihre Fachkompetenz in ihren Unterrichtsfächern ist genauso hoch entwickelt wie ihre didaktisch-methodischen sowie pädagogisch-erzieherischen Fähigkeiten. Ihr Unterricht ist angemessen anspruchsvoll; die Lernfortschritte ihrer Schülerinnen und Schüler sind beachtlich. Sie bemühen sich darum, eine positive Lernhaltung sowie ein lernförderliches Klima in den von ihnen unterrichteten Klassen zu schaffen. Kolleginnen und Kollegen übernehmen gerne ihre Klassen. Als Personen erfreuen sie sich einer natürlichen Autorität gegenüber den Schülerinnen und Schülern, sie werden von ihnen geachtet und geschätzt. Sie bilden sich in ihren Fächern und hinsichtlich ihrer pädagogisch-didaktischen Fähigkeiten fort, arbeiten in der Lehrerbildung als Praxislehrpersonen, können konstruktiv mit beruflichen Beanspruchungen umgehen und können zu hohe Belastungen erfolgreich abwehren. In Arbeitsgruppen zeigen sie ihre Teamfähigkeit. Sie verstehen es, gegenüber Eltern ein klares, differenziertes Bild ihrer Kinder zu vermitteln und – wo nötig – konstruktive Hinweise zu geben. Sie identifizieren sich mit ihrem Beruf – und können doch gut vom Beruf abschalten (vgl. Terhart 2006, S. 42).

... und wie sieht es in der Wirklichkeit aus?

Aus der Perspektive der Bildungsforschung wird dieses naiv-triviale additive Verfassen von Wunschkatalogen über die ideale Lehrperson mit konkreten kritischen Fragen konfrontiert: Wie sieht es in der Wirklichkeit in den Klassenzimmern aus – und wie in den Lehrerzimmern? Wie weit entspricht der realexistierende Lehrkörper auf den verschiedenen Stufen diesem Bild von Lehreridealattributen? Was kennzeichnet erfolgreiche Lehrpersonen in ihrem Denken, Urteilen und Handeln? Wie sieht eigentlich das Aufgabenspektrum aus, das in diesem Beruf möglichst gut bewältigt werden muss? Unter welchen Arbeitsbedingungen kann man überhaupt eine gute Lehrperson sein? (vgl. Terhart 2006, S. 42) Oder Fragen wie: Wie können Lehrpersonen die Lernmotivation der Schülerinnen und Schüler wirksam unterstützen? Welche motivationsfördernden Strategien sind nachhaltig? Wie gelingt es Lehrpersonen, die negativen Folgen von Lehrererwartungen zu vermeiden?

Oder ganz umfassend gefragt: Was müssen gute Lehrpersonen eigentlich wissen und können?

Um aufgrund dieser ausgewählten Fragepalette keine falschen Illusionen zu wecken, muss betont werden, «dass viele solcher Fragen gegenwärtig von der empirischen Bildungsforschung kaum und selten eindeutig beantwortet werden können» (Terhart 2006, S. 42).

Die Suche nach den guten Lehrpersonen – aus der Sicht der empirischen Unterrichtsforschung

In einer frühen Phase der Unterrichtsforschung wurde die Hoffnung gehegt, man könne Eigenschaften erfolgreicher Lehrpersonen wie Charaktermerkmale (beispielsweise Geduld) oder einen ganz bestimmten Führungs- oder Unterrichtsstil identifizieren. Diese Versuche gelten heute als klar gescheitert. Die Aufgaben von Lehrpersonen sind zu heterogen, der kausale Wirkungspfad von einem allgemeinen Persönlichkeitsmerkmal eines Lehrers oder einer Lehrerin bis hin zu den Lernprozessen der einzelnen Schülerinnen und Schüler ist zu weit und zu undurchsichtig. Es liessen sich nur wenige, schwache und zudem triviale Zusammenhänge zwischen Lehrerpersönlichkeit und Schulleistungsunterschieden finden. (vgl. Helmke 2004, S. 29, 30)

Was müssen gute Lehrerinnen und Lehrer wissen und können?

Antworten auf die nicht ganz einfache Frage «Was müssen Lehrerinnen und Lehrer heute – und morgen – unbedingt wissen und können?»

In den letzten Jahren wird im deutschsprachigen Raum sowohl auf der bildungspolitischen als auch auf der erziehungswissenschaftlichen Ebene eine intensive Debatte über die Kompetenzen von Lehrpersonen in einem veränderten gesellschaftlichen und schulischen Umfeld geführt. Von verschiedenen Seiten werden Antworten auf die Frage «Was müssen Lehrerinnen und Lehrer heute – und morgen – unbedingt wissen und können?» präsentiert.

In ihren Ende 2004 veröffentlichten diskussionsleitenden Standards für die Lehrerbildung hat die Kultusministerkonferenz diese Frage pointiert beantwortet: Die Kompetenzen von Lehrerinnen und Lehrern lassen sich mit den vier Haupttätigkeitsfeldern Unterrichten, Erziehen, Beurteilen und Innovieren umschreiben. Lehrerinnen und Lehrer sind Fachleute für das Lehren und Lernen, die ihre Erziehungs- und ihre Beurteilungsaufgabe gerecht und verantwortlich ausüben und ihre Kompetenzen ständig weiterentwickeln. Zur Unterrichtskompetenz gehört, dass sie ihren Unterricht fach- und sachgerecht planen und sachlich und fachlich korrekt ausführen; dass sie durch die Gestaltung von Lernsituationen das Lernen von Schülerinnen und Schülern unterstützen und die Schülerinnen und Schüler motivieren und befähigen, Zusammenhänge herzustellen und Gelerntes zu nutzen; dass sie die Fähigkeiten von Schülerinnen und Schülern zum selbstbestimmten Lernen und Arbeiten fördern. Zur Erziehungskompetenz gehört, dass sie die sozialen und kulturellen Lebensbedingungen von Schülerinnen und Schülern kennen und im Rahmen der Schule Einfluss auf deren individuelle Entwicklung nehmen; dass sie Werte und Normen vermitteln und selbstbestimmtes Urteilen und Handeln von Schülerinnen und Schülern unterstützen sowie Lösungsansätze für Schwierigkeiten und Konflikte in Schule und Unterricht finden. Zur Beurteilungskompetenz gehört, dass die Lehrerinnen und Lehrer Lernvoraussetzungen und Lernprozesse von Schülerinnen und Schülern diagnostizieren;

Schülerinnen und Schüler gezielt fördern; Lernende und deren Eltern beraten; Leistungen von Schülerinnen und Schülern auf der Grundlage transparenter Beurteilungsmassstäbe erfassen. Zur Innovationskompetenz gehört, dass sich die Lehrpersonen der besonderen Anforderungen des Lehrerberufes bewusst sind und dass sie ihren Beruf als ein öffentliches Amt mit besonderer Verantwortung und Verpflichtung und als ständige Lernaufgabe verstehen sowie dass sie sich an der Planung und Umsetzung schulischer Projekte und Vorhaben beteiligen. (vgl. Beschluss KMK 2004, S. 7–13)

Es kommt auf die Lehrerin, den Lehrer an

Keine einfache Aufgabe – kein einfacher Beruf …

Dieses beispielhaft gezeigte Kompetenzenprofil stellt die Lehrpersonen und die Schulleitungen einerseits und die Lehrer- und Lehrerinnenbildung andererseits vor grosse Herausforderungen. Zusätzlich erschwert wird die aktuelle Situation durch verschiedene berufsspezifische Brennpunkte wie beispielsweise Praxis versus Theorie, Realität versus Idealität, Belastung versus Entlastung. Angesichts dieser Schwierigkeiten ist es nicht weiter erstaunlich, dass in verschiedenen Forschungsüberblicken diagnostiziert wird, dass wir es bei der pädagogischen Arbeit mit «Unsteuerbarkeit, Undurchschaubarkeit und Ungewissheit des beruflichen Handelns» (Combe/Kolbe 2004) zu tun haben, hervorgerufen durch die Aufgabe selbst, die sich als Gefüge «unaufhebbarer Antinomien» (Helsper 2004) darstelle, für die Krisenhaftigkeit als Normalfall unterstellt werden müsse, und dass die Tätigkeit der Lehrpersonen als «ein unmöglicher Beruf» bezeichnet wird (Titel eines Sammelbandes von Carlsburg/Heitger 2005).

… aber man kann ihn bewältigen

Dieser von verschiedenen Wissenschaftlerinnen und Wissenschaftlern gerne gepflegten und publizierten Metaphorik der «Unmöglichkeit» und des «Technologiedefizits» widerspricht Heinz-Elmar Tenorth dezidiert: «Der Beruf der Lehrerin oder des Lehrers bleibt schwierig – aber er ist mit einem professionstheoretisch klar zu bezeichnenden Handlungsrepertoire zu bewältigen, und man kann lernen, die Arbeit besser oder schlechter zu machen, und im Lichte von Kompetenzerwartungen und Standards über ihn sprechen, wie das ja auch geschieht …» (Tenorth 2006, S. 584).

Entscheidend ist die Lehrperson

Die Frage «Kommt es überhaupt auf den Lehrer, die Lehrerin an?» ist nicht nur in der öffentlichen und veröffentlichten Meinung ein Dauerbrenner; auch die Forschung beschäftigt sich seit Langem mit dieser Frage. Forschungsbefunde, aus denen zu entnehmen ist, dass Reichtum und Sozialstatus und nicht der Unterricht die Leistungen der Schülerinnen und Schüler bestimmten (Woolfolk 2008, S. 3), haben für viele eine in hohem Masse irritierende Wirkung und sorgen für viel Aufsehen. Studien, die überprüften, ob ein Zusammenhang zwischen Lehrerqualifikation und Schülerleistungen besteht, ergaben: «Effiziente Lehrer, die gute Beziehungen zu ihren Schülern aufbauen, haben einen nachhaltigen Einfluss auf das Leben der Schüler. Problemschüler profitierten am meisten von gutem Unterricht.» (ebenda, S. 5)

Empirische Belege zur Wichtigkeit guter Lehrpersonen

Diese Aussagen werden auch von der umfangreichen OECD-Studie «Teachers matter» aus dem Jahr 2005 bekräftigt: «Eine gut abgestützte Schlussfolgerung ist, dass von allem, was durch die Bildungspolitik beeinflusst werden kann, die *Faktoren betreffend Lehrpersonen und Unterrichten die bedeutendsten Einflüsse auf das Lernen der Schüler und Schülerinnen* haben. Insbesondere besteht ein breiter Konsens, dass ‹Qualität des Lehrens› die bedeutendste einzelne Einflussvariable auf den Lernerfolg von Schülerinnen und Schülern ist. Die Effekte unterschiedlicher Lehrqualität sind substanziell. (…) Nach Einschätzung von Sanders und Rivers (1996) sind die Lehrpersoneneffekte gross, und nicht nur das – Schüler und Schülerinnen der effektivsten Lehrpersonen haben viermal höhere Lernerfolge als jene der am wenigsten effektiven Lehrpersonen –, sondern diese Effekte kumulieren sich auch über eine längere Zeit. (…) Gemäss Rockoff (2004), der sich auf sehr reichhaltige Daten von Lehrpersonen über eine Zeit von 10 Jahren bezieht, erklären die Unterschiede zwischen Lehrpersonen bis zu 23% der Unterschiede von Schüler- und Schülerinnentests» (OECD 2005, S. 26).

Welche empirischen Evidenzen zur Stützung der These «Es kommt auf den Lehrer an!» angeführt werden können und welche Lehrermerkmale sich in bisherigen Studien als Prädiktoren für den Lernerfolg von Schülern identifizieren liessen, fasst Frank Lipowsky wie folgt zusammen: «Lehrer haben mit ihren Kompetenzen und ihrem unterrichtlichen Handeln erheblichen Einfluss auf die Lernentwicklung von Schülern. Insbesondere für das Fach Mathematik konnte gezeigt werden, dass das Wissen und die Überzeugungen von Lehrern direkte und auch indirekte Effekte auf Schülerleistungen haben können. Was die Bedeutung des Unterrichts anbelangt, lassen sich die dargestellten Ergebnisse dahingehend deuten, dass nicht nur allgemeine, fachunabhängige Merkmale, wie eine effiziente Klassenführung, für die Lernentwicklung wichtig sind, sondern auch Merkmale, die auf eine vertiefte inhaltliche Auseinandersetzung mit dem Unterrichtsgegenstand hindeuten. Hierzu gehören eine interessante, klare, verständliche und vernetzte Präsentation neuer Inhalte und Konzepte, die Aktivierung des vorhandenen Vorwissens der Schüler, das Evozieren kognitiv anspruchsvoller Tätigkeiten, die Kultivierung eines diskursiven Unterrichtsstils, der Einsatz geeigneter Repräsentationsformen, die Förderung der Bewusstheit für das eigene Lernen sowie die Vermittlung von Strategien zur Strukturierung und Elaboration des Unterrichtsgegenstandes» (Lipowsky 2006, S. 64).

Dilemmata und Komplexität im Lehrerberuf

Bei der generellen Frage «Was sind gute Lehrerinnen und Lehrer?» sind viele auf den ersten (Laien-)Blick als einleuchtend erscheinende Pauschalantworten umstritten und werden infrage gestellt. Etwas aber gilt: Gute Lehrerinnen und Lehrer zeichnen sich durch ihre Bereitschaft und Fähigkeit aus, Komplexität zu erkennen – und auszuhalten. Fakt ist: Der Lehrerberuf ist durch eine ganze Reihe von Dilemmata geprägt: didaktische, konzeptuelle, pädagogische, kulturelle, politische. Ein klassisches didaktisches Dilemma zeigt sich dadurch, dass es gilt, die Versuche zum selbstständigen Denken der Schülerinnen und Schüler anzuerkennen, aber trotzdem nicht von der Vermittlung des notwendigen Fachwissens abzuweichen. Eine typische Frage zu einem kulturellen Dilemma lautet, ob sich Lehrpersonen darauf verlassen können, dass die Schüler für ihr eigenes Lernen Verantwortung übernehmen (Woolfolk 2008, S. 440).

Um Komplexität im Lehrerberuf, der durch Antinomien geprägt ist, zu erkennen und auszuhalten, müssen Lehrpersonen in der Lage sein – ja sogar Freude daran haben –, sich komplexe Mittel des Verstehens und Handelns anzueignen und ein ausgeprägtes Komplexitätsbewusstsein und Komplexitätsbedürfnis zu entwickeln und zu erhalten. Dazu gehört zwingend auch ein Widerstand gegen Simplifizierungen, gegen vereinfachende Slogans und Rezepte, gegen das Verlangen nach Klarheit und Leichtigkeit, gegen den Wunsch nach Wiederherstellung der «sicheren» Werte, gegen den reaktionären sich barbarisch gebärdenden «Simplismus» unterschiedlichster Provenienz (vgl. Berner 2006, S. 288, 289). Eine Schlüsselkompetenz von Lehrpersonen auf dem Weg zur Professionalität ist Reflexionskompetenz. Diese zeigt sich in einem episodischen selbstbezüglich-biografischen Wissen: Angesichts der Tatsache, dass Lehrerhandeln stark in biografisch aufgeschichteten Deutungsbeständen wurzelt, bildet eine fundierte biografische Reflexion einen wichtigen Beitrag gegen ein Ausgeliefertsein in einer als diffus erlebten Praxis (Combe/Kolbe 2004, S. 835).

Professionelles Handeln statt «Anything goes»

Komplexität darf aber keine Ausrede für ein «Anything goes» sein, mit dem das gesicherte professionelle Wissen immer wieder relativiert wird. Dass der Lehrberuf von Komplexität und Dilemmata geprägt ist, heisst nicht, dass es kein klares Professionswissen gibt. Wie in den meisten Berufen kann eindeutig benannt werden, was falsch bzw. nicht professionell ist und wie es besser zu machen ist. Wie in allen Berufen gibt es im Lehrberuf da und dort unterschiedliche Auffassungen, doch sie sollen professionell diskutiert werden.

Eine Frage noch: Was ist eine schlechte Lehrerin, ein schlechter Lehrer?

Eng verbunden mit der Frage nach den guten Lehrpersonen ist die – in der Literatur dominierende – Frage nach den schlechten. Und erstaunlicherweise können sich sehr viele Menschen bemerkenswert schnell verständigen – denn alle wissen, dass es sie gibt: die wirklich schlechten Lehrerinnen und Lehrer! Und (praktisch) alle kennen eine(n). Wenn man beispielsweise an einem Fest darauf zu sprechen kommt, können alle mit mehr oder weniger drastischen und mehr oder weniger unterhaltsamen Schilderungen etwas zu diesem Thema beitragen: fehlendes oder veraltetes Fachwissen, didaktisch-methodische Unfähigkeit, unfaire Notengebung, autistische Züge im Umgang mit Menschen, Sarkasmus und Zynismus, gegen null tendierendes Engagement für Schülerinnen, Schüler und Schule …

Es ist schon so: Das eigentliche Problem des Schulalltags ist nicht, dass es zu wenige gute Lehrer gibt, sondern zu viele schlechte. Deshalb wäre es für die Qualität der Schule entscheidender, die schlechten Lehrpersonen zu entfernen (Terhart 2006, S. 46).

Eine pointierte Aussage zu diesem Thema stammt von Ottmar Hitzfeld, der vor seiner grossen Karriere als Fussballtrainer und Fussballspieler von Beruf Lehrer war: «In meinem Leben hatte ich mehrheitlich gute Lehrer und Trainer – aber natürlich gab es auch schlechte. Von beiden konnte ich profitieren, doch habe ich von den schlechten fast mehr gelernt, da es für mich eindrückliche und abschreckende Erfahrungen waren. Ich wurde dadurch gewarnt und wollte ihre Fehler auf keinen Fall nachahmen.» (Berner & Isler 2009, S. 25)

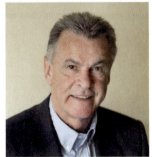
© Donat Bräm

Ein guter Trainer ist ein Fussball-Lehrer

Für Ottmar Hitzfeld ist übrigens absolut klar, dass ein guter Trainer letztlich ein guter Lehrer ist – ein Fussball-Lehrer.

Literatur

Aebli, H. (1983). «Wo ein guter Lehrer am Werk ist, wird die Welt ein bisschen besser» – Hans Aebli zum 60. Geburtstag. Beiträge zur Lehrerbildung, 1 (2), 2–13.

Berner, H. (2006). Über-Blicke – Ein-Blicke. Pädagogische Strömungen durch vier Jahrzehnte. Bern: Haupt.

Berner, H. & Isler, R. (2009). Immer noch Lehrer! Portraits und Essays. Bern: Haupt.

Combe, A. & Kolbe, F.-U. (2004). Lehrerprofessionalität: Wissen, Können, Handeln. In: Helsper, W. & Böhme, J. (Hg.). Handbuch der Schulforschung. Verlag für Sozialwissenschaften.

Helmke, A. (2004). Unterrichtsqualität – erfassen, bewerten, verbessern. Seelze: Kallmeyersche Verlagsbuchhandlung.

Lipowsky, F. (2006). Auf den Lehrer kommt es an. Empirische Evidenzen für Zusammenhänge zwischen Lehrerkompetenzen, Lehrerhandeln und dem Lernen der Schüler. In: Beiheft der Zeitschrift für Pädagogik, 51, S. 47–70.

OECD (2005). Teachers Matter: Attracting, developing and retaining effective teachers. Paris: OECD Publications.

Rockoff, J. (2004). The Impact of Individual Teachers on Student Achievement: Evidence from Panel Data. American Economic Review, 94 (2), pp. 247–52.

Sanders, W. & Rivers J. (1996). Cumulative and Residual Effects of Teachers on Future Student Academic Achievement. Research Progress Report, University of Tennessee Value-Added Research and Assessment Center, Knoxville, Tennessee.

Kultusministerkonferenz KMK (2004). Standards für die Lehrerbildung: Bildungswissenschaften. Beschluss der KMK vom 16.12.2004. Bonn: Sekretariat KMK.

Tenorth, H.-E. (2006). Professionalität im Lehrerberuf: Ratlosigkeit der Theorie, gelingende Praxis. Zeitschrift für Erziehungswissenschaft, 9 (4), 580–597.

Terhart, E. (2006). Was wissen wir über gute Lehrer? In: PÄDAGOGIK, 42–47.

Weinert, F. E. (1996). ‹Der gute Lehrer›, ‹die gute Lehrerin› im Spiegel der Wissenschaft. Beiträge zur Lehrerbildung.

Woolfolk, A. (2008). Pädagogische Psychologie. München: Pearson Studium.

Texte   Was sind gute Lehrerinnen und Lehrer?

1 Best-Practice-Lehrpersonen in der Deutschschweiz

Diese Studie, finanziert von Avenir Suisse, setzte sich zum Ziel, erfolgreiche Lehrpersonen zu identifizieren. Zu diesem Zweck wurden die Leistungen von dritten Klassen verglichen, wobei Faktoren wie vorteilhafte sozioökonomische Zusammensetzung der Klasse oder grosszügige Ressourcen mit statistischen Methoden korrigiert wurden. Die verbleibenden Unterschiede zwischen den Klassen konnten auf den Einfluss der Lehrperson zurückgeführt werden. In der Folge wurden fünfzehn der erfolgreichsten Lehrpersonen befragt, um zu verstehen, was sie anders oder besser machen. Mit dem hier wiedergegebenen Auszug beginnt das abschliessende Kapitel «Die gute Lehrerin, der gute Lehrer» (S. 137–139).

« Die gute Lehrerin, der gute Lehrer

Die Analyse von Best Practice führte unweigerlich zu einem Bild der guten Lehrerin, des guten Lehrers. Ein erster Eindruck entstand, indem die Erklärungen für die Klassenergebnisse von erfolgreichen und weniger erfolgreichen Lehrpersonen verglichen wurden. Verblüffend oft begründeten die erfolgreichen Lehrpersonen die guten Leistungen in Mathematik und Deutsch mit Unterrichtskonzepten, die im Zuge neuer Lernkulturen kaum an erster Stelle stehen. Die guten Leistungen wurden mit der vorhandenen Disziplin im Klassenzimmer erklärt. Üben wurde so häufig erwähnt, dass eine Renaissance der längst überholt geglaubten Paukerschule befürchtet werden musste.

Je länger die Diskussion über erfolgreichen Unterricht anhielt, desto mehr wurde dieser Eindruck korrigiert. Hier handelte es sich um Lehrpersonen, die sehr differenziert und mit meist klaren Vorstellungen über guten Unterricht diskutierten. In der Tat war es für die erfolgreichen Lehrpersonen keine Frage, dass die Lerninhalte eingehend gefestigt werden, dass kleinste Lernschritte immer wieder überprüft werden, dass der Unterricht in hochdeutscher Sprache erfolgt, dass klare Instruktionen und ein klarer Aufbau das A und O im Unterricht sind, dass Fertigkeiten und Automatismen eine Voraussetzung für höhere Verständnisleistungen sind, dass der Unterricht in ruhiger und respektvoller Atmosphäre stattfinden muss, dass Regeln das Zusammenleben erleichtern. Wahrlich keine Schlagwörter, die einem Werbeprospekt einer modernen Privatschule entstammen.

Erfolgreicher Unterricht ist mehr als die viel zitierte Variation der Unterrichtsmethoden. Die Lehrpersonen zeichnen sich eben gerade dadurch aus, dass sie gewisse Erkenntnisse der Lernpsychologie nicht an Unterrichtsmethoden oder Lernformen festbinden. Lernziele werden wenn immer möglich individuell ausgerichtet und vor allem regelmässig überprüft, auch wenn der Unterricht durch lehrerzentrierte Instruktion erfolgt. Offene Unterrichtsmethoden schliessen Strukturen nicht aus, sondern setzen sie voraus. Selbstständiges Lernen entbindet die Lehrpersonen nicht von der Instruktion, sondern verlangt klare Aufträge, Unterstützung und Kontrolle. Kooperatives Lernen findet nicht einfach dann statt, wenn Probleme zu zweit oder in Gruppen gelöst werden, sondern wenn die Kinder mit geschickten Aufgabenstellungen oder Anleitungen zur Kooperation hingeführt werden und eine gewinnbringende Interaktion ausgelöst wird. Die erfolgreichen Lehrpersonen zeigen ein differenziertes Verständnis moderner Unterrichtskonzepte – sind gewissermassen Realisten, die nicht geneigt sind, pädagogischen Illusionen zu erliegen.

Realitätssinn ist das eine, Optimismus das andere. Erfolgreiche Lehrpersonen wissen, dass sie etwas bewirken können. In der Diskussion verschiedener Erklärungsansätze und Unterrichtskonzepte wird immer wieder das eigene Handeln thematisiert. Unterrichtsmethoden werden mit einer gewissen Distanz diskutiert, ebenso die Rahmenbedingungen. Gleich wie die Anwendung einer Methode nicht automatisch zum Lernerfolg führt, sind schwierige Rahmenbedingungen nicht a priori ein Hindernis für erfolgreichen Unterricht und dementsprechend gute Leistungen. Wichtig ist, wie Lehrpersonen damit umgehen, was sich kaum direkt erfragen oder beobachten lässt. Mithilfe der Delphi-Methode [ein zyklisches Verfahren der Befragung von Experten und Expertinnen] war es aber zumindest möglich, einer Eigenschaft erfolgreicher Lehrpersonen auf die Spur zu kommen:

Sie verfügen über eine aktive, optimistische, zuversichtliche und von Selbstwirksamkeit getragene Berufsauffassung, die ihnen hilft, auch in schwierigen Lagen dezidiert positive Seiten zu sehen. ❯

Auszug aus: Moser, U. (2005). Best Practice in der Schule: von erfolgreichen Lehrerinnen und Lehrern lernen. © 2003 Schulverlag plus AG.

2 Professionelle Kompetenz von Lehrkräften

In ihrem Artikel zum Thema professionelle Kompetenz von Lehrpersonen stellen Jürgen Baumert und Mareike Kunter ein Modell professioneller Handlungskompetenz vor, beschreiben Wissen und Können von Lehrpersonen als Kern der Professionalität, resümieren die wichtigsten Befunde der Expertiseforschung und weisen auf den hohen Stellenwert der eigenen schulischen Erfahrungen hin.

❮ Wissen und Können: Kern der Professionalität

Es besteht weitgehend Übereinstimmung darüber, dass Wissen und Können – also deklaratives, prozedurales und strategisches Wissen – zentrale Kompetenzen der professionellen Handlungskompetenz von Lehrkräften darstellen.

Hinsichtlich der Topologie von Wissensdomänen hat sich ein Vorschlag von Shulman (1986) weitgehend durchgesetzt: Shulman unterschied zunächst allgemeines pädagogisches Wissen (general pedagogical knowledge), Fachwissen (subject matter content knowledge), fachdidaktisches Wissen (pedagogical content knowledge) und Wissen über das Fachcurriculum (knowledge of educational context) sowie erziehungsphilosophisches, bildungstheoretisches und bildungshistorisches Wissen.

Facetten generischen pädagogischen Wissens und Könnens:
1. *Konzeptuelles bildungswissenschaftliches Grundlagenwissen*
    - Erziehungsphilosophische, bildungstheoretische und historische Grundlagen von Schule und Unterricht
    - Theorie der Institution
    - Psychologie der menschlichen Entwicklung, des Lernens und der Motivation

2. *Allgemeindidaktisches Konzeptions- und Planungswissen*
   - Metatheoretische Modelle der Unterrichtsplanung
   - Fachübergreifende Prinzipien der Unterrichtsplanung
   - Unterrichtsmethoden im weiten Sinne
3. *Unterrichtsführung und Orchestrierung von Lerngelegenheiten*
   - Inszenierungsmuster von Unterricht
   - Effektive Klassenführung (classroom management)
   - Sicherung einer konstruktiv-unterstützenden Lernumgebung
4. *Fachübergreifende Prinzipien des Diagnostizierens, Prüfens und Bewertens*
   (S. 484, 485)

Auszug aus: Baumert, J. & Kunter, M. (2006). Stichwort: Professionelle Kompetenz von Lehrkräften. © Springer Verlag, Zeitschrift für Erziehungswissenschaft, 9 (4), S. 469–520.

Wichtigste Befunde der Expertiseforschung
Die wichtigsten Befunde der Expertiseforschung lassen sich folgendermassen resümieren:
- Expertise in Professionen ruht auf dem Fundament theoretisch-formalen Wissens, das in der Regel in akademischen Kontexten erworben wird. Im Lehrerberuf ist das konzeptuelle Verständnis des Vermittlungsgegenstandes ein zentrales Moment pädagogischer Könnerschaft. Von praktischer Expertise als wirklichem Können spricht man aber erst dann, wenn das erfahrungsbasierte Wissen und das Fachwissen in neuer Form integriert sind.
- Die Entwicklung von Expertise ist von systematischer und reflektierter Praxis über einen langen Zeitraum hinweg abhängig.
- Während ihrer Entwicklung ist sie auf Vorbilder, Coaching und diskursive Rückmeldung angewiesen.
- Mit wachsender Kompetenz gewinnen Selbstregulationsprozesse an Bedeutung.
- Expertise hängt schliesslich von einem Streben nach Selbstvervollkommnung ab, das für die motivationale Dynamik über lange Zeiträume hinweg sorgen kann. (S. 506)

Der hohe Stellenwert der eigenen schulischen Erfahrungen
Angesichts der Stabilität von epistemologischen Überzeugungen und subjektiven Theorien, die sich oftmals gegenüber Interventionen veränderungsresistent erweisen, wurde thematisiert, inwieweit wissens- und lernbezogene Überzeugungen von Lehrkräften bereits im Rahmen der eigenen Schulerfahrungen ausgebildet werden. Allein aufgrund der Länge der eigenen Schulerfahrungen – so eine Vermutung – könnten sich diese Überzeugungssysteme derartig verfestigen, dass die theoretische Beschäftigung und einführende Praxis während der Lehrerausbildung wirkungslos bleiben müssten. (S. 506) ❯

Literatur
Shulman, L. S. (1986). Those who understand: knowledge growth in teaching. Educational Researcher, 15 (2), p. 4–14.

Auszug aus: Baumert, J. & Kunter, M. (2006). Stichwort: Professionelle Kompetenz von Lehrkräften. © Springer Verlag, Zeitschrift für Erziehungswissenschaft, 9 (4), S. 469–520.

Kommentierte Literaturhinweise

Baumert, Jürgen & Kunter, Mareike

Stichwort: Professionelle Kompetenz von Lehrkräften. Zeitschrift für Erziehungswissenschaft, 9 (4), S. 469–520. (2006)
In diesem Artikel werden unterschiedliche Positionen dargestellt und danach befragt, welchen Beitrag sie zu einem besseren theoretischen Verständnis der Kernaufgabe von Lehrpersonen leisten, nämlich Unterricht zu erteilen und verständnisvolles Lernen von Schülerinnen und Schülern systematisch anzubahnen und zu unterstützen. Anschliessend wird ein allgemeines Modell der Handlungskompetenz von Lehrpersonen vorgestellt, das es erlaubt, empirische Befunde zur Qualifikation, professionellen Kompetenz und Persönlichkeit von Lehrpersonen in ihrer Bedeutung für Unterricht und Lernen zu ordnen und theoriebezogen zu diskutieren.

Berner, Hans & Isler, Rudolf

Immer noch Lehrer! Portraits und Essays. Bern: Haupt. (2009)
In diesem Buch werden 20 engagierte Persönlichkeiten, die auf verschiedene Weise einen engen Bezug zu Lehrberufen haben, porträtiert. Es handelt sich um öffentlich bekannte Personen wie Ottmar Hitzfeld oder Ernst Mühlemann und unbekannte Lehrpersonen mit ganz unterschiedlichen Biografien. Sie erzählen von ihrer Faszination für den Lehrberuf, aber auch von Sinnkrisen und Zweifel, von guten und weniger guten Jahren im Beruf. Das Buch zeigt, dass gute Lehrpersonen mit einer kreativen und authentischen Erfahrung für Kinder und Jugendliche und für die Schule lebenswichtig sind.

Weinert, Franz E.

«Der gute Lehrer», «die gute Lehrerin» im Spiegel der Wissenschaft: Was macht Lehrende wirksam, und was führt zu ihrer Wirksamkeit? Beiträge zur Lehrerbildung, 14 (2), S. 141–151. Online unter www.bzl-online.ch. (1996)
In diesem Artikel beantwortet Franz E. Weinert aus der Sicht der pädagogisch-psychologischen Forschung Fragen wie «Was macht Lehrende wirksam und was führt zu ihrer Wirksamkeit?», «Gibt es ‹den guten Lehrer›, ‹die gute Lehrerin› überhaupt, und, wenn ja, wodurch lassen sie sich charakterisieren?», «Sind bestimmte Persönlichkeitsmerkmale entscheidend, spielen wirksame Lehrtechniken die dominierende Rolle, oder geht es bevorzugt um die professionalisierte Unterrichtsexpertise?»

Kultusministerkonferenz KMK

Standards für die Lehrerbildung: Bildungswissenschaften. Beschluss der KMK vom 16.12.2004. Bonn: Sekretariat KMK. (2004)
Mit den Standards für die Lehrerbildung hat die Kultusministerkonferenz die Anforderungen definiert, die die Lehrerinnen und Lehrer erfüllen sollen. Die Standards beschreiben Anforderungen an das Handeln von Lehrpersonen. Sie beziehen sich auf Kompetenzen und somit auf Fähigkeiten, Fertigkeiten und Einstellungen, über die eine Lehrperson zur Bewältigung der beruflichen Anforderungen verfügt. Die Aufteilung erfolgt in die vier Kompetenzbereiche Unterrichten, Erziehen, Beurteilen und Innovieren. Diese umfassen insgesamt 11 Kompetenzen.

Tenorth, Heinz-Elmar — **Professionalität im Lehrerberuf: Ratlosigkeit der Theorie, gelingende Praxis.** Zeitschrift für Erziehungswissenschaft, 9 (4), S. 580–597. (2006)

In seinem Artikel setzt sich der Autor mit der Diagnose auseinander, dass die aktuell in der deutschen Diskussion dominierenden Theorien des Lehrerberufs, der pädagogischen Profession und ihrer Professionalität ihre eigenen gravierenden Schwächen haben. Er tut das in vier Schritten: Erstens im Blick auf die Urheber der Behauptung, dass der Lehrerberuf ein «unmöglicher» Beruf ist, zweitens im Blick auf die Annahmen und Unterstellungen über die Kernaufgabe des Bildungssystems und der Lehrer in Professionstheorien und drittens im Blick auf die Annahme, es gäbe weder Wissen noch eine Technologie für diese Aufgabe. Im vierten Schritt zieht Tenorth die Schlussfolgerung, dass es keinen Grund gebe, der Metaphorik der «Unmöglichkeit» und des «Technologiedefizits» weiterhin zu frönen: Der Lehrerberuf bleibt schwierig, aber er ist mit einem professionstheoretisch klar zu bezeichnenden Handlungsrepertoire zu bewältigen, und man kann lernen, die Arbeit besser oder schlechter zu machen.

Terhart, Ewald — **Was wissen wir über gute Lehrer?** PÄDAGOGIK, 58 (5), S. 42–47. (2006)

In seinem Beitrag der Pädagogik-Serie Bildungsforschung und Schule gibt Ewald Terhart Antworten auf brisante Fragen wie «Was kennzeichnet erfolgreiche Lehrerinnen und Lehrer?», «Welche Bedingungen braucht eine Lehrperson, um gut sein zu können?», «Was leistet die Lehreraus- und -fortbildung?», «Was soll mit schlechten Lehrpersonen geschehen?».

Lipowsky, Frank — **Auf den Lehrer kommt es an: Empirische Evidenzen für Zusammenhänge zwischen Lehrerkompetenzen, Lehrerhandeln und dem Lernen der Schüler.** Beiheft der Zeitschrift für Pädagogik, 51 (Beiheft), S. 47–70. (2006)

In diesem Übersichtsbeitrag stellt Frank Lipowsky dar, welche empirischen Evidenzen sich zur Stützung der These «Es kommt auf den Lehrer an!» finden lassen und welche Lehrermerkmale sich in bisherigen Studien als Prädiktoren für den Lernerfolg von Schülerinnen und Schülern identifizieren liessen.

Materialien   Was sind gute Lehrerinnen und Lehrer?

1 Der hohe Stellenwert persönlicher Erinnerungen an seine Lehrerinnen und Lehrer

Im Quellentext zum Thema der professionellen Kompetenz von Lehrkräften stellen Jürgen Baumert und Mareike Kunter die These auf, dass wissens- und lernbezogene Überzeugungen von Lehrkräften im Rahmen der eigenen Schulerfahrungen ausgebildet werden. Sie vermuten, dass sich diese Überzeugungssysteme allein aufgrund der Länge der eigenen Schulerfahrungen derartig verfestigen, dass die theoretische Beschäftigung und einführende Praxis während der Lehrerausbildung wirkungslos bleiben kann. Diese Annahmen sprechen dafür, dass in der Ausbildung zur Lehrerin und zum Lehrer die Auseinandersetzung mit den persönlichen Erfahrungen unerlässlich ist.

Für Ihren Weg in den Lehrerberuf ist es bedeutsam, dass Sie Ihre vielfältigen schulischen Erlebnisse nicht einfach im Dunkeln – oder Halbdunkeln – ruhen lassen. Versuchen Sie mithilfe der folgenden Fragen Licht ins Dunkel Ihrer pädagogischen Erinnerungen zu bringen.

Einige spezifische Fragen für Ihren Ausbildungs-Weg zur Lehrerin, zum Lehrer – und ...

Erinnern Sie sich an eine ganz bestimmte Lehrerin oder einen ganz bestimmten Lehrer, die oder den Sie ganz besonders mochten:
- Was tat diese Lehrerin oder dieser Lehrer, was Sie besonders gern hatten?
- Was für ein Verhältnis zu Ihnen, zum Thema des Unterrichts, zu Schule und Gesellschaft kam in diesem Lehrerverhalten besonders zum Ausdruck?

Erinnern Sie sich an eine Situation, in der der Lernprozess für Sie besonders geglückt erschien:
- Wurde eine Frage beantwortet, die Sie schon lange beschäftigt hatte?
- Erfuhren Sie etwas Bedeutsames, vom dem Sie noch gar nichts gewusst hatten?
- Erlebten Sie eine Hilfe, die es Ihnen endlich ermöglichte, etwas zu verstehen, etwas zu können, was Sie vorher nicht geschafft hatten, obschon Sie das wollten?
- Wurden Sie durch besonders interessante Materialien angeregt?
- Erlebten Sie etwas ausserhalb des Klassenzimmers?
- Ist Ihnen etwas Besonderes ganz allein oder gemeinsam mit anderen gelungen?
- Freuten Sie sich über ein Ereignis, über Ihre Leistungsfähigkeit, über die Anerkennung durch andere?

... einige allgemeine berufsrelevante Fragen

- Auf welche Erfahrungen stützen Sie sich, wenn Sie sich für besonders geeignet halten, den Lehrberuf zu ergreifen?
- Was würden Sie aufgrund Ihrer Erfahrungen so wie Ihre Eltern, Ihre Lehrerinnen und Lehrer machen wollen? Und weshalb?
- Was wollen Sie anders machen? Und warum?
- Was wollen Sie lehren?
- Wie wollen Sie lehren?
- Wie würden Sie Ihr Verständnis der aktuellen gesellschaftlichen Situation formulieren? Und welche Bedeutung hat dieses Verständnis für Sie als Lehrerin, als Lehrer?

Fragestellungen in Anlehnung an: Schulz, W. (1996). Anstiftung zum didaktischen Denken.

2 Projekt «Eine unvergessliche Lehrperson»

Eine Auseinandersetzung mit latenten und manifesten persönlichen Bildern von Lehrpersonen und ihrer Bedeutung für die berufliche Identität.

So steht der Erzieher vor zwei Kindern:
dem zu erziehenden vor ihm und dem verdrängten in ihm.
Er kann gar nicht anders, als jenes zu behandeln,
wie er dieses erlebte.

Siegfried Bernfeld

Dieses Zitat von Siegfried Bernfeld aus dem 1925 veröffentlichten Klassiker «Sisyphus oder die Grenzen der Erziehung» weist in der Denktradition der Psychoanalyse auf die grosse Bedeutung der eigenen erzieherischen und pädagogischen Erlebnisse hin. Dass diese Erlebnisse häufig unbewusst sind und unsere erzieherischen und pädagogischen Handlungen latent (also verborgen) steuern, macht das Ganze noch bedeutsamer.

Übertragen auf die schulische Situation lautet das Zitat von Bernfeld: «So steht die Lehrperson vor zwei Schülern: dem zu unterrichtenden vor ihm und dem vergangenen in ihm.»

In diesem Projekt geht es darum, dass Sie sowohl manifeste (also offensichtliche) als auch latente in Ihrer langen Schulkarriere verinnerlichte Lehrerbilder aufspüren und nach ihrer Bedeutung für Ihre persönliche pädagogische Identität befragen.

Vorgehen

- Wählen Sie eine (im positiven Sinne) unvergessliche Lehrperson aus. Überlegen Sie, warum Sie gerade diese Lehrperson ausgewählt haben.
- Setzen Sie sich vertieft mit Ihren Erinnerungen auseinander (Lehrperson, Mitschülerinnen und -schüler, Schulräume, Schulumgebung, Zeitstrukturen, Zugänge zu Wissen, Elternkontakte und Elternmitsprache, ...), und dokumentieren Sie Ihre Erkenntnisse.
- Besuchen Sie – wenn immer möglich – die ausgewählte Lehrperson im Unterricht.
- Beobachten Sie den Unterricht bei dieser Lehrperson, und verschaffen Sie sich einen Einblick in die an diesem Ort aktuellen schulischen Rahmenbedingungen (Schulräume, Schulumgebung, Zeitstrukturen, Zugänge zu Wissen, Elternkontakte und Elternmitsprache, ...).
- Führen Sie mit der Lehrperson ein Gespräch sowohl über Ihre Erinnerungen als auch über Ihre aktuellen Beobachtungen.
- Beschreiben Sie Ihre Erfahrungen und Erkenntnisse in Bezug auf diese für Sie unvergessliche Lehrperson und die schulischen Rahmenbedingungen differenziert.
- Fassen Sie Ihre wichtigsten Erfahrungen und Erkenntnisse in Form von drei aussagekräftigen Thesen zusammen.

Wüssten wir wahrzunehmen, wer weiss,
ob das Wahre nicht hie und da doch im Wirklichen erschiene?

Kurt Marti

3 Einblick in eine Projekt-Erfahrung

Die Studentin Sabrina Buchli hat im Rahmen des Projekts «Eine unvergessliche Lehrperson» ihre Erfahrungen wie folgt beschrieben – und auf dieser Grundlage ihre drei Hauptthesen abgeleitet.

❮ Ich wählte diese Lehrperson, weil sie mir in den 12 Jahren in der Schule am meisten in Erinnerung geblieben ist. Die 3 Jahre bei ihr waren sehr intensiv und schön. Ich habe deshalb viele positive Erinnerungen an die 4.–6. Klasse. Diese Lehrerin hat mit uns sehr viel unternommen, konnte jeden Schüler individuell fördern und hatte einen guten, zwar strengen, aber auch liebevollen Umgang gepflegt.

Lehrperson und Mitschüler
Als ich in der 3. Primarklasse eine Klasse überspringen durfte, kam ich nach den Sportferien in die 4. Klasse von Frau B. Sie und auch die Klasse haben mich von Anfang an super aufgenommen. Sie hat es völlig selbstverständlich geschafft, mit mir den ganzen Stoff nachzuholen und gleichzeitig den «normalen» Unterricht weiterzuführen. Sie war stets gut gelaunt, voller Energie und wusste genau, wie sie auch den unmotiviertesten Schüler packen musste. Man fühlte sich in ihrer Nähe einfach wohl. Frau B. kümmerte sich auch immer um einen guten Klassengeist. Wir hatten wöchentlich ein bis zwei Stunden Klassenstunde, wo wir Probleme, aber auch Erfreuliches besprachen. So hatten wir immer ein gutes Klima in der Klasse, weil es wenig «Geläster» gab. Jeder wusste, er konnte seine Anliegen in diesen Lektionen der Woche loswerden. Also behielt man es wenn möglich bis dahin für sich selbst.

Obwohl ich in der Zwischenzeit 6 Jahre Kantonsschule hinter mir habe, empfinde ich die drei Jahre bei Frau B. als die schönsten, was vor allem an der Super-Klasse lag. Es gab wenig kleine Grüppchen, weil die Lehrerin durch Gruppenarbeiten etc. immer wieder versuchte, diese ein wenig aufzumischen. Durch die Klassenstunde hatten wir auch immer wieder die Möglichkeit, die anderen besser kennenzulernen. Wir hatten zum Beispiel eine Zeit lang einen «ausserschulischen Auftrag», wo immer mittwochnachmittags zwei sich trafen (keine besten Freundinnen) und jeder dem anderen etwas beibrachte, was er gut konnte. So lehrte ich ein Mädchen der Klasse Keyboard spielen, und sie brachte mir das Backen von Schoggichüechli bei. Dies war nur eine von vielen Aktivitäten, welche dazu führte, dass die Klasse immer mehr zusammengeschweisst wurde und man sich am Schluss eigentlich mit allen mehr oder weniger verstand. Durch den sehr respektvollen und vertrauenswürdigen Umgang unserer Lehrerin lernten auch wir auf diese Art und Weise miteinander umzugehen.

Was an Frau B. so besonders war, war ihr «Aussehen». Lederhosen, viel selbst gemachter Schmuck, farbiger Lidschatten und kurze, aufgestellte Haare waren ihr Merkmal. Damit fiel sie unter den Lehrern auf, sie war keine «typische» Lehrerin oder wie man sich eine solche vorstellt.

Schulräume und Schulumgebung
Das Schulhaus besteht aus einem grossen Schulgebäude (welches noch aufgestockt wurde), zwei Turnhallen, einem Schwimmbad und einem riesigen Pausenplatz mit Fussballfeld, Wiese, Reckstangen und zwei Brunnen. Die Pausen waren immer das Spannendste des Tages, weil man sich auf dem Pausenhof mit anderen Klassen traf. Teilweise gab es kleine Wettkämpfe im Fussball oder Tanzen, jedoch

sehr selten Zankereien oder echte Kämpfe. Deshalb bin ich noch heute geschockt, wenn ich von «schlimmen» Primarschulhäusern höre oder Zankereien unter Primarschülern miterlebe, weil ich sozusagen in einer heilen Welt aufgewachsen bin, was dieses Thema anbelangt. Das Schulhaus liegt mitten in einer Siedlung. Es ist das grösste dieser Gemeinde, einige Kinder kommen mit dem Bus oder Velo, weil sie bis zu 3 Kilometer entfernt wohnen. Das Schulhaus besteht aus riesigen Schulzimmern, deren Fenster immer mal wieder mit Bildern, Windowcolors oder sonstigen Beschmückungen beklebt sind.

Besonders in Erinnerung geblieben ist mir die Bibliothek, welche ich wöchentlich benutzte. Immer mal wieder gab es dort Vorleserunden mit Autoren oder auch Lehrern, was immer total spannend für uns war. Die Bibliothek war mit einer riesigen Sitzecke, welche sogar nach hinten erhöht war, extra für solche Anlässe ausgestattet.

Mein Besuch
Da es zeitlich leider nicht anders ging, «musste» ich Frau B. in zwei Handarbeitslektionen besuchen.

Vom ersten Augenblick an war ich erstaunt, wie sich eigentlich nichts im Schulhaus wie auch in den Schulzimmern verändert hat. Auch die Zeitstrukturen waren relativ unverändert, ausser dass es jetzt Aufgabenstunden gibt, nämlich zweimal die Woche eine Lektion, in welche die Schüler kommen dürfen oder müssen, um ihre Aufgaben mithilfe der Lehrer zu lösen. Was bei uns noch nicht nötig war, ist das Handyverbot, welches es seit Februar dort gibt. Die typischen Schulhaus-Anlässe wie das jährliche Singen, die Projektwochen, der Schulsilvester und die Sportturniere sind noch immer aktuell.

Spannend fand ich, wie Frau B. neue «Rituale» eingeführt hat. Zum Beispiel müssen die Schüler Anfang Stunde immer die Arme verschränken, die Augen zumachen und ihr einfach zuhören, wenn sie den Ablauf der Stunde erklärt. Sie spricht nun immer Hochdeutsch, was bei uns noch nicht immer so war. Am Ende der Stunde, als die Schüler am Aufräumen sind, beginnt sie plötzlich langsam von 20 rückwärts zu zählen. Die Schüler üben ihre Aufräumarbeiten immer schneller aus, sodass sie bei 1 alle an ihrem Platz stehen und alles aufgeräumt ist. Als Belohnung darf sich jeder nach dem Händeschütteln einen Kaugummi aus der Kaugummimaschine nehmen. Als sie das gesagt hat, ist mir klar geworden, warum sie während der Stunde einmal gesagt hat: «Achtung, Kaugummi in Gefahr!» Sie mache dies jedoch nur in der Handarbeit, bestätigte sie mir.

Einige Rituale waren mir aber noch bestens bekannt. So zum Beispiel das Vorlesen einer Geschichte am Anfang der Stunde oder die Musik, welche sie während des Arbeitens laufen liess. Beides empfand ich damals immer als sehr entspannend. Ich liebte es, ihrer ruhigen und ein wenig tieferen Stimme zu lauschen. Manchmal, wenn wir dann auch ganz gespannt waren, was wohl als Nächstes passieren würde, erlaubte sie uns, wenn wir ganz brav waren während der nächsten Lektionen, dass sie dann am Schluss nochmals vorlesen würde. Dies war meist eine Supermotivation für uns.

Ich habe sofort gemerkt, dass es wohl auch diesen Schülern ähnlich geht wie mir damals. Viele Dankesbriefe an die Lehrerin hängen hinter ihrem Pult, und sogar ein Geburtstagsgeschenk soll die Klasse für sie organisiert haben. Frau B. pflegt noch immer denselben liebevollen und gleichzeitig strengen Umgang mit den Schülern. Auf eine ruhige, aber bestimmte Art bittet sie zum Beispiel einen Schüler, der ein wenig zu laut war, sich an einen anderen Tisch zu setzen.

Was mir besonders aufgefallen ist, ist die Selbstständigkeit der Schüler. Sie haben selber gesägt, geschliffen und gemalt. Nur selten musste die Lehrerin helfen. Als ich sie darauf hinwies, meinte sie: «Ich gebe meinen Schülern lieber mal eine einfachere Aufgabe oder zumindest lösbare, damit sie selbstständig arbeiten können und so das Gefühl bekommen: «Das kann ich!» Dann stocke ich immer mehr auf. In ihrer späteren Schulkarriere werden sie noch genug an Aufgaben geraten, die sie zuerst vielleicht nicht lösen können. Ich hoffe, dass sie sich dann genug selbstsicher fühlen (schliesslich wissen sie von der Primarschule, dass sie es können), um es weiterhin zu probieren und nicht aufzugeben.» Diese Aussage entsprach ganz meinem Bild von Frau B.

Meine 3 Thesen

1. Diese Lehrerin wird ihren Schülern durch ihren respektvollen und vertrauenswürdigen Umgang in Erinnerung bleiben. Die Schüler fühlen sich bei ihr sichtlich wohl.
3. Den Schülern werden die vielen tollen Sachen, welche sie im Handarbeitsunterricht kreiert haben, noch lange Freude bereiten und die positiven Erinnerungen an diese Zeit unterstützen.
3. «Gross, verwandlungsfähig, flippig, anders, motiviert, lustig, gesprächig, Kloten-Fan». Dies sind nur einige der Attribute, welche man Frau B. zuschreiben könnte und welche sich in den Erinnerungen der Schüler einprägen werden. Ihre positive Ausstrahlung verbreitet sich im ganzen Schulhaus. 〉

4 Lehrer soll nur werden, wer wirklich gut ist!

Im folgenden Text setzt sich Heverton Souza mit der Frage nach guten Lehrerinnen und Lehrern auseinander. Sein Berufswunsch ist Lehrer. Der Vierzehnjährige ist in Eunapolis (Brasilien) geboren. Er lebt seit 2006 in Schlieren.

© Donat Bräm

〈 Der Wechsel in die Schweiz, nach Schlieren, war sehr schwierig. Ich konnte kein Wort Deutsch. Darum ging ich zuerst in die Sonderklasse. Viele Schüler sagten zu mir, dass ich in der Schule nicht gut sei, weil ich schlecht Deutsch spreche. Sie nannten mich immer «Deutschloser» und sagten noch andere schlimme Wörter zu mir. Nach acht Monaten kam ich in meine jetzige Klasse, in der ich nun schon seit mehr als einem Jahr bin. Hier habe ich mein Deutsch verbessert. Ich habe keine Probleme mehr mit Mitschülern, ich verstehe mich gut mit dem Lehrer, und ich bin ein guter Schüler. Ich habe sogar eine Chance, die Gymi-Aufnahmeprüfung zu bestehen, denn mein Lehrer unterstützt mich bei der Vorbereitung. Er sagt, wenn ich es jetzt nicht schaffe, dann würde ich es sicher in zwei Jahren schaffen. Und das glaube ich ihm, denn meine Leistungen sind heute viel besser als früher. Mein Lieblingsfach ist Mathematik.

Wenn ich die Schule in Brasilien mit der Schule in der Schweiz vergleiche, dann stelle ich fest, dass die Lehrer in Brasilien eindeutig strenger sind als hier. Aber in der Schweiz muss ich mehr leisten! Wir haben auch viel länger Schule: In Brasilien war der Unterricht am Mittag bereits fertig. Und hier herrscht mehr Ordnung, wir müssen nach dem Unterricht alle Schulsachen nach Hause mitnehmen und am nächsten Tag wieder bringen. Ich finde es toll, dass ich in der Schweiz eine solche Schule habe – eine Schule, in der man so viele Sachen zum Lernen hat. Auch im Turnen haben wir hier viel mehr Geräte als in Brasilien. Im Sport habe ich Fussball, Trampolin und Ringe am liebsten. Alle sagen, dass ich im Fussball gut bin. Meine Lehrerinnen im Kindergarten in Brasilien waren wirklich lieb und aufmerksam, aber die Lehrerinnen und Lehrer in der Schule waren nicht immer freundlich mit den Schülern, und wir hatten sie deshalb nicht besonders gern. Auch hier in der Schweiz hatte ich einmal eine Lehrerin, die oft schlecht gelaunt war. Aber jetzt bin ich sehr zufrieden. Meine beiden Lehrer sind nett und lieb. Mein Lehrer unterrichtet von Montag bis Donnerstag, meine Lehrerin am Freitag. Es kann schon vorkommen, dass sie einmal schimpfen, aber sie machen das nur, wenn es wirklich nötig ist. Man spürt, dass sie ihren Beruf gerne haben. Mein Lehrer ist witzig, und er hat Spass an dem, was er macht. Wenn wir die Hausaufgaben nicht verstehen, können wir früher zur Schule kommen und ihn fragen. Ich beherrsche drei Sprachen gut: Portugiesisch, Spanisch und Deutsch. Spanisch habe ich in Brasilien in der Schule gelernt.

Eine Schule ist für mich eine gute Schule, wenn wir im Klassenzimmer alles haben, was wir brauchen – Bücher und so. Ich will nicht eine Traumschule, wo man Zucker isst, wo man alles machen kann, was man will. Das finde ich keine gute Schule. Eine gute Schule ist, wenn die Schüler gerne dorthin gehen – nicht weil sie gezwungen werden, sondern weil sie etwas lernen wollen. Ich freue mich nach den Ferien auf die Schule. Ein paar Schüler gehen überhaupt nicht gerne in die Schule, es sind aber nicht viele. Eine gute Schule hat auch einen grossen Pausenplatz, es sollten nicht alle so zusammengedrängt herumstehen müssen und sich kaum bewegen können. Hier haben wir leider nur einen einzigen Fussballplatz, auf dem immer nur die Sechstklässler spielen. Sie lassen die anderen Schüler nicht mitspielen, weil sie zu klein sind. Wenn es genug Spielplatz hätte, wäre das anders. Ein paar Mal habe ich gesehen, dass es Probleme gab und die Lehrer nichts getan haben.

Wenn man mich fragt, wie ein guter Lehrer sein sollte, würde ich sagen: So wie mein Lehrer. Er erklärt uns immer alles, und er will uns nicht einfach etwas beibringen – er will richtig wissen, ob wir es können. Er will nicht einfach nur Hausaufgaben geben wie eine Maschine, sondern er möchte sicher sein, dass wir verstehen und wirklich lernen. Wir haben fast jede Woche eine Prüfung, aber die sind nicht streng. Wenn ein Kind ein Problem hat, dann geht es zu unserem Lehrer. Er erklärt alles, mit aller Freude der Welt. Man spürt, dass er gerne in die Schule kommt, er sagt das auch immer wieder. Und: Er ist auch sportlich. Ein guter Lehrer ist auch ein guter Sportler. Meine Eltern finden auch, dass mein Lehrer ein sehr guter Lehrer ist. Das haben sie auch am Besuchsmorgen gesehen. Ein guter Lehrer darf nicht megastreng und hart sein.

Ich mache zurzeit einen Vortrag über eine berühmte Kirche in Barcelona – über die Sagrada Familia von Gaudi. Ich habe diese Kirche selber gesehen. In meinem Vortrag versuche ich wie ein Lehrer so zu erklären, dass es alle gut verstehen. Ich werde nur wichtige Dinge erzählen, keine unwichtigen Sachen. Ich werde so erzählen, dass die Schüler wirklich mehr wissen wollen davon, dass sie zuschauen und zuhören. Ich will nicht, dass sie einfach dasitzen wie tote Menschen und dann, wenn ich sie später etwas über die Kirche frage, nichts mehr wissen. Nicht so! Deshalb werde ich auch Bilder zeigen und ein Plakat, das ich für den Vortrag gemacht habe.

Wer sollte Lehrer werden? Nur Personen, die das wirklich sein wollen. Nicht Personen, die dazu gezwungen werden. Wenn jemand gut genug dafür ist, soll er Lehrer werden. Nur wer wirklich gut ist! Ein Lehrer muss selber sehr gute Noten haben, damit er die Sachen gut erklären kann. Es gibt Zusatzlehrer, die nicht wirklich Lehrer sein wollen. Ich habe auch einmal so jemanden gehabt, diese Lehrer unterrichten nicht gerne. Ich weiss nicht, warum sie es machen, vielleicht nur, um Geld zu verdienen. Bei einem solchen Lehrer lernen die Schüler nichts. Ein Lehrer darf nicht schüchtern sein, er darf keine Angst vor Leuten haben, und er sollte geduldig sein, wenn die Schüler etwas nicht verstehen.

Lehrer werden ist mein Berufswunsch. In Brasilien wollte ich Architekt oder Ingenieur werden. Seit ich hier in der Schweiz bin, weiss ich, dass ich die Möglichkeit habe, Lehrer zu werden. Eigentlich wollte ich das schon immer, aber in Brasilien habe ich nicht genug Unterstützung dafür erhalten. Hier habe ich bemerkt, dass ich in der Schule Erfolg haben kann. Mein Lehrer hat gesagt, dass meine Noten sogar sehr gut seien für die kurze Zeit, die ich hier bin, vor allem in Mathematik. Meine Freunde sagen, wenn es ein Problem zwischen ihnen gibt, kann ich gut mit ihnen reden und eine Lösung finden. Ich denke, ich bin fair und gerecht. Ich möchte gerne entweder nach der sechsten Klasse oder nach der zweiten Sek ins Gymnasium. Ich weiss, dass ich anschliessend in eine Lehrerausbildung gehen kann, um alles zu lernen, was ein Lehrer wissen muss. Ich möchte Lehrer in der Schweiz sein – ich möchte hier bleiben. Meine Mutter unterstützt mich. Sie sagt, wenn ich das machen möchte, gebe sie mir alle Hilfe, die ich brauche. Sie sagt mir, wenn ich etwas erreichen wolle, dann müsse ich dafür kämpfen und nicht einfach warten, dass die Dinge passieren. Ich muss dafür sorgen, dass es passiert. Ich muss hinterherlaufen und es machen und es wollen und es auch tun. Ich denke, Lehrer ist manchmal ein schwieriger Beruf. Hier in der Schule hatten wir eine Klasse, die alle anderen nervte. Ihre Lehrerin war nicht immer anwesend, und darum war eine Zusatzlehrerin da. Diese Lehrerin wusste nicht, wie sie mit den Kindern reden musste; sie war immer ganz nett zu der Klasse. Das finde ich nicht gut, wenn ein Lehrer nur nett ist, denn dann machen die Kinder mit ihm, was sie wollen.

Es gibt Kollegen, die sagen, dass der Lehrerberuf kein guter Beruf sei, weil man immer Stress und Probleme mit Kindern habe. Man müsse früh aufstehen und könne erst spät schlafen gehen. Aber ich finde das kein Problem. Ich habe gemerkt, dass fast niemand Lehrer werden will. Ein paar wollen nur easy und cool sein, in die Sekundarschule B gehen und ein einfaches Leben haben. Sie wollen nur mit Kollegen herumhängen. Es gibt hier Schüler, die eigentlich sehr gut wären – aber sie lernen einfach nicht, sie setzen sich für gar nichts ein. Doch wenn sie es tun würden, könnten sie es schaffen. ❯

Auszug aus einem Portrait in: Berner, H. & Isler, R.: Immer noch Lehrer! Portraits und Essays. © 2009 Haupt Verlag AG, Bern, S. 101–106.

5 Sind Sie immer noch Lehrerin?

Im folgenden Text überlegt sich Marietta Müller, warum sie die Frage «Sind Sie immer noch Lehrerin?» ein bisschen ärgert und warum sie immer noch gerne in der Schule tätig ist. Marietta Müller unterrichtete 2 Jahre an der Primarschule und 26 Jahre an der Sekundarschule, war Praktikumslehrerin, Schulbibliothekarin, Mitarbeiterin in der Lehrmittelkommission. Seit dem Abschluss ihres Nachdiplomstudiums in Betriebsökonomie arbeitet sie als Gesamtschulleiterin.

© Donat Bräm

« Es gibt die klassische Frage von ehemaligen Schülerinnen und Schülern – ob ich immer noch Lehrerin sei. Sie kränkt mich jeweils fast ein wenig. Schliesslich frage ich einen Bankangestellten auch nicht: «Und? Immer noch Banker?» Oder eine Coiffeuse: «Immer noch die Hände in fremden Haaren?» Ich verstehe aber selber nicht ganz, weshalb ich so empfindlich reagiere. Sicherlich ist die Frage oft als einfache Überbrückung in der Kommunikation gemeint oder als ein Anknüpfungspunkt an vergangene Zeiten, ohne irgendeine Wertung. Für mich hingegen schwingt immer ein etwas schräger Unterton mit ...

Ob gerechtfertigt oder nicht – von der Schule wird häufig erwartet, dass sie aus den Kindern und Jugendlichen erfolgreiche Menschen macht. Schafft die Schule das nicht, wird sie als unfähig und veraltet abqualifiziert. Erfolgreiche Schüler sind aus eigener Kraft erfolgreich, erfolglose sind es wegen des Schulsystems – so der Haupttenor. Diese Diskrepanz unterschiedlicher Wahrnehmungen auszuhalten, fällt uns Pädagoginnen und Pädagogen nicht immer leicht. Gerne möchten wir am Erfolg auch etwas Anteil haben und nicht nur für die Fehlleistungen der lernschwachen Schülerinnen und Schüler verantwortlich gemacht werden. Vielleicht kommt daher mein kleiner Ärger über die Frage: «Sind Sie immer noch Lehrerin?»

Und trotzdem bin und bleibe ich gerne in der Schule tätig. Ich kann nicht anders. Mit den täglichen Unzulänglichkeiten von Kindern und Pubertierenden werde ich gut fertig. Ihre Probleme müssen nicht zu meinen werden. Gute Freunde aus früherer Zeit sagen mir, ich hätte mein Lachen nicht verloren. Ich lasse die belastenden Situationen gedanklich am Arbeitsort zurück, bevor ich mich auf den Heimweg mache. Das gelingt zwar nicht ganz in allen Fällen, aber ich nehme mir immer wieder vor, Arbeit und Privatleben möglichst zu trennen. Mein Business-Handy ist zwar eingeschaltet, aber es klingelt am Wochenende nur in absoluten Notfällen. Das schätze ich sehr, auch dass meine Privatnummer nicht benutzt wird, weder von Mitarbeitenden noch von Vorgesetzten. Als Ausgleich zu meinem grossen Arbeitspensum suche ich den Kontakt zu Nichtpädagogen. In bin gerne in Jazzlokalen, besuche Kunstausstellungen, fahre Ski, wandere mit Lust – manchmal auch ganz waghalsig in höchsten Höhen – und entspanne mich beim Schwitzen in der Sauna. Mit einer betagten Freundin spaziere ich stundenlang und übe mich im Entschleunigen; ich passe mich ihrem gemächlicheren Tempo an. Mit einer viel jüngeren Berufskollegin flitze ich über Skipisten und geniesse die selbst gesteuerte Beschleunigung. Im wöchentlichen Tai-Chi-Training finde ich jeweils eine gute Bodenhaftung und leere meine Gedanken. Meine berufliche Tätigkeit ist dort kein Thema; ich werde als Tai-Chi-Ausübende und nicht als Schulleiterin wahrgenommen.

Neugierig bin ich all die Jahre geblieben. Mich interessieren der Sport- und Wirtschaftsteil ebenso wie der Wissens- und Kulturteil einer Zeitung. Daher lese ich meine Lieblingszeitung dreimal am Tag. Morgens für die allgemeinen Schocknachrichten und die Sportergebnisse, mittags ein paar Hintergrundberichte, und abends widme ich mich dem kulturellen Teil. Fachzeitschriften und Fachbücher gehören zu meiner Arbeit – Belletristik und Sachbücher sind Ferien- und Wochenendvergnügen. Ich bin passionierte Pilzsucherin und pirsche im Sommer und Herbst mit meinen besten Freundinnen durch den Wald. Das Sammeln von Pilzen und die Freude bei der gemeinsamen Verarbeitung der Beute erfüllen mich mehr, als an einem exotischen Strand herumzuliegen. Allein oder in Gesellschaft begebe ich mich in Naturschutzgebiete und suche meine Lieblingsvögel: die Regenpfeifer, Eisvögel, Kampfläufer, Brachvögel. Ich freue mich, dass ich sie an ihren Lauten, am Flugbild oder an ihrem Verhalten schon von Weitem erkenne, auch wenn ich darüber keine Liste führe, in der ich eintrage und abhake. In Schottland werde ich deshalb als *twitcher* bezeichnet und nicht als *bird watcher*.

Bin ich vielleicht Lehrerin geworden, weil mein Wissensdrang unstillbar ist, mein persönlicher Schwamm noch nicht aufgesogen ist? Schulische Weiterbildung habe ich intensiv genutzt, ob sie nun verordnet war oder selbst gewählt. Neue Lehr- und Lernformen, Sport, Musik, Informatik, Kunsterziehung, Museumspädagogik, schwierige Gespräche führen, Umgang mit schwierigen Schülern und deren Eltern, Prävention, Internetnutzung (seit 1995) standen auf meiner Agenda in meiner unterrichtsfreien Zeit. Neue Sprachen zu lernen (Dänisch und Schwedisch) – um selbst wieder gefordert zu sein und um in Dänemark während meines Sabbaticals bei den Chaos-Piloten Einlass zu finden –, gehört da ebenso dazu, wie den Umgang mit neuen Medien an der eigenen Schule zu fördern.

Privat lebte ich mit einem Berufsschullehrer zusammen. Wir versuchten unterrichtsfreie Zeiten bewusst anders zu gestalten als mit Schulinhalten. Er hat mir die Welt der Kunst und Literatur eröffnet. Auch habe ich mich mit ihm zusammen ständig nach Weiterbildung umgesehen, die nicht durch schulische Institutionen angeboten wurde. Mentaltraining, Positiv- Seminar, Körpersprache, Mind Mapping, Chaos-Bewusstsein, Tai-Chi und Qigong haben mir geholfen, mein riesiges Arbeitspensum mit einer gewissen Lockerheit anzugehen und den Boden nicht zu verlieren. In der sich überlappenden Vielfalt von Anforderungen und Erwartungen den Fokus aufs Wesentliche richten kann ich nur, wenn ich ganz bei mir selbst bin und mir gleichzeitig neue Kompetenzen aneigne, wenn Veränderungen anstehen …

«Ja, mit Leib und Seele Lehrerin», pflegte ich früher zu sagen, wenn die ewig gleiche Frage wieder mal aufkam. «Ja, immer noch in der Schule tätig», sage ich heute. Die Momente des Grübelns kenne ich trotzdem. Ist mein Drang nach Lernen eine Kompensation dafür, dass ich nicht werden durfte, was ich wirklich wollte? Bin ich deswegen nie ganz zufrieden mit meiner ganz persönlichen Leistung? Nehme ich deswegen Partei für die Schwächeren der Gesellschaft, weil ich mich selbst als schwach empfunden habe in meiner Jugend? ❯

Auszug aus einem Porträt in: Berner, H. & Isler, R.: Immer noch Lehrer! Portraits und Essays.
© 2009 Haupt Verlag AG, Bern, S. 95–100.

6 Dank des Nobelpreisträgers Albert Camus an seinen Lehrer

Der Schriftsteller Albert Camus hat in seinem 1994 erschienenen Roman «Le premier homme» seinem Lehrer Louis Germain ein literarisches Denkmal gesetzt. Das Manuskript dieses Buches wurde beim tödlichen Autounfall von Camus am 4. Januar 1960 in seiner Mappe gefunden.

Am Schluss des Buches steht ein Brief, den Camus nach der Verleihung des Nobelpreises seinem Lehrer schickte.

《 Lieber Monsieur Germain,

Ich habe den Lärm sich etwas legen lassen, der in diesen Tagen um mich war, ehe ich mich ganz herzlich an Sie wende. Man hat mir eine viel zu grosse Ehre erwiesen, die ich weder erstrebt noch erbeten habe. Doch als ich die Nachricht erhielt, galt mein erster Gedanke, nach meiner Mutter, Ihnen. Ohne Sie, ohne Ihre liebevolle Hand, die Sie dem armen kleinen Kind, das ich war, gereicht haben, ohne Ihre Unterweisung und Ihr Beispiel wäre nichts von alldem geschehen. Ich mache um diese Art Ehrung nicht viel Aufhebens. Aber diese ist zumindest eine Gelegenheit, Ihnen zu sagen, was Sie für mich waren und noch immer sind, und um Ihnen zu versichern, dass Ihre Mühen, die Arbeit und die Grossherzigkeit, die Sie eingesetzt haben, immer lebendig sind bei einem Ihrer kleinen Zöglinge, der trotz seines Alters nicht aufgehört hat, Ihr dankbarer Schüler zu sein.
Ich umarme Sie von ganzem Herzen.

Albert Camus 》

Brief vom 19. November 1957, kurz nach der Verleihung des Literaturnobelpreises;
in: Camus, A. (1998). Der erste Mensch. Reinbek: Rowohlt. S. 369.

《 Jener hatte seinen Vater nicht gekannt, aber er sprach oft in etwas mythologischer Form mit ihm über diesen, und jedenfalls hatte er in einem bestimmten Moment diesen Vater zu ersetzen gewusst. Deshalb hatte Jacques ihn nie vergessen, als habe er zuerst als Kind und dann sein ganzes Leben lang – obwohl die Abwesenheit eines Vaters, den er nicht gekannt hatte, für ihn nie wirklich spürbar gewesen war – trotzdem die einzige, zugleich bedachte und entscheidende väterliche Geste, die in seiner Kindheit vorgekommen war, unbewusst erkannt. Denn dieser Monsieur Bernard, sein Lehrer in der letzten Volksschulklasse, hatte in einem bestimmten Moment sein ganzes Gewicht als Mann eingesetzt, um das Schicksal dieses Kindes zu ändern, und er hatte es tatsächlich geändert. (S. 153)

Dann begann der Unterricht. Bei Monsieur Bernard war der Unterricht aus dem einfachen Grund, dass er seinen Beruf leidenschaftlich liebte, ständig interessant. Draussen mochte die Sonne auf den fahlroten Wänden brüllen, während die Hitze im Klassenzimmer knisterte, obwohl es von Vorhängen mit breiten gelbweissen Streifen abgedunkelt war. Ebensogut mochte der Regen, wie er es in Algerien tut, sintflutartig fallen und die Strassen in eine dunkle, feuchte Grube verwandeln – die Klasse war kaum zerstreut. Nur die Fliegen bei Gewitterschwüle lenkten die Kinder manchmal ab. Sie wurden eingefangen und landeten in den

Tintenfässern, wo ein abscheuliches Sterben für sie begann, ein Ertrinken im violetten Schlamm in den kleinen Porzellantintenfässern mit kegelförmigem Rumpf, die in den Löchern im Tisch eingelassen waren. Doch Monsieur Bernards Methode, die darin bestand, im Betragen nichts durchgehen zu lassen und seinen Unterricht hingegen lebendig und amüsant zu machen, triumphierte sogar über die Fliegen. (S. 161)

Nur die Schule schenkte Jacques und Pierre diese Freuden. Und was sie zweifellos so leidenschaftlich an ihr liebten, war das, was sie zu Hause nicht fanden, wo Armut und Unwissenheit das Leben noch härter, trüber, wie in sich selbst gekehrt machten; das Elend ist eine Festung ohne Zugbrücke. (S. 164)

Nein, die Schule bot ihnen nicht nur eine Ausflucht aus dem Familienleben. In Monsieur Bernards Klasse jedenfalls nährte sie in ihnen einen Hunger, der für das Kind noch wesentlicher war als für den Mann, den Hunger nach Entdeckung. In den anderen Klassen lehrte man sie wahrscheinlich vieles, aber ein wenig so, wie man Gänse mästet. Man setzte ihnen fix und fertige Nahrung vor und bat sie, gefälligst zu schlucken. In Monsieur Germains [hier wird der Lehrer bei seinem richtigen Namen genannt!] Klasse fühlten sie zum ersten Mal, dass sie existierten und Gegenstand höchster Achtung waren: Man hielt sie für würdig, die Welt zu entdecken. Und ihr Lehrer liess es sich sogar nicht nur angelegen sein, ihnen das beizubringen, wofür er bezahlt wurde, er eröffnete ihnen sogar sein Privatleben, er lebte es mit ihnen, erzählte ihnen seine Kindheit und die Geschichte von den Kindern, die er gekannt hatte, legte ihnen seine Ansichten dar und nicht seine Ideen, denn er war zum Beispiel antiklerikal wie viele seiner Kollegen und sagte im Unterricht doch nie ein einziges Wort gegen die Religion oder gegen etwas, was eine Wahl oder Überzeugung betraf, aber er verurteilte umso vehementer, was indiskutabel war, nämlich Diebstahl, Denunziation, Taktlosigkeit, Unanständigkeit.

Vor allem aber erzählte er ihnen vom noch ganz nahen Krieg, den er vier Jahre lang mitgemacht hatte, von den Leiden der Soldaten, von ihrer Tapferkeit, ihrer Geduld und vom Glück des Waffenstillstandes. (S. 164, 165)

«Danke, Monsieur Bernard, danke», sagte sie, während Monsieur Bernard den Kopf des Kindes streichelte. «Du brauchst mich nicht mehr», sagte er, «du wirst gelehrtere Lehrer haben. Aber du weisst ja, wo ich bin, besuch mich, wenn du meine Hilfe brauchst.» Er ging, und Jacques blieb allein, verloren inmitten dieser Frauen, dann stürzte er zum Fenster und sah seinem Lehrer nach, der ihn ein letztes Mal grüsste und ihn von nun an allein liess, und statt der Freude über den Erfolg zerriss ein grenzenloser Kinderkummer sein Herz, so als wüsste er im Voraus, dass er soeben durch diesen Erfolg aus der unschuldigen, warmherzigen Welt der Armen herausgerissen worden war, einer wie eine Insel innerhalb der Gesellschaft in sich abgeschlossenen Welt, in der das Elend als Familie und Solidarität dient, um in eine unbekannte Welt geworfen zu werden, die nicht seine war, von der er nicht glauben konnte, dass die Lehrer gelehrter waren als dieser, dessen Herz alles wusste, und er würde in Zukunft ohne Hilfe lernen und verstehen müssen, schliesslich ein Mann werden müssen, ohne den Beistand des einzigen Menschen, der ihm geholfen hatte, schliesslich ganz auf seine Kosten sich allein erziehen und erwachsen werden müssen. (S. 196–197) ›

Auszug aus: Camus, A. (1998). Der erste Mensch. © 1995 by Rowohlt Verlag GmbH, Reinbek bei Hamburg. Übersetzung: Uli Aumüller.

7 Die Bekenntnisse eines New Yorker Lehrers in einem literarischen Bestseller

In seinem 2005 veröffentlichten Bestseller «Teacher Man» (deutsche Ausgabe mit dem Titel «Tag und Nacht und auch im Sommer») hat Frank McCourt, der nach 30 Jahren Unterricht an verschiedenen öffentlichen New Yorker High Schools mit seinem ersten Buch «Angela's Ashes» (deutscher Titel «Die Asche meiner Mutter») einen Grosserfolg landete, eindrücklich beschrieben, was er von seinen insgesamt zwölftausend Schülerinnen und Schülern gelernt hat: als Lehrer, als Geschichtenerzähler, als Schriftsteller.

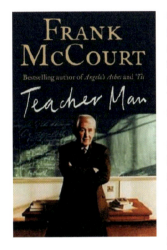

« In den dreissig Jahren, die ich an New Yorker High Schools unterrichtet habe, nahm niemand ausser meinen Schülern die geringste Notiz von mir. Ausserhalb der Schule war ich unsichtbar. Dann schrieb ich ein Buch über meine Kindheit und wurde der Held der Stunde. ... Mein erstes Buch, ‹Die Asche meiner Mutter›, erschien 1996, als ich sechsundsechzig war, das zweite, ‹Ein rundherum tolles Land›, 1999, da war ich neunundsechzig. In dem Alter kann man von Glück sagen, wenn man überhaupt noch den Bleistift halten kann.

Aber was hat Sie denn so lange abgehalten? Ich habe unterrichtet, das hat mich so lange abgehalten. Nicht an einem College oder einer Universität, wo man jede Menge Zeit fürs Schreiben oder für andere Zerstreuungen hat, sondern an vier verschiedenen öffentlichen High Schools in New York City. ... Wenn man täglich fünf Klassen unterrichtet, fünf Tage die Woche, ist es unwahrscheinlich, dass man sich am Feierabend mit einem klaren Kopf zu Hause hinsetzt und unsterbliche Prosa schmiedet. Nach einem Schultag mit fünf Klassen ist der Kopf randvoll vom Radau im Klassenzimmer. (S. 9–10)

Mea culpa
Anstatt zu unterrichten, hab ich Geschichten erzählt.
Nur damit sie ruhig sind und in ihren Bänken sitzen bleiben.
Sie dachten, ich unterrichte.
Ich dachte, ich unterrichte.
Ich lernte.
Und Sie haben sich als Lehrer bezeichnet?
Hab ich nicht. Ich war mehr als ein Lehrer. Und weniger.

Im High-School-Klassenzimmer ist man Feldwebel, Rabbi, Schulter zum Ausweinen, Zuchtmeister, Sänger, Stubengelehrter, Büroangestellter, Schiedsrichter, Clown, Berater, Beauftragter für die Kleiderordnung, Schaffner, Fürsprecher, Philosoph, Kollaborateur, Stepptänzer, Politiker, Therapeut, Narr, Verkehrspolizist, Priester, Mutter-Vater-Bruder-Schwester-Onkel-Tante, Buchhalter, Kritiker, Psychologe, Rettungsanker. (S. 29)

Lange nach dem Ende meiner Lehrerlaufbahn kritzle ich Zahlen auf Papierfetzen, und das Ergebnis beeindruckt mich. In New York habe ich an fünf verschiedenen High Schools und an einem College unterrichtet. ... Meine Rechnerei ergibt, dass ungefähr zwölftausend Jungen und Mädchen, Männer und Frauen vor mir gesessen und zugehört haben, wie ich dozierte, skandierte, zuredete, faselte, sang, deklamierte, rezitierte, predigte und verstummte. Ich denke an die zwölftausend und frage mich, was ich für sie getan habe. Dann denke ich daran, was sie für mich getan haben. Meine Rechnerei ergibt, dass ich mindestens dreiunddreissig-

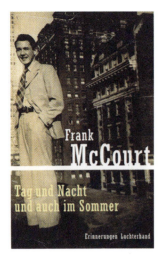

tausend Stunden gehalten habe. Dreiunddreissigtausend Unterrichtsstunden in dreissig Jahren: Tag und Nacht und auch im Sommer. (S. 89)

Regen verändert die Stimmung in der Schule, er dämpft alles. Die Ersten kommen schweigend herein. Einer oder zwei sagen guten Morgen. Sie schütteln die Tropfen von ihren Jacken. Sie sind in einem Traumzustand. Sie setzen sich hin und warten. Keiner redet. Keiner will austreten gehen. Keine Beschwerden, keine Provokationen, keine Widerreden. Reden ist Magie. Regen ist das Höchste. Stell dich drauf ein, Lehrer. Lass dir Zeit. Sprich leiser. Englischunterricht? Denk nicht mal dran. Vergiss die Präsenzkontrolle. ... Ein Junge hebt die Hand. Warum können Lehrer uns nicht wie Menschen behandeln? Du weisst es nicht. Tja, Mann, wenn du es nicht weisst, dann sag ihnen, ich weiss es nicht. Erzähl ihnen von der Schule in Irland. ... An solchen Tagen ist mir, als könnte ich auch dem Widerborstigsten und dem Klügsten etwas beibringen. Als könnte ich die Traurigsten der Traurigen umarmen und hätscheln. (S. 92, 93)

Jede Klasse hat ihre eigene Chemie. Es gibt Klassen, mit denen es Spass macht und auf die man sich freut. Die Schüler wissen, dass man sie mag, und deshalb mögen sie einen auch. Manchmal sagen sie einem, das war eine ziemlich gute Stunde, und dann freut man sich wie ein Schneekönig. Irgendwie gibt einem das Kraft, und auf dem Heimweg möchte man am liebsten singen.
    Es gibt Klassen, bei denen wünscht man sich, sie würden die Fähre nach Manhattan nehmen und nie mehr wiederkommen. Beim Hereinkommen und Hinausgehen strahlen sie eine Feindseligkeit aus, die einem verrät, was sie von einem denken. Vielleicht ist aber alles auch nur Einbildung, also überlegt man, womit man sie auf seine Seite ziehen könnte. Man probiert es mit Stunden, die bei anderen Klassen gut gelaufen sind, aber nicht einmal das hilft. Das liegt an der Chemie. (S. 103, 104)

Ich denke oft, ich sollte ein strenger, disziplinierter Lehrer sein, durchorganisiert und zupackend, ein John Wayne der Pädagogik, ein irischer Schulmeister mit Zeigestab, Riemen und Rohrstock. Strenge Lehrer bieten vierzig Minuten lang ihre Waren feil. Verdaut den Stoff, Kinder, denkt dran, dass ihr ihn am Prüfungstag wieder hochwürgen müsst. (S. 191)

Es war April, draussen schien die Sonne, und ich frage mich, wie viele Apriltage, wie viele Sonnentage mir noch blieben. Mich beschlich das Gefühl, dass ich den High-School-Schülern von New York nichts mehr über das Schreiben oder irgendein anderes Thema zu sagen hatte. Es kam immer öfter vor, dass ich einen Satz nicht vollendete. Ich wollte hinaus in die Welt, bevor ich aus der Welt war. Wer war ich, dass ich vor anderen über das Schreiben redete, obwohl ich noch nie ein Buch geschrieben, geschweige denn veröffentlicht hatte. (S. 329)

Die Glocke läutet, und sie bewerfen mich mit Konfetti. Sie wünschen mir ein schönes Leben. Ich wünsche ihnen dasselbe. Bunt gesprenkelt gehe ich durch den Korridor.
    Jemand ruft mir nach: He, Mr. McCourt, Sie sollten ein Buch schreiben.
    Ich probier's. (S. 331, 332) ›

Auszug aus: McCourt, F. (2006). Tag und Nacht und auch im Sommer. © 2006 Luchterhand Literaturverlag, München, in der Verlagsgruppe Random House GmbH. Übersetzung: Rudolf Hermstein.

8 Eine Hommage an einen Lehrer

Der Schriftsteller und Journalist Alfred Häsler hat eine beeindruckende Hommage an seinen Lehrer verfasst. Die in diesem Text ausgedrückte Wertschätzung und Dankbarkeit bildet einen Gegenpol zu aktuell in Massenmedien dominierenden Verunglimpfungen und Beschämungen von Lehrpersonen.

« Sein Name steht in keinem Lexikon. Er hat kein pädagogisches Lehrbuch verfasst. Er hat nie ein weithin hörbares Bekenntnis zu Pestalozzi, Fellenberg oder Rudolf Steiner abgelegt. Er war keiner bestimmten schulischen Glaubensrichtung verpflichtet. Er war auch nie Präsident eines Lehrervereins. Er ist einer der vielen tausend Lehrer unseres Landes. Kein besonders auffälliger. Aber einer, von denen Karl Schmid einmal gesagt hat: «Wenn der Lehrer stimmt, so stimmt die Schule, und wenn der Lehrer nicht stimmt, so nützen auch die ausgeklügeltsten Lehrpläne, die scharfsinnigsten Formulierungen der Unterrichtsziele gar nichts.» Bei diesem Lehrer stimmte die Schule. Sein Name: Albin Stähli – mein Lehrer. (...)

Der Lehrer war darauf aus, besondere Begabungen seiner Schüler zu entdecken und zu fördern. Wer musizierte, sollte, wo immer das Instrument das erlaubte, beim Singen begleiten. Einem Schüler verschaffte er eine Geige – gegen ein Schaffell – und vermittelte Violinunterricht. Was Sprache ist und sein kann, war durch den Lehrer zu erfahren. An den Beispielen der Literatur machte er deutlich, wie Leben ins Wort zu fassen ist, nachvollzogen werden kann. Unlösbar verbunden mit der Sprache war für ihn das Sprechen. Das hatte ihm sein Seminarlehrer Klee, der Vater des Malers Paul Klee, beigebracht. An der Aussprache wurde gefeilt, nicht pedantisch und lieblos, kein Drill auf irgendein künstliches Hochdeutsch hin, aber mit dem Ziel, Erlebtes, Gedrucktes so wiederzugeben, dass der, der zuhörte, in das Gesprochene einbezogen wurde. Sprache, das hiess Ungeklärtes klären, Verschwommenem Konturen verleihen, Ungefähres gestalten, Dunkles ausleuchten, die Luft von geistigem Dunst reinigen. Und Sprechen hiess Beziehungen herstellen vom Ich zum Du, zum anderen hin und her. Was man spricht und wie man spricht, gibt Auskunft über einen. Es kann gelernt werden und ist zu üben. Respekt vor der Sprache ist Respekt vor dem Menschen. ...

Aber der Lehrer war mehr als ein pflichtbewusster Schulmeister, der mit dem vorgeschriebenen Stoff ohne Hektik und Zwang zurechtkam, jene Fächer inbegriffen, die sonst gerne als zweit- oder drittrangig und ohne Folgen für den Lehrer vernachlässigt werden.

Wer Probleme mit sich schleppte und mit ihnen nicht zurande kam, konnte sich bei ihm aussprechen. Wer sich gehemmt fühlte, den lockte er unmerklich ins Gepräch, verscheuchte Ängste und Schuldgefühle, die bigotte Erwachsene den Heranwachsenden einredeten.

Wer Lust oder das Bedürfnis verspürte, ausserhalb der Schulstunden sein Wissen zu erweitern oder bedrängende Fragen zu klären, für den war die Tür immer offen. ...

Nicht dass dieser Lehrer ein Heiliger gewesen wäre. Zorn war ihm keineswegs fremd. Wenn so ein Donnerwetter auf die Köpfe der Schüler niederfuhr, dann schien das alte Schulhaus bis unter das Dach zu zittern. Und natürlich fühlte dieser oder jener sich auch einmal ungerecht behandelt – und war es wohl auch. Aber weil er sich eben nicht als unantastbare Autorität verstand, weil er seine Gefühle, seine Erregungen, Erschütterungen und sein Wohlbefinden nicht hinter einer «Lehrer-Maske» versteckte, sondern mitteilte, sodass die Schüler zu ihm nicht wie zu einem Denkmal aufschauen mussten, deshalb fühlten sie sich ihm nahe und eigentlich gleich. Zwischen ihnen und ihm bestand keine Kluft.

Knaben und Mädchen aus fünfundvierzig Jahrgängen hat er unterrichtet. Es müssen wohl weit über tausend sein, die inzwischen längst erwachsen geworden sind. Die Ältesten, die den damals zwanzigjährigen Lehrer noch erlebten, sind jetzt AHV-Bezüger, die, die er zuletzt lehrte, nähern sich der Volljährigkeit. Wenn einzelne der älteren Jahrgänge dieser Bergschule sich zufällig treffen – es geschieht selten, weil sie längst im ganzen Land und auch im Ausland verstreut sind –, dann führt das Gespräch rasch zurück in jene vergangene Zeit und zu diesem Lehrer, der, wie gesagt, in keinem Lexikon zu finden ist und der doch unverwischbare Spuren im Leben all jener zurückgelassen hat, die seine Schüler waren. Und von denen wohl alle wissen, dass dieser Lehrer ein Glücksfall gewesen ist. ❯

Auszug aus: Alfred A. Häsler (1983). Aussenseiter, Innenseiter. Porträts aus der Schweiz. © Verlag Huber, Frauenfeld, S. 7–11.

Kapitel 2 Unterricht beobachten – Feedback geben – reflektieren

Unterrichtsbeobachtung hat in der Lehreraus- und -weiterbildung einen besonderen Stellenwert – sie bildet einen Königsweg zur Beschreibung und Bewertung des Unterrichts.

Beobachten ermöglicht, die Selbstverständlichkeiten und Besonderheiten des Handelns von Lehrpersonen bewusst zu machen. Über die Bereitschaft des aktiven Beobachtens hinaus braucht es den «fremden» infrage stellenden Blick für das Besondere des Unterrichtsgeschehens und professionelles Wissen über Unterricht.

Beim Feedback sind drei voneinander zu unterscheidende Empfangsvorgänge wichtig: Wahrnehmen – Interpretieren – Fühlen. Wahrnehmen heisst etwas sehen oder hören, Interpretieren das Wahrgenommene mit einer Bedeutung versehen, Fühlen auf das Wahrgenommene und Interpretierte mit einem eigenen Gefühl antworten.

Reflektieren können ist für Lehrpersonen von entscheidender Bedeutung. Es ermöglicht, sich selbst kritisch beobachten zu können, eigene Kräfte und Kompetenzen realistisch einzuschätzen und konstruktive Formen der Bewältigung von Belastungen zu finden. Reflexionskompetenz ermöglicht Verbindungsleistungen zwischen theoretischem Wissen und praktischer Erfahrung: Durch Reflexion kann Theoriewissen eine handlungsbestimmende Kraft entfalten.

| Basics Seite 45 | Texte Seite 53 | Materialien Seite 69 |

oder Basisdimensionen, durch die Unterrichtenden im Voraus bestimmte persönlich bedeutsame Beobachtungsschwerpunkte oder zu Ausbildungszwecken festgelegte besonders zu übende Aspekte. Verbreitet sind auch Checklisten, mit denen ein kleiner ausgewählter Ausschnitt beobachtet wird (bspw. die Häufigkeit der Lehrerfragen oder das Verhältnis von Sprechanteil der Lehrperson und der Schülerinnen und Schüler). Auf eine weitere Möglichkeit der Selbst- und Fremdeinschätzung mit Kompetenzrastern wird im Materialteil (S. 68) ausführlicher eingegangen.

Auftragsbezogenes Beobachten und datengestütztes Reflektieren

Eine besonders geeignete Form der Unterrichtsbeobachtung ist die Methode des auftragsbezogenen Beobachtens und datengestützten Reflektierens, die in vier Schritten die Zusammenarbeit zwischen Studierenden und Praxislehrpersonen strukturiert und ein «Reflection-on-action» ermöglicht.

1. *Beobachtungsauftrag erteilen*
   Die Studierenden formulieren für die Praxislehrperson vor dem Unterricht einen Beobachtungsauftrag. Dieser gewährleistet, dass die Praxislehrperson Aspekte im Unterricht fokussiert, die die Studierenden zurzeit beschäftigen. Sind Studierende unsicher, was sie beobachten lassen sollen, unterstützt die Praxislehrperson mit geeigneten Vorschlägen.

2. *Auftragsbezogen beobachten und protokollieren*
   Die Praxislehrperson entscheidet vor der Unterrichtsbeobachtung, wie sich die vereinbarten Aspekte am besten beobachten und festhalten lassen. Während des Unterrichts protokolliert sie, ohne zu werten.

3. *Datengestützt reflektieren*
   Als Grundlage für die Nachbesprechung dient das Beobachtungsprotokoll. Die Studierenden äussern sich zu den erhobenen Daten sowie zu ihren Erlebnissen. Es entwickelt sich ein Gespräch, in dem die Praxislehrperson die Studierenden beim Reflektieren unterstützt. Ziel des Gesprächs ist, dass die Studierenden die Wirkung ihres Handelns wahrnehmen, ihr Vorgehen begründen, Probleme erkennen und Handlungsalternativen in Betracht ziehen.

4. *Reflexion schriftlich festhalten*
   Unmittelbar nach der Nachbesprechung halten die Studierenden die wichtigsten Ergebnisse schriftlich fest. Insbesondere formulieren sie Handlungsvorsätze für den kommenden Unterricht.

   (vgl. von Felten 2011)

Stellenwert des Modell-Lernens

Seit über dreissig Jahren geht man in der Lernpsychologie davon aus, dass es ein «Modell-Lernen» gibt, und in vielen Studien ist das Lernen am Modell erforscht worden (vgl. bspw. Bandura 1976). Übertragen auf die Lehrer- und Lehrerinnenbildung, haben Studierende Tausende von Stunden Gelegenheit gehabt, an Modellen (ihren bisherigen Lehrerinnen und Lehrern) zu lernen. Alle angehenden Lehrerinnen und Lehrer haben einen langen Lernprozess hinter sich, bevor sie zum ersten Mal als Lehrperson vor eine Klasse stehen. Das Handeln von angehenden und erfahrenen Lehrpersonen ist (wie im Kapitel 1 dargelegt) in starkem Masse in biografisch aufgeschichteten Deutungsbeständen verwurzelt. Durch aktives Beobachten können den Studierenden Selbstverständlichkeiten und Besonderheiten des schulischen Alltags bewusst werden. Wenn sie erkennen, was sie von ihren Lehrerinnen und Lehrern gelernt haben (und zwar bewusst und unbewusst), können sie ihr eigenes Handeln besser verstehen und weiterentwickeln.

Werkzeuge des Sehens

Wer interessiert und aktiv Unterricht beobachtet, sieht meistens nichts Besonderes, und es kann sein, dass man sich gelegentlich in wenig inspirierende Lektionen aus der eigenen Schulzeit zurückversetzt fühlt. Über die Bereitschaft des aktiven Beobachtens hinaus braucht es den Blick für das Besondere des Unterrichtsgeschehens und professionelles Wissen über Unterricht.

- *«Fremden Blick» für das Besondere des Unterrichtsgeschehens*
  Beobachtende müssen die Bereitschaft und das Interesse haben, alles infrage zu stellen: Muss das so sein? Ist es normal, dass jetzt dies oder jenes getan wird? Wie ginge es mir an der Stelle der Schülerinnen und Schüler?
- *Professionelles Wissen über Unterricht*
  Gefordert ist vielfältiges professionelles Wissen: lernpsychologisches Wissen, Wissen über Aufnehmen, Verarbeiten und Gedächtnis, didaktisches Wissen, Fachwissen zum Inhalt der Lektion, Wissen über Motivation und soziale Prozesse usw. Dieses Wissen vermittelt den Beobachtenden «Werkzeuge des Sehens».

Feedback geben

Nach der Phase des Beobachtens ist es sinnvoll, dass die Hospitierenden ein nützliches und qualitativ hochstehendes Feedback geben. Damit dies weder zu einem kollegialen Schulterklopfen mit undifferenziert lobenden Worten noch zu gegenseitigen Missverständnissen und Verletzungen führt, ist eine Auseinandersetzung mit den Grundlagen eines unterstützenden Feedbacks gefordert.

Die Aussage des Kybernetikers Norbert Wiener «Ich weiss nicht, was ich gesagt habe, solange ich nicht die Antwort darauf gehört habe» weist auf die Komplexität zwischenmenschlicher Kommunikation hin – und auf die Bedeutung der Rückkoppelung für unser Lernen und unsere Entwicklung. Ein angemessenes Verhalten gegenüber anderen können wir lernen, wenn wir die Auswirkungen unseres eigenen Verhaltens auf andere beachten und bereit sind, die entsprechenden Signale zu nutzen. (vgl. Langmaack/Braune-Krickau 1998, S. 109)

Wichtig ist, unsere inneren Reaktionen auf empfangene Nachrichten zu beachten. Das, was die Nachricht «anrichtet», richtet der Empfänger teilweise selbst an. Die innere Reaktion auf eine Nachricht erweist sich als Wechselwirkungsprodukt zwischen der gesendeten Nachricht und dem momentanen, psychischen Zustand des Empfängers.

Etwas wahrnehmen – etwas interpretieren – etwas fühlen

Es können drei Empfangsvorgänge unterschieden werden:
- *Wahrnehmen* heisst: etwas sehen oder hören (z.B. einen Blick, eine Frage).
- *Interpretieren* heisst: das Wahrgenommene mit einer Bedeutung versehen (z.B. den Blick als abfällig deuten oder die Frage als Kritik auffassen). Diese Interpretation kann richtig oder falsch sein.
- *Fühlen* heisst, auf das Wahrgenommene und Interpretierte mit einem eigenen Gefühl antworten, wobei der eigene seelische Grundzustand mit darüber ent-

scheidet, was für ein Gefühl ausgelöst wird (z.B. Wut angesichts des abfälligen Blicks). Dieses Gefühl unterliegt nicht der Beurteilung richtig oder falsch, sondern ist eine Tatsache.

Ein Beispiel

Eine Frau erzählt ihrem Mann über eigene Pläne. Als er ein wenig die Stirne runzelt, entgegnet sie: «Nun mach doch nicht gleich wieder ein so angewidertes Gesicht.»

Ihre Rückmeldung ist ein Verschmelzungsprodukt aus Wahrnehmung (Stirnrunzeln), Interpretation (Er missbilligt meinen Plan) und eigenem Gefühl (Wut, Enttäuschung).

«Innerer Dreischritt»: Der Empfänger soll sich im Klaren darüber werden, dass seine Reaktion immer *seine* Reaktion ist – mit starken eigenen Anteilen.

Ich sehe, wie du die Stirn runzelst.
Ich vermute, mein Vorhaben passt dir nicht.
Ich bin enttäuscht und verärgert, weil ich mir Unterstützung erhofft hätte.

Und er (der Empfänger) sieht Ansatzpunkte, diese eigenen Anteile gegebenenfalls zu überprüfen: «Du runzelst die Stirn – passt dir das nicht, was ich vorhabe?»

Jetzt kann er *bestätigen* («Ja, mir kommen gewisse Bedenken, ...») oder *korrigieren* («Doch – mir fiel nur gerade ein, dass wir dazu das Auto brauchen und ich noch keinen Inspektionstermin habe.») oder auch *sich selbst infrage stellen* («Das Stirnrunzeln war mir gar nicht bewusst – ja, vielleicht bin ich etwas enttäuscht, dass du nicht vorher, ...»)

vgl. Schulz von Thun 2001, S. 69–75.

Johari-Fenster – ein hilfreiches Instrument

Dieses Instrument verdeutlicht, dass sich Fremd- und Selbstwahrnehmung in weiten Bereichen nicht entsprechen. Das, was eine Person von ihrem Verhalten jeweils wahrnimmt, ist nur ein Bruchteil dessen, was für sie in einer sozialen Situation Bedeutung hat. Anderseits vermögen Drittpersonen nicht zu erkennen, was wir selber nicht preisgeben wollen.

Mit der Hilfe der Feedbackmethode versuchen wir das Bild, das wir von uns selbst machen, dank der Wahrnehmung durch Dritte in Bereiche zu erweitern, die uns sonst verborgen blieben.

- Ein Feedback ermöglicht den Vergleich von Selbstbild mit Fremdbild.
- Reflexion dank Feedback ermöglicht Arbeit am «blinden Fleck» und die Vergrösserung des «öffentlichen Bereichs».

Nehmen wir Feedbacks ernst, können wir unser Selbstbild mit fremden Rückmeldungen vergleichen und dadurch erweitern, den «öffentlichen Bereich» auf Kosten des «blinden Flecks» ausdehnen.

Feedback schafft ein vertrauensvolles Klima, was uns erlaubt, mehr von uns preiszugeben und den privaten, andern nicht bekannten Teil zu verkleinern.

	Selbstwahrnehmung *mir selbst bekannt*	*mir selbst nicht bekannt*
Fremdwahrnehmung *anderen bekannt*	**Öffentlich** Sachverhalte, die offenliegen. Verhalten, das mir und anderen bekannt ist.	**Blinder Fleck** Anteile des Verhaltens, die nur die anderen wahrnehmen und die ich nicht kenne.
anderen nicht bekannt	**Privat** Bereiche, die wir bewusst verbergen und die von anderen nicht wahrgenommen werden.	**Unbewusstes** Dinge, die nicht unmittelbar zugänglich sind, uns und anderen nicht bekannt.

Der **öffentliche Bereich** umfasst jene Aspekte unseres Verhaltens, die uns selbst und den anderen bekannt sind. Hier handeln wir frei und unbeeinträchtigt von Ängsten und Vorbehalten.

Der **private Bereich** umfasst jene Aspekte unseres Denkens und Handelns, die wir vor anderen bewusst verbergen. Durch Vertrauen und Sicherheit zu anderen kann dieser Bereich verkleinert werden.

vgl. Luft 1989, S. 28–31.

Der **blinde Fleck** umfasst den Anteil unseres Verhaltens, den wir selbst wenig, die anderen Mitglieder der Gruppe dagegen recht deutlich wahrnehmen. Es sind die unbedachten und unbewussten Gewohnheiten und Verhaltensweisen, die Vorurteile, Zu- und Abneigungen. Hier können uns die anderen Hinweise geben.

Der **unbewusste Bereich** ist weder uns noch anderen unmittelbar zugänglich. Verborgene Talente und ungenützte Begabungen sind Beispiele hierfür.

Feedback von Schülerinnen und Schülern

Es gibt einen breiten Konsens, dass Unterrichtsfeedback von Schülerinnen und Schülern nützlich und wichtig ist und dass die «Kundinnen und Kunden» der Lehrenden ernst genommen werden und als wichtige Informanten eingeschätzt und geschätzt werden: «Für eine Befragung von Schülern spricht u.a. ihre Langzeiterfahrung mit Schule, Unterricht und Lehrkräften. Schüler kennen Lehrkräfte sowohl im Vergleich mehrerer Fächer als auch im Vergleich über die Schulzeit hinweg. Ihre Aussagen können sich auf Wahrnehmungen über einen längeren Zeitraum und auf die Erfahrungen in unterschiedlichen Situationen stützen.» (Ditton 2002, S. 263) Bessoth und Weibel sprechen in ihrem Buch «Unterrichtsqualität an Schweizer Schulen» Klartext: «Die Reputation von Befragungen von Schülerinnen und Schülern ist nach allen vorliegenden Forschungen höher als die Zensurengebung durch die Lehrenden. Das heisst, den Einschätzungen der ‹Klienten› kann mehr Reliabilität (Zuverlässigkeit) und Validität (Gültigkeit) zugebilligt werden als der Notengebung, die ja individuell erfolgt. ... Obwohl viele Lehrende glauben machen wollen, dass ihre Schülerinnen und Schüler, und insbesondere die ganz jungen, keine konsistenten Urteile über Lehrpersonen und deren Unterricht aufgrund ihrer fehlenden Reife, ihrer mangelnden Erfahrung und Sprunghaftigkeit fällen können, zeigen die bis in die 1920er-Jahre zurückreichenden Forschungen genau das Gegenteil: Die Urteile der Lernenden waren von Jahr zu Jahr stabiler.» (Bessoth/Weibel 2000, S. 74)

Selbstverständlich hat Schülerfeedback auch seine Grenzen: Schülerinnen und Schüler können die fachliche und didaktische Kompetenz kaum beurteilen. Es ist zudem oft unklar, welchen Massstab die Schülerinnen und Schüler anwenden (bspw. den Vergleich mit dem Unterricht anderer Lehrpersonen). Möglich ist auch, dass die Rückmeldungen durch negative oder positive Aufwertungen der Lehrperson verzerrt sind. (vgl. Helmke 2009, S. 282–283)

Reflektieren

Für Weiterentwicklungen im Sinne einer Professionalisierung im Lehrerberuf ist es unabdingbar, dass die Lehrerinnen und Lehrer ihr eigenes Handeln immer wieder kritisch hinterfragen und in Verbindung mit neuen Erkenntnissen differenziert reflektieren.

Wir sehen nicht, was wir nicht sehen, und was wir nicht sehen, existiert nicht

Diese Erkenntnis, die Humberto Maturana und Francisco Varela gegen Ende ihres Buches «Der Baum der Erkenntnis» formuliert haben, hat für den Lehrerberuf eine besondere Bedeutung. Auch die weiterführende Erkenntnis von Maturana und Varela «Tradition ist nicht nur eine Weise zu sehen und zu handeln, sondern auch eine Weise zu verbergen» ist für eine Auseinandersetzung mit pädagogischem Handeln höchst bedeutsam: Tradition steht für die gewohnten subjektiven Alltagstheorien, die einerseits pädagogisches Sehen ermöglichen und andererseits verunmöglichen. «Eine Tradition basiert auf all jenen Verhaltensweisen, die in der Geschichte eines sozialen Systems selbstverständlich, regelmässig und annehmbar geworden sind. Und da die Erzeugung dieser Verhaltensweisen keiner Reflexion bedarf, fallen sie uns erst auf, wenn sie versagen. An diesem Punkt setzt dann die Reflexion ein.» (Maturana & Varela 1987, S. 260–261).

«Reflection-in-action» und «Reflection-on-action»

In seinen beiden Büchern «The Reflective Practitioner» (1983) und «Educating the Reflective Practitioner» (1987) unterscheidet Donald A. Schön zwei Formen der Reflexion: «Reflection-on-action» und «Reflection-in-action». Reflection-on-action meint die Fähigkeit, das Handeln im Nachhinein zu reflektieren; Reflection-in-action die Fähigkeit, unvorhergesehene Situationen während des Handelns neu zu interpretieren, das heisst ein Reframing (Neurahmen) einer Situation während der Aktion leisten zu können.   vgl. Quellentext 3

Reflexionskompetenz ist ohne Zweifel eine zentrale Kompetenz von Lehrerinnen und Lehrern. Die Kultivierung der Reflexionskompetenz ist im Lehrberuf von entscheidender Bedeutung. Reflexionskompetenz ist hinsichtlich der Persönlichkeitsentwicklung nötig, um sich selbst distanziert und kritisch beobachten zu können, eigene Kräfte und Kompetenzen realistisch einzuschätzen und konstruktive Formen der Bewältigung von Belastungen zu finden. In Bezug auf die berufliche Tätigkeit ermöglicht Reflexionskompetenz Verbindungsleistungen zwischen theoretischem Wissen und praktischer Erfahrung: Durch Reflexion kann Theoriewissen eine handlungsbestimmende Kraft entfalten. (Gudjons 2007, S. 9–10)

Hoher Stellenwert biografischer Reflexionen

Wie im 1. Kapitel hervorgehoben, haben biografische Reflexionen für angehende Lehrerinnen und Lehrer einen sehr hohen Stellenwert. Studien zu beruflichen und berufsbiografischen Entwicklungen zeigen, wie stark das Lehrerhandeln in biografisch aufgeschichteten Deutungsbeständen wurzelt. Um Lehrpersonen nicht einer unwägbaren Praxis auszuliefern, braucht es Reflexivität als Bewusstheit des eigenen Tuns. Reflexionskompetenz im Allgemeinen (und biografische Reflexion im Speziellen) bilden eine Schlüsselkompetenz von Professionalität (Combe & Kolbe 2004, S. 835). Dass Unterricht durch ein ausserordentlich hohes Mass an Komplexität charakterisiert ist, ist eine unbestreitbare Tatsache. Stichworte wie Multidimensionalität, Gleichzeitigkeit, Unmittelbarkeit oder Unvorhersehbarkeit weisen auf diese Komplexität hin. Lehrerhandeln ist immer durch ein beachtliches Mass an Ungewissheit, Undurchschaubarkeit und Unsteuerbarkeit geprägt. Unaufhebbare Antinomien gehören zum Berufsalltag: Als Lehrpersonen muss man oft das eine tun, ohne das andere zu lassen. So ist beispielsweise im pädagogischen Handeln Nähe ebenso wichtig wie Distanz. Und es können unerklärliche Situationen und Reaktionen entstehen, wenn Lehrpersonen Nähe erzwingen, wo Heranwachsende Distanz wünschen. Um solche und ähnliche komplexe Prozesse besser verstehen zu können, braucht es Reflexionskompetenz.

Über pädagogisches Handeln klug nachdenken, um klug handeln zu können

Reflexion meint die Rekonstruktion von Erfahrung. Reflexion ist eine Form von Lernen aus Erfahrung. Sie bedeutet konstruktive Verarbeitung von Erfahrungen. Vorbereitung auf Reflexion ist Vorbereitung auf optimale Auswertung der konkreten Erfahrungen, die man als Lehrerin oder Lehrer macht. Die Professionalität der pädagogischen Berufe zeigt sich nicht an der Form ihres Wissens, sondern im Umgang mit ihrem Wissen – und dieser Umgang ist reflexiv. Walter Herzog, Professor für Pädagogische Psychologie in Bern, sieht die Aufgabe einer posttechnokratischen Lehrerbildung nicht im Einschleifen von Fertigkeiten und Gewohnheiten oder in der Indoktrination stereotyper Verhaltensweisen, sondern in der Hilfe, über pädagogisches Handeln klug nachzudenken und klug handeln zu können (Herzog 1995, S. 253–273). Wie dieses kluge Nachdenken realisiert werden kann, wird im Materialienteil und im Anhang gezeigt.

Literatur

Bandura, A. (1976). Lernen am Modell: Ansätze zu einer sozial-kognitiven Lerntheorie. Stuttgart: Klett.

Bessoth, R. & Weibel, W. (2000). Unterrichtsqualität an Schweizer Schulen. Zug: Klett.

Combe, A. & Kolbe, F.-U. (2004). Lehrerprofessionalität: Wissen, Können, Handeln. In W. Helsper & J. Böhme (Hrsg.), Handbuch der Schulforschung. Wiesbaden: Verlag für Sozialwissenschaften.

Ditton, H. (2002). Lehrkräfte und Unterricht aus Schülersicht. Ergebnisse einer Untersuchung im Fach Mathematik. Zeitschrift für Pädagogik 48 (2), 262–286.

Gudjons, H. (2007). Beruf: Lehrerin: Wandlungen – Widersprüche – Wunschbilder. PÄDAGOGIK, 59 (9), 6–10.

Helmke, A. (2009). Unterrichtsqualität und Lehrerprofessionalität. Seelze: Kallmeyer.

Herzog, W. (1995). Reflexive Praktika in der Lehrerinnen- und Lehrerbildung. Beiträge zur Lehrerbildung, 13 (3), 253–273.

Langmaack, B. & Braune-Krickau M. (2000). Wie die Gruppe laufen lernt. München: Psychologie-Verlags Union.

Luft, J. (1989). Einführung in die Gruppendynamik. © Joseph Luft, 1963. Stuttgart: Klett-Cotta 1977. Übersetzung: Gudrun Theusner-Stampa.

Maturana, H.R. & Varela, F.J. (1987). Der Baum der Erkenntnis: die biologischen Wurzeln des menschlichen Erkennens. Bern: Scherz.

Schön, D. A. (1983). The Reflective Practitioner. How Professionals Think in Action. New York. Basic Books.

Schön, D. A. (1987). Educating the Reflective Practitioner. San Francisco: Jossey-Bass.

Schulz von Thun, F. (2001). Miteinander reden. Reinbek: Rowohlt.

von Felten, R. (2011). Lehrpersonen zwischen Routine und Reflexion. In: Berner, H. & Isler, R. (Hrsg.): Lehrer-Identität – Lehrer-Rolle – Lehrer-Handeln. (Erscheint 2011 im Schneider Verlag Hohengehren).

Texte   Unterricht beobachten – Feedback geben – reflektieren

1 «Glauben wir, was wir sehen, oder sehen wir, was wir glauben?»

Im folgenden Text wird der für die Unterrichtsbeobachtung wichtige Prozess der selektiven Wahrnehmung beschrieben und dargelegt, wie jeder Mensch seine Realität konstruiert.

« Wenn zwei Parteien z.B. in einem Konfliktfall den gleichen Sachverhalt schildern, dann scheinen diese Schilderungen manchmal «Welten» auseinander zu liegen. Wahrnehmung ist offensichtlich mehr als nur ein «objektives» Registrieren und Verarbeiten dessen, was um uns herum geschieht. Es ist ein Vorgang *im Menschen,* bei dem manche der angebotenen Daten und Fakten ausgeblendet werden und anderes hinzugefügt wird, was wir schon von früher her in uns gespeichert haben.

Damit ist angedeutet, dass sich jeder Mensch *seine eigene «Realität» konstruiert,* sich sein eigenes Bild vom «realen» Geschehen schafft. Man nennt diesen Vorgang *«selektive Wahrnehmung»*: Wir können ein Geschehen in uns und um uns herum immer nur durch unsere Filter hindurch wahrnehmen, die ähnlich wie beim Fotografieren Bildteile ausblenden, erweitern, verkleinern und farblich verändern.

Selektive Wahrnehmung ist einerseits wichtig und notwendig für den Menschen. Angesichts der Unzahl an Informationen um uns herum und angesichts der Komplexität der Umwelt ist Auswahl notwendig, um handlungsfähig zu bleiben. Selektive Wahrnehmung reduziert die Komplexität und gibt uns ein Gefühl von Sicherheit, «richtig» zu handeln. Ohne die Fähigkeit zur selektiven Wahrnehmung würden wir in Informationen ertrinken.

Andererseits bedeutet die Tatsache der selektiven Wahrnehmung, dass sich jeder der begrenzten Gültigkeit seines Bildes von der Realität bewusst sein muss. Niemand sieht die Wirklichkeit objektiv. Er muss sich mit den Bildern anderer auseinandersetzen, wenn er mit diesen zu einem gemeinsamen Handeln kommen will. Er muss sich bewusst sein, dass die andere Sichtweise in der Regel auch Wahrheiten beinhaltet. Ohne Bereitschaft zu diesem Sich-infrage-stellen-Lassen und ohne Toleranz führt selektive Wahrnehmung zum Dogmatismus und zur Borniertheit.

Der Mensch kommt zu seinem Bild von der Realität, indem er Information *aufnimmt, auswählt und interpretiert.* Auf diese drei Aspekte wollen wir im Folgenden etwas näher eingehen. Dabei meinen wir mit Informationen alles, was der Mensch verbal oder nonverbal über seine Sinnesorgane empfangen kann.

Wahrnehmung ist, wie gesagt, mehr als nur das quasi fotografische Registrieren. Das ist nur der erste Teil davon, wobei wir schon bei dieser Analogie im Auge behalten sollten, dass auch ein Kamerafilm nur das deutlich aufzeichnen kann, was u.a. in den Grenzen des Bildausschnittes, der Qualität des Objektivs, der Verschlusszeit der Kamera, der Körnung und Empfindlichkeit des Films und in der ruhigen Hand des Bedieners liegt.

Die Analogie zur menschlichen Aufnahmefähigkeit liegt auf der Hand: Der Qualität des Objektivs könnten Beobachtungsfähigkeit, körperliche und geistige Fähigkeiten entsprechen. Die Lichtwellen repräsentieren die Sprache, in der uns eine Information angeboten wird und deren Vokabeln und Symbole wir kennen müssen. Die ruhige Hand des Kameramannes symbolisiert die Bedeutung der eigenen Ruhe und psychischen Befindlichkeit für unsere Fähigkeit, Information aufzunehmen. Was übersehen wir nicht alles in hektischen oder bedrohlichen Situationen?

Unsere bewusste Wahrnehmung bezieht jedoch selbst bei optimalen Aufnahmebedingungen nur einen Bruchteil der angebotenen Informationen mit ein. «Zum einen Ohr rein, zum anderen raus» ist die volkstümliche Umschreibung dafür. Innere Filter verursachen, dass die meisten von aussen angebotenen Informationen die Stufe der bewussten Wahrnehmung nicht erreichen.

Diese Wahrnehmungsfilter bestehen zum einen in den konkreten körperlichen und geistigen (Un-)*Fähigkeiten*, wie sie uns angeboren oder angelernt wurden. Wir können nur bestimmte Frequenzen sehen oder hören. Wir können uns nur in bestimmten Sprachen verständigen. Wir können nur eine bestimmte Zahl von Informationen pro Zeiteinheit aufnehmen. Wir nehmen Dinge rascher wahr, die im Schwerpunkt unserer Aktivitäten liegen. Hier sehen wir mit dem geschulten Blick und besonders wacher Aufmerksamkeit Dinge, die anderen entgehen.

Eine andere Gruppe von wirksamen Filtern bilden unsere *Werte, Normen, Sitten,* die wir im Laufe unseres Lebens gelernt und akzeptiert haben. Man hat gelernt, was «einen angeht» und wo man seine Nase reinsteckt und wo nicht. Man hat seine Regeln für gut und schlecht, richtig und falsch: Vieles davon ist so verinnerlicht, dass wir kaum mehr bemerken, wie stark es unsere Wahrnehmung beeinflusst.

Werte, Normen und Sitten sind im Menschen stark emotional geerdet. Sie sprechen *Gefühle* an und damit eine dritte und gewichtige Gruppe von Wahrnehmungsfiltern: Gefühle wie Angst und Freude, Sympathie und Antipathie, Mut und Verzweiflung, Liebe oder Hass bilden eine wirksame Brille mit einer eigenen Optik und Farbgebung (von Rosarot bis Tiefschwarz ...).

Wenn man jemanden mag, dann sieht man sein Tun in einem positiven Licht oder findet jedenfalls rascher Gründe dafür, warum das alles nicht so tragisch sei. Freude über einen Auftrag lässt einen leicht Probleme ungünstiger Vertragsbedingungen «übersehen». Angst kann wach machen oder starr. Häufig führt sie zur Verdrängung, zum Wegschieben oder Verniedlichen der angstauslösenden Information.

Das, was diese Wahrnehmungshürden übersprungen hat, wird weiter verändert: Es wird *interpretiert*. «Ich weiss nicht, was soll es bedeuten ...»: Je nach Bedeutung, die ich einer Information gebe, wird meine Handlung anders aussehen.

Zunächst versuchen wir, Informationen in die uns vertrauten *Muster (Erfahrungen, Wertvorstellungen, Regeln und Theorien) einzuordnen.* Es wird gewissermassen nachgeschaut, ob die Information in ein bekanntes Raster passt. Häufig wird sie so ergänzt oder so beschnitten, dass sie «passend» wird. Selbst Bruchstücke einer Beschreibung werden rasch zu einem Ganzen aufgebaut. Jemand mit schwarzen Haaren und Schnurrbart ist – natürlich ein Südländer. Wie schnell ist jemand aufgrund der ersten Eindrücke eingeordnet und wird dann relativ lange darin festgehalten, auch wenn er sich in der Zwischenzeit geändert hat. Erst wenn offensichtlich die Information von aussen nicht mehr mit diesen Mustern der Erfahrung in Übereinstimmung zu bringen ist, beginnt ein – mitunter langer – Lernprozess, um neue Erklärungen und neue Handlungsmuster zu entwickeln.

Unser Vorrat an Mustern hilft uns, Informationen schnell inhaltliche und gefühlsbezogene *Bedeutung und Priorität* zu geben. Die Muster helfen uns, rasch zu erkennen, worum es sich handeln könnte, lang bevor wir alle Informationen haben. Das ist eine Überlebenschance (rasches, entschlossenes Handeln) und eine Gefahr (Fehlreaktion, unangemessene Fortschreibung überholter Erfahrungen) zugleich.

Die inneren Muster verbinden zudem Information mit *Empfindungen*: Etwas wird als schön, gefährlich, gut, hässlich etc. empfunden. Diese Empfindungen haben viel mit unserer Lebensgeschichte zu tun. Sie verbinden die aktuelle Information mit unseren früheren Erfahrungen, Vorstellungen und Urteilen und verändern sie damit. Es erinnert uns (vielleicht sogar unbewusst) jemand an eine Person, die wir von früher her kennen, und schon übertragen wir ähnliche Gefühle und Einschätzungen auf die neue Person.

Schliesslich werden den Informationen *Prioritäten* verliehen: Etwas wird als wichtig oder unwichtig, sinnvoll oder unsinnig eingeordnet. Auch hier werden Werte und Normen eine wichtige Rolle spielen. Prioritäten sind jedoch auch stark von unseren *eigenen Interessen und Bedürfnissen geprägt, die wir in Bezug auf eine Situation haben.*

In diesem Sinne ist jeder eingebunden in Gemeinschaften, in Rollen, in Beziehungsgeflechte, aus denen heraus ein gewisser Druck in Richtung gleichgerichteter Wahrnehmung entsteht: Man nimmt wahr, was man wahrnehmen soll und gewohnt ist, wahrzunehmen.

Die hier skizzierten Faktoren und Zusammenhänge, die auf die individuelle «Konstruktion von Realität» einwirken, erinnern uns zunächst daran, dass hinter der Wahrnehmung immer komplizierte psychologische Vorgänge stehen. Ihre Veränderung ist heikel und übersteigt rasch einmal die Fachkompetenz des Laien. Die Tatsache, dass wir immer nur selektiv wahrnehmen, hat eine wichtige Schutzfunktion für den Einzelnen. Er lässt dadurch auch Dinge zugedeckt, die ihn zu sehr ängstigen oder mit denen er nicht recht fertig wird.

••

Wahrnehmung ist immer ein Prozess, an dem die eigene Person mit ihrer Lebensgeschichte beteiligt ist. In diesem Sinne reagiert der Mensch nicht auf «die Realität», sondern auf sein Bild davon. Dieses Bild ist der entscheidende Anstoss für unsere Reaktionen. Auf dieses Bild hin handeln wir, treten in Kontakt, urteilen und entscheiden. Wir reagieren auf Menschen so, wie wir sie sehen, und nicht darauf, wie sie wirklich sind. ❭

••

Auszug aus: Langmaack, B. & Braune-Krickau, M. (2000). Wie die Gruppe laufen lernt: Anregungen zum Planen und Leiten von Gruppen. © Psychologie-Verlags Union, Verlagsgruppe Beltz, Weinheim, S. 104–107. 7. Auflage.

2 Soziale Wahrnehmung und Wahrnehmungsfehler

Unsere Wahrnehmung von Menschen und Sachverhalten ist nicht objektiv. Wir machen uns ein Bild (unser Bild), indem wir aufgrund von Informationen und unserer Wahrnehmungen anderen Menschen Eigenschaften und Absichten zuschreiben. Im folgenden Ausschnitt werden mögliche Wahrnehmungsfehler beschrieben, die für Unterrichtsbeobachtungen und -besprechungen eine besondere Bedeutung haben.

❰ Die Einschätzung «auf den ersten Blick»
Der erste Eindruck bestimmt oft erstaunlich nachhaltig das Bild, das wir uns von Menschen machen. Die äussere Erscheinung des anderen und unsere eigene Spontanreaktion darauf (Sympathie/Antipathie) beeinflussen unsere späteren Wahrnehmungen. So tendiert man z.B. bei Menschen, die einem spontan gefallen, das zu übersehen, was nicht ins positive Bild passt. Leider gilt dies auch für den umgekehrten Fall. *Unsere Wahrnehmung arbeitet selektiv.* Der «erste Eindruck» kann nur schwer korrigiert werden.

Vorgefertigte Bilder (Stereotype)
Unsere Wahrnehmung wird beeinflusst durch vorgefertigte Bilder, die wir in unseren Köpfen haben. Man bezeichnet diese Bilder als Stereotype (griech. stereotyp: starr, ständig wiederkehrend). Es handelt sich um *emotional gefärbte Vorstellungen, die sich auf ganze Gruppen (bzw. Klassen) von Menschen beziehen:*
- ein Italiener! (Nationenstereotyp)
- ein Lehrer! (Berufsstereotyp)
- ein Linker! (politisches Stereotyp)

Wenn wir irgendeine Information über einen Menschen besitzen – wir wissen z.B., welchen Beruf er ausübt –, so treten diese Stereotype in Aktion: Wir beginnen den Unbekannten «einzuordnen» wir machen uns ein Bild, wir glauben, etwas über ihn zu wissen.

Der Halo-Effekt
Damit ist gemeint, dass irgendeine hervorstechende «Eigenschaft» einer Person den Gesamteindruck bestimmt. Alles andere wird davon «überstrahlt», es wird nicht mehr bemerkt (griech. halo = «Hof» um eine Lichtquelle).
- eine schöne Frau!
- ein erfolgreicher Mann!
- ein schwacher Schüler!

Die Beispiele machen deutlich, wie der Halo-Effekt mit den bestehenden Normen zusammenhängt. Wenn ein Schüler in den «zentralen» Fächern (Sprache, Rechnen) schwache Leistungen erbringt, ist er eben ein «schwacher Schüler». Andere Qualitäten werden dann weniger beachtet.

Der logische Fehler
Er besteht darin, dass wir annehmen, dass *bestimmte Eigenschaften* «logischerweise» *zusammen auftreten:*
- intelligent, kritisch, ehrgeizig
- dumm, faul, uninteressiert
- höflich, sauber, anständig

Schon ein kurzer Blick auf eine solche «Liste» lässt uns den logischen Fehler erkennen. Trotzdem beeinflusst er unsere Alltagswahrnehmung.

Der Zuschreibungsfehler

Grundsätzlich können wir «Eigenschaften» von Menschen überhaupt nicht beobachten. Was wir tatsächlich sehen, sind Verhaltensweisen in bestimmten Situationen. Wir tendieren aber dazu, aus einzelnen beobachteten Verhaltensweisen Rückschlüsse auf die Person selbst zu ziehen: *Wir schreiben ihr Eigenschaften zu.*

- Einer, den wir bei einer Aggression beobachten, wird für uns *«ein aggressiver Typ»*.
- Wir ertappen jemanden bei einer Lüge: *Er ist unehrlich.*

Zuschreibungen prägen unser «Bild vom anderen». Sie beeinflussen aber auch unser Verhalten. Von Zuschreibungen kann abhängen, ob wir mit dem anderen überhaupt etwas zu tun haben wollen oder nicht.

Warum unterliegt die soziale Wahrnehmung so vielen Verzerrungen?

Warum können wir andere Menschen nicht «objektiver» sehen?

Es scheint, dass unser «Bildermachen» von wichtigen Bedürfnissen beeinflusst wird.

1. *Die Bilder sind einfacher als die Realität.* Sie erleichtern dadurch die Orientierung und Entscheidung.
2. *Die Bilder sind dauerhafter als die Wirklichkeit.* Wenn die Menschen «eben so sind, wie sie sind», fällt es uns leichter, ihr Verhalten zu verstehen, als wenn sie sich ändern.
3. *Die Bilder sind einheitlicher, weniger widersprüchlich als die Realität.* Auch dies erleichtert uns die Orientierung und Entscheidung.
4. *Bilder (besonders Stereotype) erzeugen Übereinstimmung mit der Gruppe:* «WIR» sehen die anderen so oder so.

....

Wir nehmen Menschen wahr, indem wir uns ein Bild von ihnen machen.
Die Bilder sind einfacher, dauerhafter und widerspruchsfreier als die Wirklichkeit.
Gemeinsame Bilder stärken den Gruppenzusammenhalt. ❯

....

Auszug aus: Marmet, O. (2000). Ich und du und so weiter. Kleine Einführung in die Sozialpsychologie. © Verlagsgruppe Beltz, Weinheim, S. 60–63.

3 Reflexion des Handelns – eine grundlegende Kompetenz

Im folgenden Ausschnitt fordert Regula von Felten, dass erfolgreiche Lehrerinnen und Lehrer fähig und bereit sein müssen, ihr eigenes Handeln zu reflektieren und zu verändern. Dazu gehört, Routinen zu hinterfragen und sein berufliches Handeln einer reflexiven Rechtfertigung zu unterziehen.

« Reflexion als Mittel, eigenes Handeln zu entwickeln
Eine erfolgreiche Lehrperson verfügt über ausreichendes Wissen und Können, um die Anforderungen des Schulalltags zu erfüllen. Sie kann beispielsweise Lernziele formulieren und begründen, Inhalte sinnvoll strukturieren und verschiedene Lehr-Lern-Arrangements realisieren. Sie versteht es, Schülerinnen und Schüler zu beobachten, ihre Ressourcen und Defizite wahrzunehmen und sie individuell zu begleiten. Sie kennt Möglichkeiten, um ein Gespräch zu eröffnen und zu leiten, Konflikte in der Klasse anzugehen und die Gemeinschaftsbildung zu fördern. Sie kann auf die Vorwürfe eines Vaters an einem Elternabend oder auf die Kritik einer Schülerin angemessen reagieren. Sie weiss, in welchen Situationen sie eine weitere Fachperson beiziehen sollten und kann alleine und im Team Verantwortung übernehmen. Von ihr wird vieles und ganz Unterschiedliches erwartet.

Nur ein umfangreiches Handlungsrepertoire macht es möglich, die vielfältigen Aufgaben des Lehrberufs zu bewältigen. Trotzdem muss eine Lehrperson stets damit rechnen, dass bisher bewährte Handlungen nicht zum Erfolg führen. Schülerinnen und Schüler, Eltern und Teammitglieder reagieren oft anders als erwartet. Eine Lehrperson sollte daher fähig und bereit sein, ihr eigenes Handeln zu reflektieren und zu verändern.

Probleme, die im Schulalltag auftreten, fordern heraus und bieten gleichzeitig die Chance, Handlungsroutinen aufzubrechen und die eigene Kompetenz zu erweitern.

«So notwendig und sinnvoll Routinen auch sind, sie verleiten dazu, Situationen zu nivellieren, die Sensibilität für Differenzen verkümmern zu lassen, den Blick für die geänderten Verhältnisse zu verlieren und schliesslich sein eigenes pädagogisches Konzept nicht mehr infrage stellen zu wollen. Kompetentes Wissen und Handeln muss deshalb auf einer übergeordneten Ebene thematisiert werden. Es muss sich der reflexiven Rechtfertigung stellen» (Plöger 2006, S. 22).

Um die Bedeutung der Reflexion zu begründen, bezieht Wilfried Plöger die Systemtheorie Luhmanns ein und verdeutlicht, dass die Kompetenzen von Lehrpersonen Resultat von Selektions- bzw. Reduktionsprozessen sind. Handlungsroutinen kommen durch Negation anderer Möglichkeiten zustande. Eine Lehrperson hält an einmal Bewährtem fest. Sie kann und will sich nicht jeden Tag neu entscheiden, denn dann wäre sie letztlich handlungsunfähig. Pädagogisches Wissen und Können hat aber immer nur eine vorläufige Gültigkeit und muss als potenziell wandelbar angesehen werden. Eine Lehrperson muss offen bleiben für die vorerst ausgeschlossenen Möglichkeiten und diese wieder in die pädagogische Reflexion einbeziehen (ebenda, S. 22ff.).

Steht die Reflexion des eigenen Handelns im Vordergrund, beziehen sich die Argumentationslinien auch häufig auf Donald A. Schöns «Epistemologie der Praxis» (Wittenbruch 2007; von Felten 2005; Altrichter & Lobenwein 1999; Dick 1999; Herzog 1995). Schön zeigt in seinen beiden Werken «The Reflective Practitioner»

(1983) und «Educating the Reflective Practitioner» (1987) auf, wie wichtig es ist, dass Praktikerinnen und Praktiker ihr Handeln aus Distanz betrachten. Befreit von Handlungsdruck können Probleme überhaupt erst wahrgenommen werden. *In real-world practice, problems do not present themselves to the practitioner as givens. They must be constructed from the materials of problematic situations which are puzzling, troubling, and uncertain. In order to convert a problematic situation to a problem, a practitioner must do a certain kind of work»* (Schön 1983, S. 40).

Diese Art von Praxisreflexion bezeichnet Schön als «reflection-on-action». Nach dem Unterricht analysieren Lehrpersonen Geschehenes. Sie beziehen bisher unberücksichtigte Aspekte ein, fassen das Problem, betrachten es aus unterschiedlichen Perspektiven und suchen nach möglichen Handlungsalternativen. Schliesslich gilt es neu entdeckte Handlungsmöglichkeiten in der weiteren Praxis zu erproben, ihre Wirkung zu überprüfen und das eigene Wissen und Können auf diese Weise zu erweitern und zu differenzieren.

Um die Fähigkeit zur Reflexion und zur Entwicklung des eigenen Handelns – in eben beschriebenem Sinne – zu erwerben, sieht Schön (1987) ein spezifisches Ausbildungssetting vor. Anhand von Beispielen aus der Ausbildung von Architektinnen und Architekten illustriert er, wie Studierende im reflexiven Praktikum mit ihren Coachs zusammenarbeiten. Begleitet von erfahrenen Praktikerinnen und Praktikern üben sich Architekturstudierende darin, Probleme in der Praxis zu erkennen, nach adäquateren Handlungsweisen zu suchen und so das eigene Wissen und Können schrittweise zu entwickeln.

Erfolgreiche Praktikerinnen und Praktiker verfügen aber nicht nur über die Fähigkeit, ihr Handeln im Nachhinein zu reflektieren, sie sind auch in der Lage, unvorhergesehene Situationen *während* des Handelns neu zu interpretieren und geschickt darauf zu reagieren. Schön spricht in diesem Zusammenhang von «reflection-in-action».

«Reflection-in-action has a critical function, ... we may, in the process, restructure strategies of action, understandings of phenomena, or ways of framing problems .... Reflection gives rise to on-the-spot experiment. We think up and try out new actions intended to explore the newly observed phenomena, test our tentative understandings of them, or affirm the moves we have intended to change things for the better» (Schön 1987, S. 28).

«Reflection-in-action» meint also ein Neurahmen («reframing») einer Situation während des Handelns. Die Situation erscheint dadurch in neuem Licht und weist der Lehrperson die Richtung für weitere Handlungsschritte. Dieses Im-Austausch-mit-der-Situation-Sein («reflexive conversation») und das unmittelbare Reagieren auf Unerwartetes erfordert Präsenz, Gefühl und Kreativität. Entscheidungen fällt die Lehrperson dabei intuitiv, und es wird ihr im Nachhinein nicht auf Anhieb gelingen, das Geschehene zu erklären. Was nicht heisst, dass das Wissen und Können von Lehrpersonen irrational ist (Dewe, Ferchhoff & Radtke 1992, S. 85).

«Reflection-in-action is a process we can deliver without being able to say what we are doing. Skillful improvisers often become tongue-tied or give obviously inadequate accounts when asked to say what they do. Clearly, it is one thing to be able to reflect-in-action and quite another to be able to reflect on our reflection-in-action so as to produce a good verbal description of it» (ebenda, S. 31).

Um Ereignisse im Unterricht klar zu fassen und das eigene Handeln zu begründen, sind daher Phasen der Rechenschaftslegung unabdingbar. In diesen beziehen sich Lehrpersonen auf ihre persönlichen Überzeugungen, was eine gute Schule bzw. guter Unterricht ausmacht, und haben Gelegenheit, diese aufzuarbeiten.» ›

Literatur
Altrichter, H. & Lobenwein, W. (1999). Forschendes Lernen in der Lehrerbildung? Erfahrungen mit reflektierenden Schulpraktika. In: Dirks, U. & Hansmann, W. (Hrsg.) (1999). Reflexive Lehrerbildung. Fallstudien und Konzepte im Kontext berufsspezifischer Kernprobleme (169–196). Weinheim: Deutscher Studien Verlag.
Dewe, B., Ferchhoff, W. & Radtke, F. (1992). Das «Professionswissen» von Pädagogen. Ein wissenstheoretischer Rekonstruktionsversuch. In Dewe, B., Ferchhoff, W. & Radtke, F. (Hrsg.). Erziehen als Profession. Zur Logik professionellen Handelns in pädagogischen Feldern (S. 70–91). Opladen: Leske & Budrich.
Dick, A. (1999). Vom Ausbildungs- und Reflexionswissen in der LehrerInnenbildung. In Dirks, U. & Hansmann, W. (Hrsg.). Reflexive Lehrerbildung. Fallstudien und Konzepte im Kontext berufsspezifischer Kernprobleme (149–167). Weinheim: Deutscher Studien Verlag.
Herzog, W. (1995). Reflexive Praktika in der Lehrerinnen- und Lehrerbildung, Beiträge zur Lehrerbildung, 13 (3), 253–273.
Plöger, W. (Hrsg.) (2006). Was müssen Lehrerinnen und Lehrer können? Beiträge zur Kompetenzorientierung in der Lehrerbildung. Paderborn: Schöningh.
Schön, D. A. (1983). The Reflective Practitioner. How Professionals Think in Action. New York. Basic Books.
Schön, D. A. (1987). Educating the Reflective Practitioner. San Francisco: Jossey-Bass.
von Felten, R. (2005). Lernen im reflexiven Praktikum. Eine vergleichende Untersuchung. Münster: Waxmann.
Wittenbruch, W. (2007). Stichwort: Reflexives Lernen, Engagement. Zeitschrift für Erziehung und Schule, 1, 31–43.

Auszug aus: von Felten, R. (2011). Lehrpersonen zwischen Routine und Reflexion. In: Berner, H./Isler, R. (Hrsg.): Lehrer-Identität – Lehrer-Rolle – Lehrer-Handeln. © 2011 Schneider Verlag Hohengehren, Baltmannsweiler; Verlag Pestalozzianum, Zürich.

4 Lernen ist nicht Reflex, sondern Reflexion

Dieser Buchausschnitt setzt sich mit den Zusammenhängen zwischen wissenschaftlichen Erkenntnissen und den Subjektiven Theorien von Lehrpersonen und ihrem Handeln auseinander. Der Autor zeigt auf, wie Lehrpersonen sich mithilfe von Reflexion über die eigenen Subjektiven Theorien bewusst werden und diese mit handlungsrelevanten Theorien aus der Wissenschaft begründen, überdenken und erweitern können.

Bild: www.photocase.com

Es ist die Aufgabe der Lehrpersonen, ihre erdige Alltagspraxis mit den Theoriewolken zu verbinden. Diese theoriegeleitete Reflexion unterscheidet den Profi von der angelernten Hilfskraft.

❮ «Nichts ist praktischer als eine gute Theorie»

Die Quellenzuschreibung zu dieser listigen Überbrückung des Theorie-Praxis-Grabens reicht von den Philosophen Immanuel Kant und Karl Popper über den Physiker Albert Einstein bis zum Sozialpsychologen Kurt Lewin. Vielleicht stärkt dies noch die universelle Gültigkeit des Bonmots. Wichtiger jedoch als die Herkunft ist die Aussage mit ihrer List: Es wird nicht etwa der Nutzen der Theorie für die Praxis betont, sondern gar die Theorie selbst als praktisch bezeichnet!

Jede Profession verfügt über ihre Berufstheorie und -wissenschaft, und Professionelle können im Unterschied zu angelernten Hilfskräften ihr berufliches Handeln auf diese Berufstheorie beziehen: Der Maler weiss, wie er Wände und Decke im Bad der Altbauwohnung vorbehandeln und streichen muss, damit der schöne Anstrich nicht nach wenigen Monaten blättert. Er verfügt über eine Berufstheorie. Der Hilfsmaler streicht dann die Farbe in diesem oder jenem Kübel nach Anweisung.

Auf Bildung übertragen heisst das: Die professionelle Lehrperson plant ihr berufliches Handeln in Verbindung der Situation mit relevanter und aktueller Theorie. Sie handelt und reagiert in der Praxis theoretisch fundiert, und sie reflektiert den Lehr-Lern-Prozess theoriegeleitet.

Professionelle Handwerker verfügen über eine differenzierte Berufstheorie, nutzen diese und sind stolz auf sie. Hingegen ist es ernüchternd und auch erschreckend, wie gerade im Bildungsbereich die Berufswissenschaft schlicht kaum zur Kenntnis genommen wird, ja wie es oft gar zum guten Ton gehört, Berufstheorien zu negieren und schlechtzureden.

Die Lern- und Unterrichtsforschung hat im Laufe der letzten Jahrzehnte gesichertes Wissen zu Lernen und Lehren angereichert und stellt dadurch ganz «praktische» Theorien zur Verfügung. Sie sind es wert, von der Praxis beachtet und umgesetzt zu werden.

Alle Lehrpersonen handeln auf der Basis von Theorie: ihrer Subjektiven Theorie zu Lehren

Subjektive Theorien sind handlungsleitend

Die häufige Gegenüberstellung, ja Abgrenzung von Theorie und Praxis ist wenig nützlich, Theorie und Praxis sind nur scheinbar ein Gegensatz. Zum einen sind Absicht, Entwicklung und Verifizierung jeder wissenschaftlichen Theorie auf eine Praxis bezogen, und zum andern «... gibt es kein Alltagshandeln und damit eben auch keine Praxis ohne Theorie: Auch der Alltagsmensch – und damit auch die Alltagslehrperson (Anm. d. V.) – handelt auf der Basis von (Subjektiven) Theorien. Er besitzt und benutzt mehr oder minder differenzierte Konzeptsysteme über seine Umwelt und über sich selbst» (Dann 1994).

Bezogen auf das berufliche Handeln von Lehrpersonen bedeutet dies, dass sie über Subjektive Theorien als verdichtete Erfahrung und kumuliertes Wissen verfügen, auf die sie bei der Planung und der Durchführung von Unterricht und beim Nachdenken darüber zurückgreifen.

Was sind denn Subjektive Theorien?
In Anlehnung an Dann (1994) können Subjektive Theorien wie folgt umschrieben werden:
- Subjektive Theorien sind relativ stabile und strukturierte Kognitionen zur Selbst- und Weltsicht.
- Sie sind teilweise implizit («Selbstverständlichkeiten» und unreflektierte Überzeugungen), teilweise dem Bewusstsein der Handelnden zugänglich.
- Ähnlich wie wissenschaftliche Theorien enthalten Subjektive Theorien eine zumindest implizite Argumentationsstruktur (zum Beispiel Wenn-dann-Beziehung) und haben die Funktionen der Situationsdefinition, der Erklärung, der Vorhersage von Ereignissen, der Entwicklung von Handlungsentwürfen und Plänen.
- Darüber hinaus sind Subjektive Theorien direkt situativ handlungssteuernd. Zusammen mit anderen Faktoren (z.B. emotionalen) beeinflussen sie so das beobachtbare Verhalten im Rahmen zielgerichteten (Berufs-)Handelns.

Subjektive Theorien steuern auch unbewusst
Die zentralen Berufssituationen von Lehrpersonen, also Unterrichtssituationen, sind hochkomplex, mehrdimensional und mehrdeutig, zum Teil unvorhersehbar und höchst dynamisch.

Ob in diesen dynamischen und komplexen Situationen differenzierte Theoriebestände für bewusste handlungsbezogene Kognitionen verfügbar gemacht werden können, sei hier zumindest infrage gestellt. Wahl (1995) stellt fest, dass es der Lehrperson möglich sein muss, «Situationen sekundenschnell zu identifizieren (...) und wirksame Handlungsweisen blitzschnell auszuwählen. (...) Wie empirische Untersuchungen zeigen, sind die Prozesse der Situations- und Handlungsauffassung so eng miteinander verbunden, dass die Lehrperson mit der Wahrnehmung der Situation zugleich die besten Lösungsmöglichkeiten sieht.»

Diese auf die aktuelle Situation bezogenen «besten Lösungsmöglichkeiten» stellen nur noch einen Bruchteil des gesamten Theorie- und Erfahrungswissens dar. Nach den Untersuchungen von Wahl «werden pro Situationstyp in der Regel zwischen einer und sechs typischen, das heisst bewährten Lösungen bereitgehalten. Als mathematischer Durchschnittswert ergibt sich 1,502, das heisst, dass pro ‹typische› Situation durchschnittlich ein bis zwei ‹typische› Reaktionen bereitgehalten werden.» (ebenda)

Immer noch: Die wirksamste Lehrer- und Lehrerinnenbildung ist die eigene Lernbiografie
Drei bis vier Jahren formaler Ausbildung von Lehrpersonen oder Dozentinnen und Dozenten stehen etwa sechzehn bis zwanzig Jahre Sozialisation in Bildungseinrichtungen gegenüber.

Lehrpersonen lernen das Lehren als Lernende in etwa 18 000 Lektionen. Dabei wird ihre Subjektive Theorie zu Lehren aufgebaut. So verwundert es nicht, dass die wohl wirksamste Lehrerinnen- und Lehrerbildung die eigene Lernbiografie ist.

In ihrem Handeln greifen Lehrpersonen also nicht nur auf Wissens- und Erfahrungsbestände zurück, die sie in ihrer Aus- und Weiterbildung erworben haben. Gerade in dynamischen und hochkomplexen Situationen basieren die Reaktions-

Bild: Thomas Birri

scripts auf alten und bewährten Mustern, die im Laufe ihrer gesamten Bildungssozialisation aufgebaut wurden. Das hat zur Folge, dass die angewendeten Handlungsscripts oft nicht mit der bewussten Planungsabsicht und den Erklärungs- und Deutungsansätzen übereinstimmen!

Lernen ist nicht Reflex, sondern Reflexion: Die Verbindung von Aktion und Reflexion

In Anlehnung an die zentrale These des brasilianischen Pädagogen Paolo Freire (1996) wird Veränderung und damit auch Lernen nur wirksam in der Verbindung von Aktion und Reflexion. Lernen – und damit auch das Lernen zu Lehren – ist damit nicht Reflex, sondern Reflexion.

Auf der Ebene der Schülerinnen und Schüler heisst dies, dass besinnungsloses Anhäufen von Wissen ohne situativen Bezug, ohne Be-Deutung, ohne Nach-Denken, ohne intersubjektiven Diskurs wirkungslos bleibt.

Auf der Ebene des Lernens der Lehrpersonen, also in Bezug auf unsere Weiterentwicklung, bedeutet dies, dass in der Subjektiven Theorie gefestigte Prinzipien, bewährte Rezepte, automatisiertes Handeln, «1,5 Reaktionsscripts auf Problemsituationen», also die eigene Form der best practice permanent hinterfragt, in Bezug gesetzt, überprüft, ergänzt, erweitert oder gar ersetzt werden müssen oder anders ausgedrückt: Es zeichnet berufliche Professionalität aus, dass die alltäglichen «Reflexe» immer wieder der Reflexion und Veränderung zugeführt werden.

Bild: zvg

Wirksame Reflexion braucht Bezugssysteme

Wie es bei physikalischen Wellen erst beim Auftreffen auf ein anderes Medium mit unterschiedlichem Wellenwiderstand (z.B. Grenze Luft-Wasser im Bild) zur Reflexion kommt, benötigt Reflexion des beruflichen Denkens und Handelns Bezugssysteme, die ausserhalb der Subjektiven Theorien liegen und eine andere «Beschaffenheit» aufweisen. Um den «Berg der Praxis» reflektieren zu können, braucht es den «See der Theorien» als anderes Medium.

Zu wirksamer Reflexion kommen wir also nur,
- indem wir alternative Aktionen in Betracht ziehen,
- uns «praktische und gute» Theorien aus der Berufswissenschaft über Literatur und Weiterbildung aneignen
- und indem wir mit Kolleginnen und Kollegen über deren Subjektive Theorien und ihre Bezüge zu wissenschaftlichen Theorien in Austausch treten.

Dank metakognitiver Kompetenz sind wir in der Lage, aus der erweiterten Sicht dieser ausserhalb liegenden Referenzpunkte auf unsere Aktionen und unsere Subjektive Theorie zu blicken.

Für professionelles Handeln im (Lehr-)Beruf ist theoriegeleitete Reflexion Nutzen und Verpflichtung zugleich. Voraussetzung dafür ist, dass wir offen sind für wissenschaftliche Theorien unseres Berufsfeldes. ❯

Literatur
Freire, P. (1996): Pädagogik der Unterdrückten. Hamburg: rororo.
Dann, H.-D. (1994) in: Reusser, K. & Reusser-Weyeneth, M. (Hrsg.): Verstehen. Bern: Hans Huber.
Wahl, D. u.a. (Hrsg.) (1995): Erwachsenenbildung konkret. Weinheim: Deutscher Studienverlag.

Auszug aus: Birri, Thomas (überarbeitet) in: Berlinger, D., Birri, T. & Zumsteg, B. (2006). Vom Lernen zum Lehren. Ansätze für eine theoriegeleitete Praxis. Luzern: Publikationsreihe der aeB-Akademie für Erwachsenenbildung. © hep verlag AG, Bern, S. 8–18.

5 Reflexionsfähigkeit und -praxis der Lehrperson

Im folgenden Ausschnitt werden einige zentrale Erkenntnisse aus einem Forschungsprojekt dargestellt, welches sich mit der Analyse der Reflexionsfähigkeit und -praxis der Lehrpersonen beschäftigt. Entstanden ist die Untersuchung im Zusammenhang mit dem Forschungsprojekt «Standarderreichung beim Erwerb von Unterrichtskompetenz im Lehrerstudium und im Übergang zur Berufstätigkeit» (Baer et al. 2005).

« Der Beruf der Lehrperson hat sich in den letzten Jahrzehnten gewandelt. Die traditionelle Rolle der Lehrperson als Informationsvermittlerin ist in den Hintergrund getreten. In der heutigen Zeit sind dank der elektronischen Medien fast alle Informationen dieser Welt per Knopfdruck erhältlich. Die Lehrperson ist damit vielmehr zu einem Wegbegleiter von Kindern und Jugendlichen geworden, der an der Seite steht, anleitet und begleitet (Herz 2004).

Damit haben sich auch die Anforderungen an angehende und praktizierende Lehrpersonen geändert. Als charakteristisch für den Lehrberuf wird die beachtliche Vielfalt von Arbeitsaufgaben gesehen. Die Aufzählung reicht von Unterrichten, Erziehen, Diagnostizieren und Beurteilen, Beraten bis zur Schulentwicklung (Bauer 2002). In Anbetracht der vielfältigen Aufgaben, die eine Lehrperson im täglichen Berufsleben zu bewältigen hat, sollte sie ihre eigenen Handlungen konsequent reflektieren, um sich beruflich weiterentwickeln und sich den praktischen Anforderungen anpassen zu können. Das Handeln der Lehrperson ist damit nicht bloss ein gewohnheitsmässiges Tun, sondern ein intelligentes Handeln, das durch explizites und implizites Wissen gesteuert ist und sich auf vielfältige Reflexionen abstützt (Messner & Reusser 2000).

Um zu erfahren, ob und inwiefern Lehrpersonen über ihr Handeln und ihren Unterricht reflektieren, wurden junge Lehrpersonen im Berufseinstieg, die ihre Ausbildung an der Pädagogischen Hochschule Zürich (PHZH) absolviert hatten, und erfahrene Lehrpersonen, die für die PHZH als Praktikumslehrpersonen tätig waren, mit verschiedenen Instrumenten befragt. Dabei waren die Aussagen der Lehrpersonen in den mündlichen Interviews besonders aufschlussreich.

Sehr erfreulich sind die positiven Einstellungen, die die Lehrpersonen gegenüber der Reflexion von Unterricht äussern. Die Lehrpersonen sind grundsätzlich der Ansicht, dass die Reflexion ein wichtiger Bestandteil der Lehrerarbeit ist, der zu einer verbesserten Unterrichtsqualität und zur Unterrichtsentwicklung beiträgt. Gemäss den Angaben der Lehrpersonen gehört die Reflexion zu den alltäglichen Arbeiten, und die Reflexion von Unterricht wird regelmässig und bewusst vorgenommen. Die Aussagen der Lehrpersonen machen jedoch auch deutlich, dass die Reflexion zumeist individuell und wenig strukturiert abläuft. Als Zeitgefässe werden insbesondere Mittagspausen, die Pausen zwischen zwei Unterrichtslektionen oder der Reiseweg vom Schulort nach Hause genutzt. Die Reflexion findet dabei zumeist in Gedanken statt, eine Verschriftlichung oder eine Reflexion auf der Grundlage von schriftlichen Vorlagen wird sehr selten vorgenommen. Als Grund für diese eingeschränkte Reflexionstätigkeit wird von den Lehrpersonen angegeben, dass im Unterrichtsalltag zumeist wenig Zeit für die Reflexion vorhanden ist. Dies einerseits, weil kaum institutionalisierte Gefässe für die Reflexion zur Verfügung stehen, zum anderen, weil der Alltag mit so vielen anderen Aufgaben und Ämtern beladen ist, dass für eine gezielte Reflexion keine Zeit oder Energie mehr aufgewendet werden kann. Viele Lehrpersonen bedauern diesen Zustand und würden sich wünschen, dass vermehrt Möglichkeiten für kollegiales Reflektieren, beispielsweise beim Besprechen von Unterricht oder bei Unterrichtshospitationen, vorhanden wären.

Die Aussagen der Lehrpersonen sind sehr verständlich und nachvollziehbar. Nebst allen anderen Aufgaben noch Zeit und Energie für die individuelle oder kollegiale Reflexion zu finden, ist im Unterrichtsalltag nicht immer leicht. Umso wichtiger ist es, dass sich eine Lehrperson bereits in der Ausbildung Gedanken dazu macht, welche Kriterien, Ziele und Inhalte eine Reflexion umfassen kann und welche Möglichkeiten der Umsetzung in der Berufspraxis bestehen. Denn wie jede andere Kompetenz erfordert auch die Reflexionskompetenz Fähigkeiten und Fertigkeiten, die angeeignet und geübt werden müssen. Nur dann ist es möglich, auch im teilweise hektischen Berufsalltag gezielt, regelmässig und bewusst zu reflektieren. Damit wird sich nicht nur die Qualität des eigenen Unterrichts verbessern. Die Reflexion kann auch dabei helfen, sich über die Hintergründe und Ziele der eigenen Handlung bewusst zu werden und diese gegenüber Drittpersonen darlegen zu können, sich selber, die eigenen Ansichten und Fähigkeiten besser kennenzulernen und dadurch die Grenzen des eigenen Handelns zu erkennen, neue, erweiterte Sichtweisen einzunehmen und sich dadurch bei der Arbeit längerfristig wohlzufühlen (Dauber 2006). ❯

Literatur
Baer, M., Guldimann, T., Fraefel, U. & Müller, P. (2005). Standarderreichung beim Erwerb von Unterrichtskompetenz im Lehrerstudium und im Übergang zur Berufstätigkeit. Zürich und St. Gallen: Pädagogische Hochschule (Forschungsgesuch zuhanden des Schweizerischen Nationalfonds zur Förderung der wissenschaftlichen Forschung (Projekt Nr. 100013-112467/1)).
Baer, M., Guldimann, T., Kocher, M., Larcher, S., Wyss, C., Dörr, G. & Smit, R. (2009). Auf dem Weg zu Expertise beim Unterrichten – Erwerb von Lehrkompetenz im Lehrerinnen- und Lehrerstudium. Unterrichtswissenschaft, 37 (2), S. 118–144.
Bauer, K.-O. (2002). Kompetenzprofil: LehrerIn. In H.-U. Otto, T. Rauschenbach & P. Vogel (Hrsg.), Erziehungswissenschaft: Professionalität und Kompetenz (UTB für Wissenschaft, S. 49–63). Opladen: Leske + Budrich.
Dauber, H. & Zwiebel, R. (Hrsg.) (2006). Professionelle Selbstreflexion aus pädagogischer und psychoanalytischer Sicht. Schriftenreihe zur humanistischen Pädagogik und Psychologie. Bad Heilbrunn: Klinkhardt.
Herz, O. (2004). Konzepte für Deutschland VIII: «Im Leben lernen – im Lernen leben». a Tempo (8), S. 6–9. Otto Herz im Gespräch mit Ralf Lilienthal.
Messner, H. & Reusser, K. (2000). Berufliches Lernen als lebenslanger Prozess. Beiträge zur Lehrerbildung, 18 (3), S. 277–294.

Auszug aus: Wyss, C. (2010). Unterrichts- und Reflexionskompetenz. Eine mehrperspektivische Analyse von Lehrpersonen im Berufseinstieg und erfahrenen Lehrpersonen (Dissertation an der Universität Zürich).

Kommentierte Literaturhinweise

Berlinger, Donatus/ Birri, Thomas/ Zumsteg, Barbara

Vom Lernen zum Lehren. Ansätze für eine theoriegeleitete Praxis. Bern: hep verlag AG. (2006)
Die Publikation beschreibt die Zusammenhänge zwischen theoretischem Wissen und dem Handeln von Lehrpersonen. Eine Bedingung für die Professionalisierung im Lehrberuf ist die Explizierung der eigenen Subjektiven Theorien und die Anreicherung mit handlungsrelevanten Theorien aus der Wissenschaft. Wichtige theoretische Erkenntnisse zu Lehren und Lernen werden in diesem Buch kompakt und verständlich dargestellt und mit Praxisumsetzungen illustriert. Mit diesem Hintergrund können Lehrpersonen ihr Praxishandeln begründet planen, erklären, reflektieren und weiter entwickeln.

Helmke, Andreas

Unterrichtsqualität und Lehrerprofessionalität. Seelze: Kallmeyersche Verlagsbuchhandlung. (2009)
In der vollständig umgearbeiteten Neuauflage des 2003 erstmals erschienenen Buches «Unterrichtsqualität erfassen, bewerten und verbessern» setzt sich Andreas Helmke im Kapitel «Diagnose und Evaluation des Unterrichts» (S. 268–303) mit der Frage «Wie kann man die Qualität des Unterrichts erfassen und bewerten?» auseinander. Neben begrifflichen Klärungen und einem Überblick über die Vielfalt von Methoden und Akteuren sind in diesem Kapitel auch ganz konkrete Hilfestellungen für Schüler-Feedback und Unterrichtsbeobachtungen zu finden.

Herzog, Walter

Reflexive Praktika in der Lehrerinnen- und Lehrerbildung, Beiträge zur Lehrerbildung, 13 (3), S. 253–273. (1995)
Dieser Artikel ist der Versuch, der wichtigen Debatte um ein Neudenken der schulpraktischen Ausbildung aus einer grundsätzlichen Perspektive eine bestimmte Richtung zu geben. Der Autor nimmt Bezug auf europäische Ansätze im Bereich der Handlungstheorie und auf die amerikanische Diskussion um eine «Epistemologie der Praxis», wie sie vor allem von Donald Schön angeleitet wird.
In Bezug auf reflexive Praktik werden grundsätzliche Fragen gestellt und beantwortet: Wie befähigt man angehende Lehrkräfte zu reflexivem Unterricht? Wie gestaltet man reflexive Praktika? Herzog diskutiert, was in einem reflexiven Praktikum geschieht, und schildert das fragile Verhältnis zwischen Praktikumslehrperson in der Rolle als Coach und Lehrerstudierenden.

Luft, Joseph

Einführung in die Gruppendynamik. Frankfurt: Fischer (Original: Luft, Joseph. Group Processes: An Introduction to Group Dynamics. Palo Alto: National Press. (1989)
In dieser Einführung in Elemente, Methoden, Probleme und Anwendungsmöglichkeiten der Gruppendynamik wird in einem Kapitel das berühmt gewordene Johari-Fenster erläutert. Joseph Luft schreibt über das grafische Schema der Wahrnehmung in interpersonalen Beziehungen: «Als Ingham und Luft zum ersten Mal das ‹Johari-Fenster› vorgelegt hatten, mit dessen Hilfe man Beziehungen im Hinblick auf bewusste Wahrnehmung darstellen kann, waren sie überrascht, dass so viele Menschen, Wissenschaftler und Nicht-Fachleute gleichermassen, dieses Modell benützten und mit ihm experimentierten. Es scheint sich für Spekulationen über zwischenmenschliche Beziehungen als heuristisches Werkzeug anzubieten.» (S. 24)

Meier, Albert et al.	**Schülerinnen und Schüler kompetent führen.** Zürich: Verlag Pestalozzianum. (2010) Reflexionen (über die eigenen Erfahrungen), Feedback (erhalten und geben) sowie Beobachtungen (von Studienkollegen und Studienkolleginnnen, aber auch von Routiniers) bilden in diesem Heft die zentralen Instrumente auf dem Weg zu einem fundierten und wissenschaftlich abgestützten – aber auch persönlichen – Führungsverständnis. Die Themen Führungsverhalten, Gruppen im Klassenraum sowie Regeln, Routinen und Rituale werden in kurzen Abschnitten erörtert. Biografische Übungen öffnen den Zugang zu den eigenen Überzeugungen und Mustern. Im Berufsfeld wird gehandelt und beobachtet. Anhand von Fragestellungen erarbeiten die Studierenden ihr eigenes, an ihren Ressourcen anknüpfendes Führungskonzept.
Schön, Donald A.	**The Reflective Practitioner. How Professionals Think in Action.** New York. Basic Books. (1983) Dieses Buch befasst sich mit dem Wissen, das für praktische Tätigkeiten bedeutsam ist. Schön bezeichnet es als «knowing-in-action» und betont, dass Handlungswissen nicht die Folge theoretischer Vorüberlegungen ist, sondern im Handeln selber liegt. Erfahrene Praktikerinnen und Praktiker zeichnen sich dadurch aus, dass sie unvorhergesehene Situationen im Berufsalltag angemessen wahrnehmen, Probleme erkennen und geschickt darauf reagieren.
Schön, Donald A.	**Educating the Reflective Practitioner.** San Francisco: Jossey-Bass. (1987) In diesem Buch, das als Fortsetzung von «The Reflective Practitioner» gesehen werden kann, beschreibt Schön, wie erfahrene Praktikerinnen und Praktiker Studierende in ihrer Ausbildung begleiten. Die Studierenden sollen im reflexiven Praktikum lernen, ihr Handeln zu überdenken und schrittweise zu entwickeln. Ziel ist, dass sie selber reflektierende Praktikerinnen und Praktiker werden. Das Buch enthält zahlreiche Fallbeispiele aus unterschiedlichsten Berufsfeldern.
Schulz von Thun, Friedemann	**Miteinander reden.** Rowohlt, Reinbek bei Hamburg. (2001) Dieses 1981 erstmals als Taschenbuch erschienene Buch ist ein Klassiker mit einer Verbreitung in nahezu alle gesellschaftlichen Bereiche und einer Auflage von über einer Million Exemplare. Die Klärung der Psychologie der zwischenmenschlichen Kommunikation enthält Instrumente für die Analyse typischer Störungen von Kommunikationssituationen und Anleitungen zur Selbstklärung, zur Sach- und Beziehungsklärung.
von Felten, Regula	**Lernen im reflexiven Praktikum. Eine vergleichende Untersuchung.** Münster: Waxmann. (2005) Dieses Buch fragt nach der Wirkung der berufspraktischen Ausbildung. Die Lehrerinnen- und Lehrerbildung sieht das Ziel des Praktikums in der Verbindung von Theorie und Praxis. Untersuchungen zeigen jedoch, dass theoretisches Wissen in herkömmlichen Praktika kaum genutzt wird. Um das Praktikum nicht länger auf die Anwendung von Wissen auszurichten, wurde ein neues Konzept für die Zusammenarbeit von Studierenden und Praxislehrpersonen entwickelt. Es basiert auf Donald Schöns Idee des reflexiven Praktikums und stellt die Reflexion des Handelns ins Zentrum. Die Ergebnisse der vergleichenden Felduntersuchung zeigen, dass das reflexive Praktikum die Reflexion und Entwicklung des Handelns stärker fördert als das herkömmliche Praktikum.

Materialien   Unterricht beobachten – Feedback geben – reflektieren

1 Unterricht beobachten und dokumentieren

Auf den folgenden drei Seiten finden Sie viele Hinweise, was Sie im Unterricht und in der Schule gezielt beobachten können. Wählen Sie in Absprache mit anderen Beteiligten Beobachtungsfelder aus und dokumentieren Sie Ihre Beobachtungen.

Beobachten der Arbeitsfelder von Lehrpersonen

Klassenzimmer
Die Ausstattung und Möblierung des Schulzimmers hat sich seit Ihrer eigenen Schulzeit wahrscheinlich verändert.
- Welche «Neuerungen» beobachten Sie?
- Wie ist die Sitzanordnung? Welche Arbeits- und Sozialformen sind im Schulzimmer möglich?
- Welche Bedeutung hat die Wandtafel? Wie steht es mit weiteren medialen Hilfsmitteln?
- Welche Möglichkeiten gibt es, sich im Raum zu bewegen?
- Was hätten Sie sich als Schülerin oder Schüler selber auch gewünscht? (Weshalb?)
- Was überrascht Sie? Was weckt bei Ihnen Zweifel?
- Machen Sie eine kommentierte Skizze.

Zonen für Lehrpersonen
Lehrer- und Lehrerinnenzimmer, Sammlungszimmer, Kopierzimmer, Sitzungszimmer... Die Zonen des Schulhauses, die den Lehrpersonen vorbehalten sind, haben ebenfalls ihren eigenen Charakter.
- Wie wirken die Räume? Wie «funktionieren» sie?
- Wie ist das Klima?
- Welche ausgesprochenen und versteckten Regeln gelten?
- Was soll man tun / was sollte man auf jeden Fall vermeiden?

Pausenplätze, Gänge, informelle Treffpunkte der Schülerinnen und Schüler
Versuchen Sie – durch Beobachtung aus Distanz – zu entschlüsseln, wie sich Schülerinnen und Schüler an diesen Orten verhalten.

Beobachten von Techniken des Instruierens, Führens und Organisierens

Begrüssung
Begrüssungsgewohnheiten können unterschiedlich sein. Sie bieten eine Chance für einen kurzen persönlichen Kontakt und Pflege der Beziehung.
 Beobachten Sie bei Lehrpersonen, wie bei unterschiedlichen Gegebenheiten die Schülerinnen und Schüler begrüsst werden.

Aufmerksamkeit erzeugen
In jeder Stunde muss die Lehrperson mehrfach die Aufmerksamkeit der Klasse auf sich ziehen – für Inputs, Aufträge, Feedbacks usw. Beobachten Sie, wie die Lehrpersonen vorgehen.

Welche Signale sendet eine Lehrperson aus, um auf sich aufmerksam zu machen?
- Wann beginnt sie zu sprechen?
- Wie reagiert sie auf Unruhe? Wie ist dann der Tonfall?
- Erkennen Sie ein Muster, das die Lehrperson wiederholt?

Auftrag erteilen
Sie beobachten die Lehrperson, wenn diese den Schülern und Schülerinnen einen Auftrag erteilt. In ihrer Führungsfunktion muss sie genau überlegen, was sie von ihren Schülerinnen und Schülern erwartet, wohin sie das Verhalten der Schülerinnen und Schüler lenken will. Sie müssen sich über die Wirkung Ihres Arbeitsauftrags im Klaren sein.
- Erkennen Sie ein Muster bei Aufträgen von Lehrpersonen?
- Worauf muss man achten? Gibt es ein Rezept?
- Was muss man auf jeden Fall vermeiden?

Einen Input geben
Sie beobachten die Lehrperson, wenn sie einen Input gibt, d.h., wenn sie die Schülerinnen und Schüler über einen Sachverhalt informiert oder diesen erklärt. Dies kann auf unterschiedliche Arten geschehen wie Vortragen, Referieren, Erklären oder Präsentieren. Beachten Sie dabei folgende Aspekte:
- Merkt man, was die Lehrperson bezwecken will?
- Wo steht / geht / sitzt die Lehrperson?
- Gibt es Auffälliges bei der Sprache und Ausdrucksweise?
- Welche Hilfsmittel werden wie und zu welchem Zweck eingesetzt?
- Wann werden die Schülerinnen und Schüler aktiviert?

Vorlesen / Erzählen
- Wo befindet sich die Lehrperson in dieser Sequenz?
- Wo sind die Schülerinnen und Schüler?
- Welche Sprache verwendet die Lehrperson? (Standard, Mundart, Dialekt)
- Welche Stimmung nehmen Sie wahr? Wodurch wird diese Stimmung beeinflusst?
- Wird das Vorgelesene/Erzählte an einem Stück oder mit Unterbrüchen dargeboten?

Vorzeigen / Nachahmen
Beobachten Sie die Lehrperson, während sie ihren Schülerinnen und Schülern etwas vorzeigt, was diese nachmachen sollen. Legen Sie dabei die Beobachtungsschwerpunkte auf folgende Aspekte:
- Wie ist die Anordnung der Schülerinnen und Schüler sowie der Lehrperson im Raum, wie ist der Sichtkontakt, und wie sind Materialien bzw. Medien angeordnet?
- Wie wird das Vorzeigen gegliedert (Teilschritte)?
- Wie werden die Handlungen der Schülerinnen und Schüler beim Nachmachen überprüft/korrigiert?
- Beachten Sie unterschiedliche Sichtweisen und Blickwinkel der Lehrperson und der Schülerinnen und Schüler!

Beobachtungen zur Strukturierung / Choreografie des Unterrichts

Phasen einer Lektion
Unterricht lässt sich in Phasen einteilen («activity segments»). Beobachten Sie die Phasen einer Unterrichtslektion:
- Wie sieht das Setting einer jeden Phase aus (Dauer, Führung, Sozialform, Medien usw.)?
- Wer ist aktiv, wer eher nicht?
- Ist klar, worum es geht, was gelernt werden soll?
- Erscheint Ihnen die Länge der Phasen angemessen?
- Verlaufen die Phasenübergänge geschmeidig oder stockend?

Eingeübtes Verhalten: Regeln und Rituale
Halten Sie Ausschau nach eingeübtem Verhalten im Unterricht (Regeln, Rituale):
- Identifizieren Sie durch Beobachtung eingeübte Verhaltensabläufe.
- Welche Ziele werden damit angestrebt?
- Was bewirken sie bei den Schülerinnen und Schülern? Wozu dienen sie?
- Welche Regeln gelten in der Klasse?
- Wie werden diese kommuniziert?
- Wie werden sie durchgesetzt?
- Wie führt die Lehrperson? Direkt? Indirekt? Gar nicht? Jeweils wann?

Beobachtungen zum Lernverhalten der Schülerinnen und Schüler

Tätigkeit der Schüler und Schülerinnen
Legen Sie das Augenmerk auf einen Schüler/eine Schülerin und ergründen, wie er/sie sich in der entsprechenden Lernsituation verhält:
- Wie beteiligt er/sie sich am Unterricht?
- Wie ist seine/ihre Aufmerksamkeit?
- Wie reagiert er/sie auf Mitschülerinnen und -schüler bzw. die Lehrperson?
- Wie führt er/sie Aufträge aus?
- Schätzen Sie ab, welchen Anteil der Lektion er/sie tatsächlich mit Lernen beschäftigt ist.

Lernverhalten einzelner Schülerinnen und Schüler bei Lernaufgaben
Beobachten Sie das Lernverhalten einzelner Schülerinnen und Schüler, wenn sie sich alleine oder in Gruppen mit einer Lernaufgabe beschäftigen.
- Machen sich die Schülerinnen und Schüler sofort an die Arbeit, oder zögernd?
- Erkennen Sie, ob Lernschwierigkeiten auftreten?
- Wenn ja, wie verhalten sich die Schülerinnen und Schüler dann?
- Intervenieren Sie nicht, aber überlegen Sie, welches eine angemessene und hilfreiche Intervention bei einer beobachteten Lernschwierigkeit wäre.
- Was tun die Schülerinnen und Schüler, wenn sie die Lernaktivität beenden oder abbrechen?
- Inwieweit ist das beobachtete Lernverhalten typisch für diese Stufe?

2 Feedback

Im folgenden Text werden die positiven Wirkungen des Feedbacks sowie die Regeln für Feedback formuliert – und zwar für die Person, die Feedback gibt, und für die Person, die Feedback empfängt.

❮ Die positiven Wirkungen des Feebacks
- Es stützt und fördert positive Verhaltensweisen, da diese anerkannt werden.
  Beispiel: «Durch deine klare Analyse hast du uns wirklich geholfen, das Problem klarer zu sehen.»
- Es korrigiert Verhaltensweisen, die dem Betreffenden und der Gruppe nicht weiterhelfen oder die der eigentlichen Intention nicht genügend angepasst und konform sind.
  Beispiel: «Es hätte mir mehr geholfen, wenn du mit deiner Meinung nicht zurückgehalten, sondern sie offen gesagt hättest.»
- Es klärt die Beziehungen zwischen Personen und hilft, den anderen besser zu verstehen.
  Beispiel: «Harry, ich dachte, wir könnten nicht zusammenarbeiten, aber nun sehe ich, dass wir uns sehr gut miteinander verstehen.»

Wenn alle Gruppenmitglieder zunehmend bereit sind, sich gegenseitig solche Hilfen zu geben, so wachsen die Möglichkeiten des Voneinanderlernens in erheblichem Masse. Nur auf diesem Wege ist es möglich, die Fremdwahrnehmung mit der Selbstwahrnehmung systematisch zu vergleichen.

Wie geht Feedback vor sich?
- Indem man den anderen wissen lässt, was man über sich selbst denkt und fühlt.
- Indem man die andere Person wissen lässt, was man über sie denkt und fühlt (Konfrontation).
- Indem man sich gegenseitig sagt, was man über sich selbst und über den anderen denkt und fühlt (Feedback-Dialog).

Die Feedback-Information kann auf verschiedene Weise gegeben werden:
Bewusst: Zustimmung nicken – oder *Unbewusst:* einschlafen.
Spontan: «Vielen Dank» – oder *Erbeten:* ... ? «Ja, es hat geholfen.»
In Worten: «Nein» – oder *Wortlos:* Das Zimmer verlassen.
Formal: Fragebogen – oder *Nicht formal:* Beifallklatschen.

Regeln für das Feedback
Das Feedback soll sein:
- *Beschreibend:* Das steht im Gegensatz zu bewertend, interpretierend oder Motive suchend. Indem man seine eigene Reaktion beschreibt, überlässt man es dem anderen, diese Information nach seinem Gutdünken zu verwenden oder nicht. Indem man moralische Bewertungen unterlässt, vermindert man im anderen den Drang, sich zu verteidigen und die angebotene Information abzulehnen.
- *Konkret:* Das steht im Gegensatz zu allgemein
  Beispiel: Wenn man jemandem sagt, er sei dominierend, so hilft ihm das vielleicht viel weniger, als wenn man sagt: «Gerade jetzt, als wir in dieser Sache zu einer Entscheidung kommen wollten, hast du nicht auf das gehört, was andere sagten, und ich hatte das Gefühl, dass du mich angreifen würdest, wenn ich deinen Argumenten nicht zustimme.»

- *Angemessen:* Feedback kann zerstörend wirken, wenn wir dabei nur auf unsere eigenen Bedürfnisse schauen und wenn dabei die Bedürfnisse der anderen Person, der wir diese Information geben wollen, nicht genügend berücksichtigt werden. Angemessenes Feedback muss daher die Bedürfnisse aller beteiligten Personen in rechter Weise berücksichtigen.
- *Brauchbar:* Es muss sich auf Verhaltensweisen beziehen, die der Empfänger zu ändern fähig ist. Wenn jemand auf Unzulänglichkeiten aufmerksam gemacht wird, auf die er keinen wirksamen Einfluss ausüben kann, fühlt er sich nur umso mehr frustriert.
- *Erbeten:* Das steht im Gegensatz zu aufgezwungen. Feedback ist dann am wirksamsten, wenn der Empfänger selbst die Frage formuliert hat, auf die der Beobachter ihm dann antwortet.
- *Zur rechten Zeit:* Normalerweise ist Feedback umso wirksamer, je kürzer die Zeit zwischen dem betreffenden Verhalten und der Information über die Wirkung dieses Verhaltens ist. Es müssen jedoch auch noch andere Gegebenheiten berücksichtigt werden, z.B. die Bereitschaft dieser Person, solche Information anzunehmen, die mögliche Hilfe von anderen usw.
- *Klar und genau formuliert:* Das kann man nachprüfen, indem man den Empfänger auffordert, die gegebene Information mit eigenen Worten zu wiederholen, und dann seine Antwort mit der Intention des Beobachters vergleicht.
- *Korrekt:* In einer Gruppe haben sowohl der Beobachter als auch der Empfänger des Feedbacks die Möglichkeit, die mitgeteilte Beobachtung nachzuprüfen, indem auch die anderen Mitglieder der Gruppe nach ihren Eindrücken befragt werden. Dadurch werden mögliche Fehler und Ungenauigkeiten vermieden.

Die Spielregeln für wirksames Feedback können wie folgt zusammengefasst werden.

Für den, der Feedback erteilt
- Beziehe dich auf konkrete Einzelheiten, auf Material der Hier-und-jetzt-Situation.
- Unterwirf deine Beobachtung der Nachprüfung durch andere.
- Gib deine Information auf eine Weise, die wirklich hilft.
- Gib sie sobald als möglich.
- Vermeide moralische Bewertungen und Interpretationen.
- Biete deine Information an, zwinge sie nicht auf, dränge dich nicht auf.
- Sei offen und ehrlich.
- Gib zu, dass du dich möglicherweise auch irrst.

Für den, der Feedback erhält
- Nicht argumentieren und verteidigen.
- Nur zuhören, nachfragen und klären.

Die Wirksamkeit der Hilfe hängt auch von der Offenheit des Empfängers ab.

Fragen zur Analyse der Feedback-Situation
- Erlebe ich wenig oder viel Feedback?
- Neige ich zu Widerspruch?
- Neige ich dazu, misszuverstehen oder falsch zu deuten?
- Neige ich zu Gegenangriffen?
- Akzeptiere ich Feedback mit Worten; handle aber nicht so, als ob ich wirklich daran glaube?

- Akzeptiere ich unkritisch und ohne zu prüfen?
- Gewinne ich aus dem Feedback Einsichten, die es mir ermöglichen, in neuer Weise zu handeln?
- Habe ich die Gültigkeit des erhaltenen Feedbacks durch Suchen nach weiteren Reaktionen in meinem Verhalten geprüft? ❭

Auszug aus: Antons, K. (1996). Praxis der Gruppendynamik. Übungen und Techniken. 8. durchgesehene und ergänzte Auflage. © Hogrefe Verlag, Göttingen, S. 108–110.

3 Checkliste für die Selbstreflexion

Anhand der folgenden Liste von Fragen können Sie im Anschluss an eine Lektion eine konstruktiv-kritische Selbstbefragung vornehmen. Selbstverständlich ist die Liste notwendig unvollständig, weil jeder Unterricht Ereignisse und Überraschungen bietet, die mit den folgenden Fragen nicht belegt und beurteilt werden können. Stellen Sie sich deshalb ergänzende, spezifisch zur gehaltenen Lektion passende Fragen.

❬
- Wie habe ich den Lehr-Lern-Prozess angeregt?
- Wurde das Interesse am Lerninhalt aufrechterhalten?
- Wurden die Schülerinnen und Schüler auf zentrale Frage- oder Problemstellungen hingewiesen?
- Lässt die Lektion einen Schwerpunkt erkennen?
- Wie viele Fragen habe ich gestellt?
- Was für Fragen stellten die Schülerinnen und Schüler?
- Hörte ich den Schülerinnen und Schülern zu?
- Wurden vereinbarte Gesprächsregeln eingehalten?
- Wie ging ich auf die Beiträge der Schülerinnen und Schüler ein?
- Wurden Schüler-Beiträge von mir wörtlich wiederholt?
- Benutzte ich stereotype Verstärkungsformen?
- Wie hoch war mein Sprechanteil?
- Wie hoch war der Sprechanteil der Schülerinnen und Schüler?
- Gab es einzelne Schülerinnen und Schüler mit besonders hohem Sprechanteil?
- Wie stark beteiligten sich die Mädchen im Vergleich zu den Knaben?
- Welche Beiträge leisteten bestimmte Problemschülerinnen und -schüler?
- Konzentrierte ich mich auf bestimmte Schülerinnen und Schüler?
- Kam es zu spezifischen Konfliktsituationen?
- Wie wurden Konflikte vorläufig bewältigt?
- Waren die Arbeitsaufträge verständlich und klar?
- Wie wurden die Arbeitsaufträge in den Lehr-Lern-Prozess eingebracht?
- Welche Lernhilfen wurden von mir angeboten?
- Wie wurden die Arbeitsergebnisse präsentiert?
- Wie wurden Kenntnisse, Einsichten oder Erkenntnisse festgehalten?
- … ❭

Auszug aus: Becker, G. E. (2005). Unterricht auswerten und beurteilen. © Verlagsgruppe Beltz, Weinheim, S. 217. 8. Auflage.

4 «Reflexions-Fenster» und «Reflexions-Portal»

Zwei Instrumente zur Entwicklung der Reflexionskompetenz und zur Einführung in die Portfolioarbeit

Das «Reflexions-Fenster» – Ein erster Schritt zur Reflexion von Praxiserfahrungen

Der Begriff Reflexionsfenster ist eine Wortkombination aus Reflexion (im Sinne von lat. *reflectere*) und Fenster (im Sinne von Einblick gewähren).

Worum geht es?
In Ihrer Praxisdokumentation (siehe nächste Seite) halten Sie Beobachtungen aus Ihrem Unterricht oder demjenigen von Kolleginnen und Kollegen bzw. Praxislehrpersonen fest. Zusätzlich notieren Sie auch Feedbacks, die Sie erhalten haben, und Ergebnisse von Besprechungen mit Praktikumslehrpersonen oder Mentorinnen und Mentoren.
   Aus dieser Dokumentation entstehen persönliche Fragen, die in der Mentoratsgruppe diskutiert werden, um differenziertere Antworten oder Lösungsansätze zu finden.
Ausgangspunkte können zum Beispiel sein:
- ungeklärte Erlebnisse
- schwierige Entscheidungen
- widersprüchlich erfahrene Feedbacks

Im Reflexionsfenster wird anhand eines ausgewählten Ausschnitts die unmittelbar erlebte Praxis reflektiert. Die Diskussion der Fragestellungen in der Mentoratsgruppe ermöglicht die Auseinandersetzung mit pädagogischen, psychologischen, soziologischen und didaktisch-methodischen Grundfragen.

Welches ist Ihre Aufgabe?
Stellen Sie einen Eintrag aus Ihrer eigenen Praxisdokumentation Ihren Kollegen und Kolleginnen vor. In einer fünfminütigen Präsentation schildern Sie die ausgewählte Situation, die Sie erlebt haben, wie Sie damit umgegangen sind oder welche «Ratschläge» Sie allenfalls dazu erhalten haben. Anschliessend formulieren Sie eine Frage, die gemeinsam unter Ihrer Leitung diskutiert wird.
   Alle Gruppenmitglieder erhalten von Ihnen eine kurze schriftliche Zusammenfassung der Situation und die Fragestellung (Umfang 1 Seite).
Wichtig ist ...
Alle Informationen und Diskussionen müssen von allen Gruppenmitgliedern vertraulich behandelt werden.

Das «Reflexions-Portal» – Vertiefte theoriegestützte Reflexion von Praxiserfahrungen

Worum geht es?
Im Reflexions-Portal geht es darum, ausgehend von einer persönlichen Erfahrung über ausgewählte Theoriebezüge zu differenzierteren Antworten zu gelangen.
- Persönliche Erfahrung und zentrale Fragestellung
- Ausgewählte relevante Theoriebezüge
- Differenziertere theoriegestützte Antworten

Welches ist Ihre Aufgabe?
Wählen Sie eine für Sie persönlich wichtige Erfahrung aus der Berufspraxis aus, beschreiben Sie diese so präzis wie möglich, und formulieren Sie eine relevante Fragestellung.

Versuchen Sie diese Situation anschliessend aus geeigneten theoretischen Perspektiven zu analysieren, und formulieren Sie Ihre differenzierteren Antworten. Greifen Sie dabei auf Ihr Theoriewissen zurück, das Sie sich in verschiedenen Kontexten haben erwerben können.

Praxisdokumentation

Die persönliche Praxisdokumentation dient der Reflexion und der Dokumentation des eigenen Lernens in der praktischen Ausbildung zur Lehrperson. Sie ist zudem ein Mittel zur Kommunikation unter angehenden Lehrpersonen und allen an der Ausbildung Beteiligten. Die differenzierte Praxisdokumentation bildet eine wichtige Basis für die Portfolioarbeit.

Führen Sie eine Praxisdokumentation, in der Sie wichtige Erkenntnisse und Erfahrungen aus der Praxis festhalten.

Viele Formate sind denkbar, vom Heft über einen Ordner bis zu Online-Dokumenten oder Blogs. Ein Ordner ist zweckmässig, weil er viele Umstrukturierungsmöglichkeiten zulässt. Die Gestaltung ist frei; eine Gliederung ist sinnvoll und hilft zu besserer Übersicht.

Die Praxisdokumentation hat eine Doppelfunktion:
1. Sie dient der Reflexion und Dokumentation des eigenen Lernens in der praktischen Ausbildung zur Lehrperson.
2. Sie ist auch ein Mittel zur Kommunikation unter angehenden Lehrpersonen und allen an der Ausbildung Beteiligten. Daher ist es nützlich, relevante Teile der Dokumentation bei Gesprächen und Treffen zur Hand zu haben und allenfalls vor Ort fortzuführen oder zu bearbeiten.

Mögliche Inhalte der Praxisdokumentation:
- Ideen, Anregungen und Entwürfe aus der Praxis
- Unterrichtsplanungen
- Aufgaben und Aufträge für Schülerinnen und Schüler
- Unterrichtsmaterialien, Texte, Bilder
- Notizen zu Beobachtungen, Situationen, Gesprächen, Erinnerungen
- Erfahrungen und Eindrücke aus der Zusammenarbeit mit erfahrenen Lehrpersonen
- Eindrücke von Schülern und Schülerinnen
- Reflexionen über den Unterricht und das Unterrichten
- Rückmeldungen von Schülerinnen und Schülern, Lehrpersonen, Mitstudierenden, Unterrichtsbesuchern
- Reflexionen über theoretische Hintergründe
- Beilage zu Lektüre
- Reflexionen über die eigene Schulbiografie und das aktuelle Berufsverständnis
- Bemerkungen zur Zusammenarbeit mit anderen Studierenden
- …

5 Beispiel eines Reflexions-Portals

Die Studentin Kyra Scherrer hat in ihrem Reflexions-Portal eine persönlich wichtige Erfahrung aus ihrem ersten Praktikum bearbeitet.

‹ Persönliche Erfahrung und Fragestellung
Meine persönliche Erfahrung, die ich in diesem Reflexionsportal schildere, bezieht sich nicht auf eine einmalige Problematik, sondern eher auf ein Phänomen, mit dem ich in meinem Praktikum 1 im Feldschulhaus Zürich immer wieder konfrontiert wurde.

Meine Kollegin und ich unterrichteten während dreier Wochen eine 2. Sekundarklasse B/C. In Mathematik und einigen anderen Fächern teilte sich die Klasse jedoch in sogenannte Niveauklassen, wobei ich sechs Sek-C-Schüler in der Mathematik unterrichtete. Gerade in dieser Konstellation machte ich die meisten jener Erfahrungen, die mich zu diesem Reflexionsportal veranlassen.

Bereits in der ersten Woche des Praktikums fiel mir auf, dass das mühsam erlernte, aber anscheinend doch verstandene Wissen über das Thema «Brüche» in der nächsten Lektion bei den Schülern nicht mehr abrufbar war. Daraufhin baute ich noch vermehrt Spiele oder andere Veranschaulichungen in die Mathematiklektionen ein. Damit wollte ich den Schülern die Möglichkeit geben, das Thema aus verschiedenen Blickwinkeln zu betrachten, es über mehrere Sinne zu erfassen und es auch emotional zu erfahren. Von diesem erweiterten und breit gefächerten Angebot erhoffte ich mir, dass jeder Schüler einen für sich verständlichen Ansatz finden würde und die Nachhaltigkeit des Wissens so erhöht werden konnte. Diese konnte tatsächlich auch ein wenig erhöht werden, jedoch stellte ich bei der Gesamtrepetition des Themas fest, dass dies nicht in dem Masse geschehen war, wie ich es mir erhofft hatte.

Noch während des Praktikums erhielt ich die Chance, einen Tag lang in einer 2. Sekundarklasse A zu vikarisieren. An diesem Tag unterrichtete ich vier Stunden Mathematik und hatte somit die ideale Vergleichsmöglichkeit zu meiner Praktikumsklasse. Wie eigentlich auch erwartet, bewegten sich diese Schüler viel flexibler in der Mathematik. Gleich zu Beginn der Lektion konnten wir in das aktuelle Thema eintauchen, ohne dass eine Einführung oder Repetition nötig gewesen wäre. Der Unterricht verlief sehr dynamisch, und die Schüler waren in der Lage, eine Aufgabe auch auf verschiedene Weisen anzugehen und Lösungsalternativen zu finden. Auch Formeln, die sie in der ersten Klasse erlernten, waren noch präsent.

Aufgrund dieser Erfahrungen stelle ich mir nun die Frage, was diese eben erwähnte Differenz zwischen den Schülern verursacht und wie man die Nachhaltigkeit des Wissens erhöhen kann, vor allem bei leistungsschwachen Schülern.

Ausgewählte Theoriebezüge
Im Modul Lernen haben wir uns während einer Vorlesung dem Thema «Gedächtnis» gewidmet. Daran möchte ich nun anknüpfen.

Der Lernprozess beinhaltet drei Phasen. Die erste ist die Aufnahme eines Inhaltes, die zweite Phase bildet die Verarbeitung und Speicherung, und die letzte ist der Transfer. Bei der Aufnahme nimmt der Lernende neue Informationen über die verschiedenen Sinne wahr. Die Verarbeitung und Speicherung ist die längste Phase. Hier setzt sich der Lernende mit den neuen Informationen auseinander und stellt sie in Zusammenhänge. In der letzten Phase, dem Transfer, wird das Gelernte angewendet. Dieser Lernprozess benötigt die aktive Mitarbeit des Lernenden und auch das selbst gesteuerte Verarbeiten. Lernen bildet dabei einen Zyklus; es braucht viele Wiederholungen für positive Ergebnisse. Wiederholungen erhöhen die Synapsenfunktion, das heisst, je öfter man etwas wiederholt, desto besser geht es im Nachhinein. Bei lernschwachen Kindern können Eselsbrücken unterstützend wirken.

Wie werden aber die neuen Informationen im Gehirn verarbeitet? Alle unsere Wahrnehmungen gelangen ins sensorische Register, wo sie je nach aufgebrachter Aufmerksamkeit aussortiert werden oder ans Arbeitsgedächtnis weitergegeben werden. Das Arbeitsgedächtnis spielt aus diesem Grund eine sehr wichtige Rolle für das Lernen, da nur die dort gespeicherten Informationen ins Langzeitgedächtnis überführt werden können. Aufmerksamkeit hängt auch eng mit Emotionen zusammen. Eine positive emotionale Erregung während des Lernens verbessert das längerfristige Behalten. Eine gespeichert Information kann aber nicht automatisch abgerufen werden. Beim Abrufen können viele Probleme auftauchen. Entweder ist das Wissen vorhanden, kann aber nicht abgerufen werden, oder altes und neues Wissen interferieren, oder es hat ein Speicherverlust stattgefunden.

Differenziertere Antworten
Welche Konsequenzen ergeben sich anhand dieser theoretischen Inputs für den Unterricht mit leistungsschwachen Schülern?

Damit die Informationen überhaupt ins Arbeitsgedächtnis und später auch ins Langzeitgedächtnis gelangen, muss man ihnen Aufmerksamkeit schenken. Lernschwache Kinder haben Mühe, zu selektionieren, welche Informationen relevant sind und welche nicht, sprich welchen sie viel Aufmerksamkeit schenken müssen und welchen wenig. Als Lehrperson kann ich den lernschwachen Schülern bei dieser fehlenden Kompetenz nachhelfen, indem ich klar kommuniziere, was relevant und was unwichtig ist. Auch sollte ich den Unterricht so gestalten, dass sich intensive und entspannte Lernsituationen abwechseln. Nur so kann der wichtige Grundstein gelegt werden.

Um nun das neue Wissen ins Langzeitgedächtnis überzuführen, muss ich als Lehrperson viele Wiederholungsmöglichkeiten anbieten. Dazu gibt es haufenweise Trainings wie das Paraphrasieren, Zusammenfassungen schreiben oder auch Mindmaps und Schemas herstellen. Neben den Wiederholungen ist auch die Lernumgebung entscheidend für das längerfristige Behalten. Verbinde ich Wissenserwerb mit positiven Emotionen, wie zum Beispiel einem Spiel, einem Ausflug oder einer Geschichte, wird das erfolgreiche Lernen positiv unterstützt. Bei lernschwachen Kindern kommt es überdies häufig vor, dass sie neues Wissen nicht selbstständig an ihr bereits bestehendes Vorwissen anknüpfen können. Somit besteht die Aufgabe der Lehrperson darin, diese Verknüpfung herzustellen, damit das neue Wissen dem Kind nicht isoliert erscheint und es dem Wissen eine Bedeutung geben kann.

Das neu erlernte Wissen kann aber nicht einfach ohne Weiteres in der nächsten Stunde abgerufen werden. Abrufen muss eingeübt und trainiert werden, das heisst, es sollten gewisse Verbindungen zu Symbolen oder Schlüsselwörtern geschlagen werden. Kann Wissen aber dennoch nicht abgerufen werden, sollte man diesem «Vergessen» genauer auf die Spur gehen und den Grund dafür suchen. Je nachdem, ob beim Schüler Abrufschwierigkeiten, Interferenzen oder Spurenverfall aufgetreten sind, kann man dem auf angepasste Weise entgegentreten. ❯

6 Raster für unterrichtliche Kompetenzen

Qualitätskriterien
Mithilfe des folgenden Kompetenzrasters können die unterrichtlichen Kompetenzen einer Lehrperson eingeschätzt werden. Der Raster bezieht sich auf Qualitätskriterien für Unterricht, die in den letzten Jahrzehnten in der Lehrer- und Lehrerinnenbildung, in der Unterrichtsforschung und in der pädgogischen Psychologie zunehmend differenziert diskutiert worden sind. Die vorliegenden Kriterien berücksichtigen den aktuellen Stand der Diskussion (Fraefel & Huber 2008).

Unabhängig von Stufe und Fach
Es ist wichtig festzuhalten, dass nicht eine bestimmte Form von Unterricht im Fokus steht, sondern das professionelle Handeln von Lehrpersonen. Dies kann im Prinzip unabhängig von Stufe, Fach und gewähltem Lehr-Lern-Arrangement beurteilt werden.

Der folgende Raster hat den eigentlichen Unterricht zum Gegenstand (also nicht die Planung einschliesslich der Entscheidungen z.B. über Ziele, Inhalte und Arangements). Er nennt fünf Bereiche mit je vier Merkmalen, die eine Einschätzung in einer ausformulierten, fünfstufigen Skala erlauben.

Dieser Raster wird an der Pädagogischen Hochschule Zürich als Grundlage für die summative Beurteilung von Studierenden beim Studienabschluss verwendet (Huber et al. 2009).

Literatur
Fraefel, U./ Huber E. (2008). Berufspraktische Kompetenzen zuverlässig prüfen? Beurteilung beruflicher Handlungskompetenzen optimieren. Journal für Lehrerinnen- und Lehrerbildung, 8 (1), 51–56.
Huber, E./ Berner, H./ Fraefel, U. (2009). Berufspraktische Diplomprüfung: Beurteilungsinstrument für Examinator/innen und Expert/innen. Zürich: PH Zürich/ Prorektorat Ausbildung. 2. Auflage.

1. Fachlichkeit / Vermittlung

	--	-	-/+	+	++
Fachliches Verständnis und Qualität	zeigt schwerwiegende fachliche Mängel	zeigt einige fachliche Mängel	ist fachlich korrekt und versteht Inhalte grundsätzlich	ist fachlich weitgehend fehlerfrei und versteht Inhalte gut	ist fachlich souverän und versteht Inhalte sehr gründlich
Inhaltliche Nachvollziehbarkeit	bringt Inhalte diffus und unverständlich zum Ausdruck	bringt Inhalte wenig verständlich zum Ausdruck	macht Inhalte insgesamt verständlich und nachvollziehbar	macht Inhalte klar und gut nachvollziehbar	macht Inhalte sehr klar, verständlich und plausibel
Sprache	drückt sich völlig unangemessen und fehlerhaft aus	drückt sich wenig angemessen aus	drückt sich insgesamt angemessen und korrekt aus	drückt sich passend und sicher aus	drückt sich situationsgerecht, präzise und gewandt aus
Vermittlungsmethoden und Medieneinsatz	setzt Methoden und Medien ungeeignet ein	setzt Methoden und Medien meist unpassend ein	setzt Methoden und Medien insgesamt passend ein	setzt Methoden und Medien gut durchdacht und passend ein	setzt Methoden und Medien souverän ein

2. Zielorientierung / Strukturierung

	--	-	-/+	+	++
Zieltransparenz	nennt keine Ziele	nennt unklare und wenig verständliche Ziele	nennt verständliche Ziele	macht Ziele weitgehend klar und transparent	macht Ziele immer klar, transparent und einleuchtend
Zielorientierte Unterrichtsaktivitäten	unterrichtet gesamthaft ziel- und orientierungslos	unterrichtet kaum auf Ziele ausgerichtet	richtet Unterricht insgesamt auf Ziele aus	richtet Unterrichtsaktivitäten deutlich auf Zielerreichung aus	richtet Unterrichtsaktivitäten konsequent auf Zielerreichung aus
Kohärenz des Unterrichtsverlaufs	unterrichtet ungeordnet und ohne Zusammenhang	unterrichtet mit wenig Zusammenhang und deutlichen Brüchen	strukturiert den Unterricht insgesamt nachvollziehbar und zusammenhängend	strukturiert den Unterricht weitgehend folgerichtig und kohärent	strukturiert/ rhythmisiert durchwegs klar, folgerichtig, sachlich überzeugend
Strukturierende Verstehenshilfen	macht keine Zusammenfassungen, Einbettungen oder Aus- und Rückblicke	macht kaum Zusammenfassungen, Einbettungen oder Aus- und Rückblicke	macht vereinzelt Zusammenfassungen, Einbettungen oder Aus- und Rückblicke	macht hilfreiche Zusammenfassungen, Einbettungen oder Aus- und Rückblicke	macht gezielt klärende Zusammenfassungen, Einbettungen oder Aus- und Rückblicke

3. Kognitive Aktivierung / Konsolidierung

	--	-	-/+	+	++
Aktivierende Problemstellungen	stellt keine Probleme	stellt kaum anregende Probleme	kann mit den gestellten Problemen gelegentlich anregen und aktivieren	regt mit den gestellten Problemen mehrheitlich an und aktiviert	fordert mit den gestellten Problemen zu aktiver Auseinandersetzung heraus
Motivierungsfähigkeit	bemüht sich nicht, Interesse für die Inhalte zu wecken	zeigt wenig Ansätze, Interesse für die Inalte zu wecken	kann vereinzelt Interesse für die Inhalte wecken	kann weitgehend Interesse für die Inhalte wecken	kann in hohem Masse Interesse für die Inhalte wecken
Einbezug der Beiträge von Schülerinnen und Schülern	ignoriert oder unterbindet Beiträge	nimmt Beiträge knapp zur Kenntnis, ohne weiter darauf einzugehen	nimmt Beiträge zur Kenntnis und bezieht sie vereinzelt in den Unterricht ein	nimmt Beiträge häufig aktiv auf und verwendet sie im Unterricht	nimmt Beiträge flexibel auf und verwendet sie produktiv im Unterricht
Intelligentes Üben	lässt nicht oder ohne erkennbaren Sinn üben	lässt repetitiv, variantenarm und wenig sinnhaft üben	lässt sachbezogen und stellenweise variierend üben	fördert variantenreiches, auf Lernstand abgestimmtes Üben	initiiert verstehensorientiertes, variierendes und niveaugerechtes Üben

4. Schülerorientierung / Lernunterstützung

	--	-	-/+	+	++
Schülerorientierter Methodeneinsatz	wählt Methoden ohne Berücksichtigung der Schülerinnen und Schüler	berücksichtigt bei der Methodenwahl die Schülerinnen und Schüler kaum	stimmt Methoden in den Grundzügen auf die Situation der Schülerinnen und Schüler ab	stimmt Methoden weitgehend auf Lern- und Entwicklungsstand der Schülerinnen und Schüler ab	stimmt Methoden flexibel auf Entwicklung, Lernstand, Interesse der Schülerinnen und Schüler ab
Unterschiedliche Lernvoraussetzungen	ignoriert oder übergeht unterschiedliche Lernvoraussetzungen	berücksichtigt unterschiedliche Lernvoraussetzungen kaum	passt Ziele und Arbeitsweisen vereinzelt den unterschiedlichen Lernvoraussetzungen an	passt Ziele und Arbeitsweisen weitgehend den individuellen Lernvoraussetzungen an	passt Ziele und Arbeitsweisen konsequent den individuellen Lernvoraussetzungen an
Individuelle Lernunterstützung	bietet keine individuelle Lernunterstützung an	beschränkt sich auf vereinzelte Rückmeldungen	gibt verschiedene sachbezogene Rückmeldungen	gibt regelmässig sachbezogene unterstützende Rückmeldungen	passt Rückmeldungen genau dem individuellen Lernstand an
Umgang mit Fehlern von Schülerinnen und Schülern	stellt Schülerinnen und Schüler bei Fehlern bloss	übergeht oder kritisiert Schülerinnen und Schüler bei Fehlern	greift Fehler auf und korrigiert	nimmt Fehler ernst und bearbeitet sie sachlich	nutzt Fehler produktiv als Lerngelegenheit

5. Classroom Management / Unterrichtsklima

	--	-	-/+	+	++
Regelklarheit	vertritt Regeln inkonsequent und gewährt Freiräume beliebig	vertritt Regeln unklar und gewährt Freiräume nicht nachvollziehbar	vertritt Regeln weitgehend und gewährt Freiräume nachvollziehbar	vertritt Regeln durchgängig und gewährt Freiräume passend	vertritt Regeln klar und pausibel und gewährt Freiräume sinnvoll
Verhalten bei Störungen	reagiert auf Störungen durchgehend unpassend	reagiert auf Störungen mehrheitlich unpassend	reagiert auf Störungen insgesamt angemessen	reagiert auf Störungen weitgehend sicher und angemessen	reagiert auf Störungen souverän und durchgehend angemessen
Aktive Lernzeit	verschwendet Zeit und lässt viele sachfremde Aktivitäten zu	nutzt Zeit ungenügend und lässt wenige sachfremde Aktivitäten zu	nutzt die Zeit ausreichend und lässt wenige sachfremde Aktivitäten zu	nutzt Zeit gut und vermeidet lernunwirksame Aktivitäten	nutzt Zeit optimal für aktives Lernen und minimiert lernunwirksame Aktivitäten
Unterrichtsklima	geht mit Schülerinnen und Schülern respektlos und/oder unfreundlich um	geht mit Schülerinnen und Schülern distanziert und wenig freundlich um	geht mit Schülerinnen und Schülern korrekt um	geht mit Schülerinnen und Schülern freundlich und respektvoll um	geht mit Schülerinnen und Schülern wertschätzend, interessiert und respektvoll um

Kapitel 3 Ziele setzen

Am Sinn von Zielen zweifelt wohl niemand. Im schulischen Bereich jedoch haben Ziele als Steuerungsinstrument einen schweren Stand, denn Lehrmittel, Inhalte, Methoden und auch Gewohnheiten halten den Unterricht oft im Gang, ohne dass er wirklich von Zielen ausgeht oder auf Ziele hinsteuert. Die kritische Aussage von Robert F. Mager «Wenn man nicht genau weiss, wohin man will, landet man leicht da, wo man gar nicht hin wollte» hat ihre Berechtigung. Damit der Unterricht nicht zum Blindflug wird, braucht es Ziele als «Kompass» – und zwar für die Lehrerinnen und Lehrer und für die Schülerinnen und Schüler. Lehrerinnen und Lehrer müssen in der Lage sein, ihre Unterrichtsziele eindeutig und zweckmässig zu beschreiben.

Dieses Kapitel handelt von der Wichtigkeit und dem Nutzen der Ziele, und es zeigt, wie Ziele zu einem hilfreichen Werkzeug des Unterrichtens werden.

| Basics | Seite 85 | Texte | Seite 93 | Materialien | Seite 99 |

Basics   Ziele setzen

URBAN FRAEFEL

Braucht es Ziele?

*Confusion of goals and perfection of means seems,
in my opinion, to characterize our age.*

Albert Einstein

Nichts gegen Ziele – kaum jemand wird leugnen, dass das Setzen von Zielen gerade im Unterricht wichtig sei. Zielorientierung ist seit Jahrzehnten eine zentrale Forderung an den Unterricht. Und doch scheint es Hindernisse zu geben, die die konsequente Orientierung an Zielen erschweren. Das mag in einigen Irrtümern begründet sein.

Irrtum 1
«Ziele sind durch die Inhalte vorgegeben.»

Wenn Unterricht nur «Stoff durchnehmen» ist, braucht es keine weiteren Ziele – das stimmt. Das Ziel ergäbe sich von selber aus dem Inhalt; Ziele liessen sich einfach konstruieren, indem an die Inhaltsbeschreibung ein Verb und das Wort «können» angehängt wird, z.B. «Einen Papierhut falten können» oder «Sechs Alpenübergänge nennen können» oder «Den Durchschnitt von drei Zahlen berechnen können». In der Tat ist das Formulieren solcher Ziele banal und beschränkt sich auf das Umformulieren von Inhalten. Daher verzichten viele Lehrpersonen auf das explizite Formulieren solcher Ziele, wenn es nicht ausdrücklich verlangt ist. Diese Auffassung von Zielen hat aber zwei grosse Schwächen:

1. Wer nur den Stoff im Auge hat, schaut nicht auf die Schülerinnen und Schüler. Doch es sind ja die Schülerinnen und Schüler, die die Ziele erreichen sollen (und nicht primär die Lehrperson). Daher müssen die Ziele für sie angemessen sein. Sinnvolle und passende Ziele sind aber nur möglich, wenn berücksichtigt wird, wo die Schülerinnen und Schüler stehen, was sie bereits gelernt haben, wo sie allenfalls Schwierigkeiten haben. Die Lehrperson wird dann feststellen, dass jeder einzelne Schüler, jede Schülerin an einem anderen Ort steht, unterschiedlich leicht und schnell lernt, je andere Stärken und Lücken hat, auf eine ganz bestimmte Unterstützung angewiesen ist usw. Wer die Struktur des Stoffs als massgeblichen Taktgeber für den Unterrichtsverlauf nimmt, übersieht gänzlich das Individuelle der lernenden Schülerinnen und Schüler.
2. Wer nur den Stoff im Auge hat, setzt ausschliesslich *fachliche* Ziele – also keine Ziele, die *nicht* auf fachlichen Inhalten beruhen. Dabei wird übersehen, dass auch Soziales, Überfachliches oder Personenbezogenes ein Unterrichtsziel sein kann und muss.

Irrtum 2
«Man lernt auch bei absichtslosem Tun.»

Gegen absichtsloses Tun ist nichts einzuwenden, doch alles, was so gelernt wird, ist nicht gewollt und tritt quasi zufällig ein und vielfach auch unbemerkt. Dieses *inzidentelle Lernen* ist typisch für nicht-schulische Alltagssituationen. Den Grossteil unseres Wissens und Könnens haben wir in solcherart informellen Kontexten erworben, und das ist gut so. Dieses unbeabsichtigte Lernen findet zwar auch in der Schule statt, doch es ist in keiner Weise planbar. Diese Lernform ist daher nicht geeignet für strukturiertes Lernen im Unterricht. Auch ökonomisch ist es nicht vertretbar, Erfahrungsräume zu schaffen und auf zufällige Lerneffekte zu hoffen. Unterrichtliches Lernen muss prinzipiell zielorientiert sein, und dies auch in eher offenen Lehr-Lern-Arrangements, in denen die Zielorientierung nicht auf den ersten Blick sichtbar wird.

Oft hört man, dass Schülerinnen und Schüler etwas «nebenher» lernen, zum Beispiel soziale Kompetenzen oder gewisse Haltungen und Einstellungen. Aber was «nebenher» gelernt wird, sind nicht immer die erwünschten Bildungsprozesse. So lernen die Schülerinnen und Schüler vielleicht Rivalität statt Kooperation, Entmutigung statt Selbstvertrauen, Gleichgültigkeit statt Engagement usw. Wenn Lehrpersonen wollen, dass die Schülerinnen und Schüler sich auch in diesen Bereichen in die erwünschte Richtung entwickeln, sollen sie zuerst einmal die entsprechenden Ziele setzen, sonst bleiben diese Zielbereiche «unter dem Radar», also unbeachtet und nicht geschult.

Irrtum 3
«Ziele engen ein und verhindern eigenständige Lernprozesse.»

Gewiss engen Ziele ein: Sie fokussieren Aufmerksamkeit, Denken und Handeln auf etwas ganz Bestimmtes, und dadurch lässt man viele andere Gedanken und Aktivitäten beiseite. Diese Konzentration ist keine Einschränkung der produktiven und kreativen Kräfte der Kinder und Jugendlichen, sondern setzt sie vielmehr frei: Die Einengung auf Ziele hat ja den grossen Vorteil, dass man weiss, «wohin die Reise geht». So verzettelt man sich weniger. Meist ist ein gutes und erkennbares Ziel ein mächtiger Ansporn, es tatsächlich zu erreichen. Transparente Ziele können sehr motivierend wirken.

Es stimmt nicht, dass die Ausrichtung auf Ziele die Eigenständigkeit einschränkt – ganz im Gegenteil: Ohne ein Ziel vor Augen wissen die Schülerinnen und Schüler nicht, worauf der Unterricht hinausläuft. Ohne Ziele können sie gar nicht aktiv mitwirken und müssen sich gewissermassen blind und kleinschrittig durch den Unterricht führen lassen. Wie sollen sie denn ihre Ideen und Kräfte mobilisieren, wie sollen sie ihre eigenen Vorschläge einbringen, aktiv mitdenken und neue Wege erkunden, wenn sie nicht wissen, was zu erreichen ist? Das Fehlen erkennbarer Ziele lähmt in aller Regel das Engagement der Lernenden.

Bei mancher vordergründigen Emsigkeit trügt der Schein: Die Schülerinnen und Schüler werden aufgefordert zum Schreiben, Malen, Schneiden, Nachsprechen oder Bewegen, und sie führen die Tätigkeiten gehorsam aus. Da könnte man den Eindruck haben, es werde produktiv gearbeitet. Doch wenn die Ziele fehlen, sind diese Vollzüge wie taube Nüsse: Sie sehen nach etwas aus, doch im Grunde sind sie leer. Zielloses Tun im Unterricht ist nicht selten ein verordneter, unverstandener und unproduktiver Aktivismus. Dem gegenüber sind lernwirksame Handlungen nach Aebli «*zielgerichtete*, in ihrem inneren Aufbau verstandene Vollzüge, die ein fassbares Ergebnis erzeugen» (Aebli 1983, S. 182).

Irrtum 4
«Die Ziele sind ja bekannt – man muss sie nicht immer explizit nennen.»

Für manche Lehrpersonen sind die Ziele von Unterricht selbstverständlich, und nach ihrer Meinung müssen sie nicht dauernd wiederholt werden; gewiss sind auch viele Schülerinnen und Schüler der Meinung, sie wüssten, worum es in der Schule geht. Es handelt sich hier aber um einen gedankenlosen Kurzschluss mit weitreichenden Folgen.

1. Wer die jeweiligen Ziele nicht aktiv bestimmt, explizit formuliert und allen bewusst macht, riskiert die *Wiederholung des Selbstverständlichen* über die Jahre hinweg: In stiller Übereinkunft gleitet der Unterricht dahin, ohne dass er durch bewusste Steuerung auf ein bestimmtes Ziel hin gelenkt wurde. Die Veranstaltung «Schule» wird so abgewickelt, wie man sie ungefähr kennt und

erwartet (vgl. Stigler & Hiebert 1999). Ein über lange Zeit eingeprägtes, meist traditionelles Bild von Schule, Unterricht und Lehrmitteln bestimmt dann das Geschehen. Viele Fragen werden nicht mehr gestellt, viele Antworten werden nicht mehr eingefordert. Abläufe und Sprache sind eingespielt, gewohnheitsmässig, geradezu rituell, wodurch neue, herausfordernde Ziele schon fast als Störung wirken (Cazden 2001).

2. Die unausgesprochenen Ziele sind vermutlich *nicht für alle gleich.* Während das Ziel der Lehrperson z.B. ein möglichst reibungsloser Ablauf der Stunde ist, haben manche Schülerinnen und Schüler nur das Ziel, von der Lehrperson gemocht zu werden oder nicht aufzufallen oder die Hausaufgaben möglichst schon in der Schule zu machen oder einfach zu einer guten Note zu kommen – und so treten womöglich die fachlichen, personalen und sozialen Ziele ganz in den Hintergrund.

3. Weitere unausgesprochene Ziele haften dem Schulsystem als Ganzem an, zusammengefasst im Begriff «heimlicher Lehrplan» (vgl. Kasten). Gerade weil sie tabuisiert sind und man sie sich wenig bewusst macht, wirken sie stark. Oder umgekehrt gesagt: Je mehr man Ziele betreffend Haltungen, Einstellungen und Sozialem aktiv einbringt und explizit macht, desto besser kann man den verhängnisvollen Nebeneffekten des «heimlichen Lehrplans» begegnen.

«Heimlicher Lehrplan»

Der Begriff «heimlicher Lehrplan» wurde in den 1960er-Jahren geprägt und weist auf unausgesprochene Lernziele und ungewollte Lerneffekte in der Erziehung hin, die im offiziellen Lehrplan nicht erwähnt sind und diesem teilweise widersprechen.

«Es geht beim heimlichen Lehrplan um die *lautlosen Mechanismen* der Einübung in die Regeln und Rituale der Institution; es geht darum, sich an Oben und Unten, an Gutsein und Schlechtsein, an Auffälligwerden und Durchwursteln zu gewöhnen» (Meyer 1988, S. 65).

Fazit

Es braucht Ziele. Klare, bewusst gesetzte Ziele lenken das Lernen der Schülerinnen und Schüler in die gewünschte Richtung und helfen, aus dem Nebel unbedachter Selbstverständlichkeiten aufzutauchen.

Gute Ziele setzen

Es besteht wohl kein ernsthafter Zweifel, dass Unterrichtsziele Sinn machen. Wie aber setzt man gute Ziele?

Ziele müssen dem Erziehungs- und Bildungsauftrag der Schule entsprechen

Der Rahmen möglicher Ziele ist zwar weit gesteckt, doch die Ziele müssen sich letztlich in den allgemeinen Erziehungs- und Bildungsauftrag der Schule einordnen lassen. Die Kompetenzen, für deren Erwerb die Schule zuständig ist, sind in der Regel in Lehrplänen und neuerdings in Kompetenzmodellen zusammengefasst. So steht beispielsweise im Zürcher Volksschul-Lehrplan: «*Richtziele…* beschreiben erwünschte Handlungsdispositionen (= Kompetenzen, U. F.) und angestrebte Lernerfahrungen, über welche die Schülerinnen und Schüler am Ende der

Volksschulzeit verfügen sollen. Alle Richtziele stellen Idealvorstellungen dar, welche die Richtung weisen, an der sich der gesamte Unterricht orientieren soll» (Bildungsdirektion des Kantons Zürich 2007, S. 23). Daraus ergibt sich, dass alles, was nicht Sache der Schule ist, konsequenterweise auch nicht als Ziel des Unterrichts infrage kommt.

Um ein mögliches Missverständnis gleich auszuschliessen: Der Lehrplan gibt keine Listen konkreter Ziele vor, die die Lehrperson dann im Unterricht mit den Schülern und Schülerinnen abarbeiten müsste (eine Tendenz aus den 1970er-Jahren, vgl. Möller 1986). Vielmehr dürfen und müssen die Lehrpersonen heute im Rahmen offener Vorgaben die Ziele situativ formulieren, das heisst, abgestimmt auf die jeweilige Situation und die Schülerinnen und Schüler.

Ziele müssen plausibel, begründet, transparent und gemeinsam verantwortet sein

Um es zuerst einmal negativ zu formulieren:
- Niemand mag nach Zielen streben, die nicht einleuchten;
- niemand mag Ziele bejahen, für die es anscheinend keine Gründe gibt;
- und gewiss mag sich niemand für ein Ziel einsetzen, das er/sie gar nicht kennt.

Ziele müssen die Schülerinnen und Schüler überzeugen können, und das geschieht am ehesten, indem sinnvolle und plausible Ziele gesetzt werden und indem neue Ziele klar genannt und begründet werden. Im günstigsten Fall besteht zwischen Schülerinnen und Schülern und Lehrperson eine hohe Übereinstimmung bezüglich der Ziele. Bei Einigkeit über die Ziele verläuft das Lernen in jeder Hinsicht produktiver. Wenn die Lehrperson es also schafft, die Schülerinnen und Schüler für gemeinsame Ziele zu gewinnen, steigt die Motivation der Schülerinnen und Schüler deutlich an (Spera & Wentzel 2003), und dies nicht nur bei den fachlichen Lernzielen, sondern auch hinsichtlich sozialer und personaler Ziele. Die Lehrperson verfügt mit der transparenten und partizipativen Zielformulierung über ein sehr starkes Steuerungsinstrument, das die Lernmotivation der Schülerinnen und Schüler positiv beeinflusst.

Ziele müssen sowohl herausfordernd als auch erreichbar sein

Wenn sich Schülerinnen und Schüler für ein Ziel engagieren, ist der Lerneffekt in der Regel deutlich höher (Klein et al. 1999). Idealerweise entsteht also eine Bindung an das Ziel. Wichtig ist aber vor allem, dass die Ziele herausfordernd und gleichwohl – mit einiger Anstrengung – erreichbar sind, also gerade noch im Bereich der Möglichkeiten der Schülerinnen und Schüler. Banale oder zu leicht erreichbare Ziele verfehlen ihre Wirkung: Sie spornen nicht zur Zielerreichung an. Auch dieser Zusammenhang ist durch viele Studien belegt (zusammenfassend z.B. bei Bungard & Kohnke 2000).

Wir können uns also ein Klassenzimmer vorstellen, in dem die Schülerinnen und Schüler wirklich etwas erreichen wollen, weil sie die Erfahrung gemacht haben, dass sie dies können und dass es ihnen zugetraut wird. Schülerinnen und Schüler, die Vertrauen in ihre eigenen Fähigkeiten entwickeln, sind entsprechend erfolgreicher, wie vielfach belegt wurde (z.B. Zimmerman et al. 1992).

Individuelle Ziele müssen mit den einzelnen Schülerinnen und Schülern vereinbart sein

Schülerinnen und Schüler brauchen, wie wir gesehen haben, klare, verständliche, einleuchtende, herausfordernde und gerade noch erreichbare Ziele. Nun versteht sich von selbst, dass dies nicht funktioniert, wenn Ziele immer für die ganze Klasse formuliert werden: Den einen ist das Ziel zu leicht, den anderen zu schwierig; die einen haben die Voraussetzungen schon, die anderen müssen «weiter hinten» anfangen; die einen kennen die nötigen Arbeitstechniken, die anderen müssen sie zuerst lernen usw. Es führt kein Weg daran vorbei: Ziele müssen in das «Lernfenster» der Schülerinnen und Schüler passen; sie müssen in der Regel differenziert werden, je nach Lernstand der einzelnen Schülerinnen und Schüler. Differenzierte Ziele für alle Schülerinnen und Schüler – wie ist das noch zu leisten?

Die Lehrperson kommt schnell an ihre Grenzen, wenn sie alle differenzierten Ziele vorher planen möchte. Was leistbar ist, sind *zwei Niveaus,* nämlich die grundlegenden (basalen) Ziele, die alle erreichen können und müssen, sowie die erweiterten Ziele, die sich an schnellere oder leistungsfähigere Schülerinnen und Schüler richten. Die basalen Ziele orientieren sich an den Minimalstandards der Volksschulbildung. Für erweiterte Ziele ist die Skala nach oben offen.

Doch auch mit zwei Niveaus wird man der einzelnen Schülerin, dem einzelnen Schüler meist nicht gerecht. Individualisierte Ziele sind nicht mehr voraus planbar, sondern werden während des Arbeits- und Lernprozesses ausgehandelt. Das klingt komplizierter, als es ist: Wir gehen davon aus, dass Lehrpersonen in den Arbeitsphasen in ständigem Kontakt mit einzelnen Schülern und Schülerinnen sind, sie beobachten und ihnen Feedbacks zum Lernprozess geben. Diese häufigen Interaktionen sind der Zeitpunkt, in denen die Ziele individuell angepasst werden.

Manche Lehrpersonen verspüren ein Missbehagen angesichts solch differenzierter Ziele, denn es wird nicht mehr ein einheitliches Klassenziel angestrebt. Sie können sich nicht mehr darauf verlassen, dass alle Schülerinnen und Schüler einen Stoff «gehabt» haben. Doch bei genauerem Hinsehen war das noch nie so: Das einheitliche Leistungsniveau einer Klasse ist eine Fiktion und wäre nur erreicht, wenn alle Schülerinnen und Schüler dieselben Noten hätten. Individuelles Anpassen der Ziele anerkennt einfach die Realität des unterschiedlichen Leistungsvermögens und gibt den Schülerinnen und Schülern die Chance, auf ihrem Niveau zu arbeiten, gefordert zu werden und auch Erfolge zu haben.

> Ziele müssen alle Bereiche schulischer Bildung einschliessen (nicht nur die fachlichen).

Auch wenn in der Schule fachliche Ziele oft im Mittelpunkt stehen, sind überfachliche, personale und soziale Ziele wichtig oder gar vordringlich. Diese Ziele tragen ihrerseits dazu bei, die fachlichen Ziele zu erreichen:

- *Überfachliche Ziele betreffen z.B. Lernstrategien.* Wenn Lehrpersonen diese Lernstrategien – aus aktuellem Anlass eines zu bewältigenden Lerngegenstands – als Ziel in den Mittelpunkt stellen, wollen sie die Schülerinnen und Schüler befähigen, nicht nur dieses aktuelle Problem zu lösen, sondern Strategien zu lernen, die auch bei späteren, ähnlichen Problemen helfen.

- *Personale Ziele betreffen z.B. Einstellungen zur Wirksamkeit des eigenen Tuns.* Manche Schülerinnen und Schüler haben das Gefühl, «es nütze ja doch nichts», wenn sie sich anstrengen; sie sind also überzeugt, ihre Anstrengung sei unwirksam, und entsprechend werden sie sich kaum engagieren. Wenn Lehrpersonen sich zusammen mit der Schülerin, dem Schüler vornehmen, diese entmutigende Einstellung zu ändern, wirkt sich das auf sehr viele Lernprozesse positiv aus.

- *Soziale Ziele betreffen z.B. das Übernehmen von Verantwortung,* etwa für eine gute Lernatmosphäre, für die Organisation einer Gruppenarbeit usw. Auch für diese Zielbereiche muss die Lehrperson – zusammen mit den Einzelnen – genaue, erreichbare, sinnvolle und einleuchtende Ziele formulieren, denn das soziale Lernen vollzieht sich nicht einfach nebenher, ohne dass man etwas dazu beiträgt.

Fachliche Lernziele	Orientierungswissen Fertigkeiten Verstehen, Erkennen, Transfer
Personale/überfachliche Lernziele	Haltungen und Einstellungen Emotion und Erleben Lernstrategien
Soziale Lernziele	Kommunikation, Interaktion, Kooperation

Ziele entsprechend den Bereichen grundlegender Bildung (Zumsteg et al. 2007, S. 21)

Literatur
Aebli, H. (1983). Zwölf Grundformen des Lernens. Eine Allgemeine Didaktik auf psychologischer Grundlage. Stuttgart: Klett.
Bildungsdirektion des Kantons Zürich (Ed.) (2007). Lehrplan für die Volksschule des Kantons Zürich. Zürich: Kantonaler Lehrmittelverlag.
Bungard, W. & Kohnke, O. (2000). Zielvereinbarungen erfolgreich umsetzen: Konzepte, Ideen und Praxisbeispiele auf Gruppen- und Organisationsebene. Wiesbaden: Gabler.
Cazden, C. B. (2001). Classroom discourse: The language of teaching and learning. 2nd edition. Westport: Heinemann.
Klein, H. J., Wesson, M. J., Hollenbeck, J. R. et al. (1999). Goal commitment and the goal setting process: Conceptual clarification and empirical synthesis. Journal of Applied Psychology, 84, 885–896.
Meyer, H. (1988). UnterrichtsMethoden I: Theorieband. Frankfurt a.M.: Scriptor.
Möller, C. (1986). Die curriculare Didaktik, oder: Der lernzielorientierte Ansatz. In H. Gudjons, R. Teske & R. Winkel (Ed.), Didaktische Theorien (S. 62–77). Hamburg: Bergmann & Helbig.
Spera, C. & Wentzel, K. R. (2003). Congruence between students' and teachers' goals: implications for social and academic motivation. International Journal of Educational Research, 39, 395–413.
Stigler, J. W. & Hiebert, J. (1999). The Teaching Gap: Best Ideas from the World's Teachers for Improving Education in the Classroom. New York: Free Press.
Zimmerman, B. J., Bandura, A. & Martinez-Pons, M. (1992). Self-Motivation for Academic Attainment: The Role of Self-Efficacy Beliefs and Personal Goal Setting. American Educational Research Journal, 29 (3), 663–676.
Zumsteg, B., Fraefel, U., Berner, H. et al. (2007). Unterricht kompetent planen: Vom didaktischen Denken zum professionellen Handeln. Zürich: Pestalozzianum.

Texte   Ziele setzen

1 «Wenn man nicht genau weiss, wohin man will, landet man leicht da, wo man gar nicht hinwollte.»

Im Vorwort des Klassikers «Lernziele und Unterricht» weist Robert F. Mager ausgehend von einer Geschichte auf die Wichtigkeit von klar erkannten, beschriebenen und kommunizierten Zielen hin. Die Moral der Geschichte ist zugleich die pointierte Kritik an ziellosem Unterricht und die daraus abgeleitete zentrale Forderung an Lehrpersonen aller Stufen: Wenn Lehrerinnen und Lehrer nicht wissen, wohin sie wollen, müssen sie sich nicht wundern, wenn sie ganz woanders hinkommen.

Magers Ziel seines Buches war, Autoren von Unterrichtsprogrammen eine Anleitung zum Beschreiben der Lernziele zu vermitteln – der Titel des amerikanischen Originals hiess «Preparing Instructional Objectives» und wurde im deutschen Sprachraum unter dem Titel «Lernziele und Programmierter Unterricht» veröffentlicht. Nach einer auch unkritischen Lernziel-Euphorie mit dem Höhepunkt in den 1970er-Jahren ist heute unumstritten, dass das Setzen von Lernzielen in Kombination mit der Auswahl von Inhalten und der Berücksichtigung der Lernvoraussetzungen der Lernenden für eine professionelle Unterrichtsplanung hohe Priorität hat.

« Es war einmal ein Seepferdchen, das eines Tages seine sieben Taler nahm und in die Ferne galoppierte, sein Glück zu suchen. Es war noch gar nicht weit gekommen, da traf es einen Aal, der es ansprach: «Psst. Hallo, Kumpel. Wo willst du hin?»
«Ich bin unterwegs, mein Glück zu suchen», antwortete das Seepferdchen stolz.
«Da hast du's ja gut getroffen», sagte der Aal, «für vier Taler kannst du diese schnelle Flosse haben, damit kommst du viel besser voran.»
«Ei, das ist ja prima», sagte das Seepferdchen, bezahlte, zog die Flosse an und glitt mit doppelter Geschwindigkeit von dannen. Bald kam es zu einem Schwamm, der sagte:
«Psst. Hallo, Kumpel. Wo willst du hin?»
«Ich bin unterwegs, mein Glück zu suchen,» antwortete das Seepferdchen.
«Da hast du's ja gut getroffen», sagte der Schwamm, «für ein kleines Trinkgeld überlasse ich dir dieses Boot mit Düsenantrieb; damit könntest du viel schneller reisen.»
Da kaufte das Seepferdchen von seinem letzten Geld das Boot und sauste mit fünffacher Geschwindigkeit durch das Meer. Bald traf es auf einen Haifisch, der fragte:
«Psst. Hallo, Kumpel. Wo willst du hin?»
«Ich bin unterwegs, mein Glück zu suchen», antwortete das Seepferdchen.
«Da hast du's ja gut getroffen. Wenn du diese kleine Abkürzung machen willst», sagte der Haifisch und zeigte auf seinen geöffneten Rachen, «sparst du eine Menge Zeit.»
«Ei, vielen Dank», sagte das Seepferdchen und sauste in das Innere des Haifisches.

Die Moral der Geschichte: Wenn man nicht genau weiss, wohin man will, landet man leicht da, wo man gar nicht hinwollte.

Ehe Sie Unterricht planen, ehe Sie über Unterrichtsverfahren, Unterrichtsinhalte oder -materialien entscheiden, müssen Sie wissen, was Sie als Ergebnisse des Unterrichts erwarten. Eine klare Beschreibung der Ziele ist eine solide Grundlage für die Auswahl von Verfahren und Materialien sowie für die Entscheidung über Messverfahren (Prüfungsaufgaben, Tests), mit denen man feststellt, ob der Unterricht erfolgreich war. Dieses Buch handelt von der Beschreibung solcher Unterrichtsziele. Es beschreibt und erläutert ein Verfahren, mit dem solche Zielbeschreibungen entwickelt werden können; es bietet damit zugleich ein Verfahren, sich über eigene Unterrichtsabsichten klar zu werden und diese dann auch anderen mitzuteilen. Das Buch bietet eine Übungsanleitung und schliesslich die Gelegenheit, die erworbenen Fertigkeiten zu überprüfen.

Dieses Buch handelt weder davon, wer Unterrichtsziele auswählen soll, noch davon, wie man vorgeht, wenn man Unterrichtsziele auswählt. Dieses sind sicher wichtige Fragen, aber sie sind nicht das Thema dieses Buches.

Es wird vorausgesetzt, dass Sie an der Planung und Entwicklung wirksamen Unterrichts interessiert sind, dass Sie Ihren Schülern gewisse Fertigkeiten und Kenntnisse vermitteln wollen und dass Sie diese so vermitteln wollen, dass Ihre Schüler hinterher das Erreichen dieser Ziele, die Sie oder jemand anders ausgewählt haben, zeigen können. ❭

Auszug aus: Mager, R.F. (1994). Lernziele und Unterricht. © Verlagsgruppe Beltz, Weinheim, S. V, VI.

2 Merkmale zweckmässiger Zielbeschreibungen

Im folgenden Abschnitt des Buches «Lernziele und Unterricht» beschreibt Robert F. Mager die Eigenschaften zweckmässiger, eindeutig beschriebener Unterrichtsziele und macht die Unterschiede zwischen Zielbeschreibungen, die mehr oder weniger Deutungen zulassen, bewusst.

❬ Zielbeschreibungen sind nützliche Werkzeuge für die Planung, Durchführung und Bewertung (Evaluation) von Unterricht. Sie sind nützlich als Hinweise für die Auswahl von Unterrichtsinhalten und Unterrichtsverfahren, die zu erfolgreichem Unterricht führen, sie helfen, den Unterrichtsprozess zu organisieren und die Instrumente zu entwickeln, mit denen ermittelt werden kann, ob der Unterricht erfolgreich war. Wenn wir diese Zielbeschreibungen den Schülern aushändigen, sind wir in der Lage, die Vergeudung von Arbeitskraft zu vermeiden, die dadurch entsteht, dass wir Schüler nötigen, die wichtigen Ziele des Unterrichts zu erraten.

Aber welches sind die Eigenschaften zweckmässiger Zielbeschreibungen? Wodurch unterscheidet sich eine brauchbare von einer nicht brauchbaren Beschreibung?

Einfach gesagt, ist eine zweckmässige Zielbeschreibung eine solche, mit der es gelingt, die Unterrichtsabsichten dem Leser mitzuteilen. Sie ist in dem Umfang zweckmässig, wie sie anderen ein Bild davon vermittelt, was ein erfolgreicher Schüler sein wird und wieweit dieses Bild mit dem übereinstimmt, was der Autor der Zielbeschreibung im Sinn hat. Die zweckmässigste Zielbeschreibung ist diejenige, die die grösste Anzahl von Entscheidungen über das Erreichen und die

Messung der Unterrichtsergebnisse bietet. Nun kann eine beliebige Ansammlung von Wörtern, Bildern und Symbolen benutzt werden, um eine Absicht auszudrücken. Wir suchen hier nach derjenigen Folge von Wörtern und Symbolen, die Ihre Absicht genau so, wie SIE sie meinen, mitteilt. Wenn Sie zum Beispiel anderen Lehrern ein Unterrichtsziel mitteilen und diese unterrichten dann einige Schüler so, dass diese anschliessend etwas können, was genau Ihrer Vorstellung entspricht, dann haben Sie Ihr Ziel richtig mitgeteilt. Wenn Sie aber meinen, dass Sie «sich eigentlich etwas mehr vorgestellt haben» oder dass Sie «das Entscheidende nicht verstanden haben», dann hat Ihre Zielbeschreibung Ihre Absicht nicht angemessen vermittelt, ganz gleichgültig, welche Wörter Sie benutzt haben.

Ein eindeutig beschriebenes Unterrichtsziel ist also eines, mit dem Sie Ihre Absichten erfolgreich mitteilen. Eine gute Zielbeschreibung schliesst darüber hinaus eine möglichst grosse Anzahl möglicher Missdeutungen aus.

Unglücklicherweise gibt es viele schlüpfrige Wörter, die eine Vielzahl von Missdeutungen erlauben. (Wenn Sie schon mal versucht haben, mehr als nur einige wenige Sätze zu schreiben, die sagen, was Sie meinen, dann wissen Sie, wie ermüdend diese kleinen Teufel sein können.) Das heisst nicht, dass solche Wörter nicht für die alltägliche Verständigung recht nützlich sind. Schliesslich wollen Sie auch nicht durch ständige Fragen wie «Was meinen Sie damit?» auf die Palme gebracht werden, wenn Sie Dinge sagen wie: «Das ist ein schöner Tag» oder «Ich mag dich wirklich» oder «Mir geht's gut». Aber wenn Sie nur derart unscharfe Begriffe für die Mitteilung bestimmter Unterrichtsabsichten benutzen, dann sind Sie jedem Missverständnis ausgeliefert. Betrachten wir die folgenden Wortfolgen in diesem Licht:

Worte, die viele Deutungen zulassen	*Worte, die weniger Deutungen zulassen*
wissen	schreiben
verstehen	auswendig hersagen
wirklich verstehen	identifizieren
zu würdigen wissen	unterscheiden
voll und ganz zu würdigen wissen	lösen
die Bedeutung von etwas erfassen	konstruieren
	bauen
Gefallen finden	vergleichen
glauben	gegenüberstellen
vertrauen	lächeln
verinnerlichen	

Was meinen wir, wenn wir sagen, wir möchten, dass Schüler etwas wissen? Meinen wir, dass sie etwas auswendig aufsagen, dass sie eine Aufgabe lösen oder dass sie etwas konstruieren? Wenn wir ihnen nur sagen, dass sie etwas «wissen» sollen, so sagt ihnen das wenig, weil dieses Wort viele verschiedene Bedeutungen haben kann. Solange Sie nicht sagen, was Sie mit «Wissen» meinen, und zwar in Begriffen, die sagen, was der Schüler TUN können soll, haben Sie nur sehr wenig gesagt. Also wird eine Zielbeschreibung, die Ihre Absichten am besten mitteilt, das angestrebte Verhalten des Schülers so klar benennen, dass Missverständnisse ausgeschlossen sind.

Wie macht man so etwas? Welche Merkmale tragen dazu bei, dass ein Unterrichtsziel mitteilbar ist und dass seine Beschreibung zweckmässig ist? Nun, es gibt ein Reihe von Regeln, die zur Beschreibung von Unterrichtszielen herangezogen werden können.

Nach diesen Regeln gibt es drei Merkmale, die dazu beitragen, dass eine Zielbeschreibung eine Unterrichtsabsicht mitteilt. Eine Zielbeschreibung mit diesen Merkmalen beantwortet drei Fragen:
1. Was soll der Schüler tun können? 2. Unter welchen Bedingungen wollen Sie, dass der Schüler es tun kann? 3. Wie gut muss es getan werden?

Die Merkmale sind die folgenden:
1. *Tätigkeit.* Eine Zielbeschreibung sagt immer aus, was der Schüler fähig sein soll zu tun;
2. *Bedingungen.* Eine Zielbeschreibung benennt immer die wichtigen Bedingungen (sofern vorhanden), unter denen die Tätigkeit ausgeführt werden soll.
3. *Kriterien.* Wenn immer möglich benennt eine Zielbeschreibung die Kriterien für ausreichendes oder akzeptables Verhalten, indem sie aussagt, wie gut dieses Verhalten geäussert werden muss, damit es annehmbar ist.

Zwar ist es nicht immer notwendig, das zweite Merkmal einzubeziehen, und es ist nicht immer praktikabel, das dritte Merkmal zu berücksichtigen. Aber je mehr Sie über diese Merkmale sagen, desto besser wird Ihre Zielbeschreibung das mitteilen, was sie mitteilen soll. Weitere Merkmale könnten in einer Zielbeschreibung berücksichtigt werden, so z.B. die Beschreibung der Schüler, die das Unterrichtsziel erreichen sollen, oder eine Beschreibung des Unterrichtsverfahrens, mit dem das Ziel erreicht werden soll. Zwar sind dies wichtige Bestandteile bei der Planung von Unterricht, aber in der Zielbeschreibung haben sie keinen Platz. Warum nicht?

Weil sie die Zielbeschreibung überhäufen; sie wird schwerer lesbar und verständlich. Eine Zielbeschreibung muss zweckmässig und klar sein; wenn Sie sie mit allen möglichen Dingen befrachten, wird sie ihren Zweck nicht mehr erfüllen (Tausende und Abertausende solcher Zielbeschreibungen wurden geschrieben ..., aber niemals benutzt).

Es wäre auch möglich, darauf zu bestehen, dass Zielbeschreibungen eine ganz bestimmte starre Form haben. (Ich besichtigte einmal eine Schule, in der von den Lehrern erwartet wurde, dass sie ihre Zielbeschreibungen in ein vom Schulleiter gedrucktes Formular eintrugen. Dieses Formular hatte jeweils im Abstand von 5 cm eine Linie, die bedeutete, dass jede Beschreibung in diesen Raum passen musste. Wundert es Sie, dass die Lehrer dieser Idee recht feindlich gegenüberstanden?) Aber wir suchen nicht nach Zielbeschreibungen, die eine bestimmte Grösse oder Form haben – wir suchen nach Zielbeschreibungen, die klar sind, die aussagen, was wir über unsere Unterrichtsabsichten aussagen wollen, und zwar so bestimmt wie möglich. Das ist alles. Jedermann also, der behauptet, dass eine Beschreibung von Unterrichtszielen nicht mehr als einen bestimmten Raum einnehmen darf, oder der behauptet, dass in ihr bestimmte Wörter benutzt werden müssen oder nicht benutzt werden dürfen, sollte daran erinnert werden, dass es bei der Zielbeschreibung auf den Mitteilungswert ankommt. Ist der vorhanden – in Ordnung; wenn nicht – Papierkorb. Sie arbeiten nicht an einer Zielbeschreibung, um irgendwelche Vorstellungen von «gutem Aussehen» zu erfüllen; Sie arbeiten so lange daran, bis Ihre Unterrichtsabsichten dadurch mitgeteilt werden – und Sie schreiben so viele Zielbeschreibungen, wie Sie benötigen, um all Ihre Unterrichtsabsichten, die Ihnen wichtig genug sind, zu beschreiben. ❯

Auszug aus: Mager, R.F. (1994). Lernziele und Unterricht. © Verlagsgruppe Beltz, Weinheim, S. 19–22.

Materialien Ziele setzen

1 Lernziele setzen

《 Verantwortungsbewussten Lehrpersonen stellt sich immer wieder neu das Legitimationsproblem: Wie ist die Auswahl möglicher Ziele und Inhalte zu begründen?
Das Festlegen der Ziele für den Unterricht heisst, die bedeutsamste aller unterrichtsbezogenen Entscheidungen zu fällen. Ziele sind nicht einfach zu übernehmen oder dogmatisch zu setzen. Sie müssen intensiv hinterfragt, begründet und gerechtfertigt werden. Hier gibt der Lehrplan wichtige Leit- bzw. Richtlinien vor. Wichtig ist, die ins Auge gefassten Lernziele mit den Lernvoraussetzungen der Kinder oder Jugendlichen in Beziehung zu setzen und darauf abzustimmen. Folgende Grundfragen sind zu beantworten:

- Welche Ziele setze ich?
- Wie begründe ich deren Wahl?
- Wie gewichte ich die Ziele (basale und erweiterte Ziele, Lernzieldimensionen: fachlich, personal/überfachlich, sozial)?

Ziele und Inhalte sind eng miteinander verschränkt. Bei der Planung von Unterricht kann man von den Zielen oder den Inhalten ausgehen (Zur Auswahl von Inhalten vgl. Kapitel 2 in Bd. 2 von Didaktisch handeln und denken):

- Ausgehend von bestimmten Zielen werden geeignete Inhalte gesucht.
  Mit welchen Inhalten kann ich diese Ziele erreichen?
- Ausgehend von bestimmten Inhalten (Stoff, Gegenstand, Thema) werden Beziehungen zu Zielen gesucht.
  Welche Ziele will ich mit diesen Inhalten erreichen?

Die folgenden Fragen zur Zielsetzung können als persönliche Kontrollfragen zur Unterrichtsplanung und -reflexion dienen (vgl. Schmid et al. 1997, S. 6–7)

- Auf welches Lehrplanziel beziehe ich mich?
- Welche Ziele sind jetzt (in diesem Zeitpunkt) wichtig (für meine Klasse, für einzelne Schülerinnen oder Schüler)?
- Habe ich überprüft, ob die Ziele die wesentlichen Interessen und Bedürfnisse der Schülerinnen und Schüler berücksichtigen? Nehme ich das, was Schülerinnen und Schüler wirklich beschäftigt, in meinen Unterricht auf?
- Können sich die Lernenden evtl. an der Festsetzung/Auswahl der Ziele beteiligen?
- Wie viel Zeit (Unterrichtsstunden/Unterrichtswochen) ist für die Erreichung der Ziele vorgesehen?
- Welche Ziele sollen von allen Lernenden in der verfügbaren Unterrichtszeit erreicht werden (basale Ziele)?
- Werden für die einzelnen Lernenden individuelle Anspruchsniveaus bestimmt (erweiterte Ziele)?
- Können alle Lernenden anspruchsvolle Lerntätigkeiten ausführen und anspruchsvolle Lernziele erreichen (Verstehen, Anwenden)?
- Achte ich darauf, dass Lernende vom Wissen zum Handeln kommen, d.h., dass sie das erworbene Wissen auch sicher anwenden können?
- Liegt der Schwerpunkt meines Unterrichts im Bereich der fachlichen, überfachlichen oder sozialen Lernziele?
- Habe ich eine klare Vorstellung von den (derzeit) wichtigsten Zielen für meine Klasse, für die Lerngruppen, für einzelne Schülerinnen und Schüler?
- Habe ich die Ziele eindeutig formuliert? 》

Auszug aus: Schmid, C., Wiher, P., Egloff, B. (1997). Zielorientierte Unterrichtsplanung ZUP. Zürich: Primarlehrerseminar des Kantons Zürich. Teil 3 Ziele.

2 Lernziele formulieren – Liste von möglichen Verben

《 Lernziele sollen sich auf ein mögliches Endverhalten (Wissen, Fertigkeiten oder Werthaltungen) beziehen. Daher macht es Sinn, bei der Formulierung von Lernzielen verschiedene Verben zu berücksichtigen. Dabei kann folgende Liste aus dem Lehrmittel «Kerngeschäft Unterricht» helfen.

Kenntnisse – etwas auswendig können (K1)
Wiedergeben, reproduzieren, aufzählen, nennen, auswendig können …

Verstehen (K2)
Erklären, beschreiben, erläutern, zusammenfassen, verstehen, nachschlagen, verdeutlichen, übersetzen …

Anwenden – Gelerntes auf neue Situationen übertragen (K3)
Ableiten, vergleichen, unterscheiden, übertragen, bestimmen, zuordnen …

Analyse (K4)
Analysieren, gliedern, zerlegen, entwerfen, kombinieren …

Synthese (K5)
Entwerfen, entwickeln, verfassen, kombinieren, konstruieren, vorschlagen, planen, erarbeiten …

Bewertung (K6)
Bewerten, beurteilen, bemessen, entscheiden, auswählen» …

Mit dem Formulieren von konkreten Lernzielen werden die Absichten der Lehrperson genau umschrieben, und der Unterricht wird fokussiert.
Die Anzahl der Lernziele und die K-Stufen pro Lektion sind den Schülern und Schülerinnen sowie den Rahmenbedingungen anzupassen. Es ist immer wieder zu überprüfen, dass auch höhere K-Stufen im Unterricht vorkommen. 》

Auszug aus: Städeli, Ch., Obrist, W., Sägesser, O. (2004). Kerngeschäft Unterricht. © hep verlag AG, Bern.

3 Lernzielhierarchisierung – dargestellt am Beispiel des Anspruchsniveaus von Lehrerfragen

Mit Lernzielhierarchisierung ist die Aufgabe des Ordnens der Lernziele nach ihrem Schwierigkeits- bzw. Komplexitätsgrad gemeint. Im folgenden Ausschnitt wird am Beispiel des gut beobachtbaren Anspruchsniveaus der Fragen von Lehrerinnen und Lehrern auf die Wichtigkeit der Analyse der Fragen aufgrund ihres Schwierigkeitsgrades hingewiesen.

❰ Eine entscheidende Leistung des lernzielorientierten Ansatzes ist ohne Zweifel die Gliederung nach einem festgelegten taxonomischen Niveau. Wenn man diese Präzisierungsmöglichkeiten einer Gliederung auf die Lehrerfragen überträgt, wird die Relevanz dieser didaktischen Aufgabe offensichtlich.

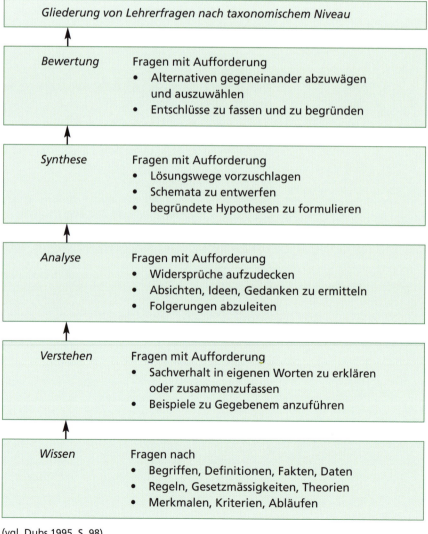

(vgl. Dubs 1995, S. 98)

Unzählige Lehrerfragen im Unterricht ergeben sich gewissermassen aus der Situation, der Erfahrung, der Gewohnheit. Wenn eine Frage nicht zu ihrem gewünschten Erfolg führt, wird häufig nachgefragt. Das führt in vielen Klassen zur resignativen Schülerhaltung im Sinne von «Eine Frage kommt selten allein». Interpunktionen im Stil von «Ich muss eine neue Frage stellen, weil sie die Schüler nicht verstanden haben» versus «Er/sie stellt eh noch eine zweite Frage» sind alles andere als eine Seltenheit.

Eine Analyse der Frage aufgrund ihres Schwierigkeitsgrades könnte viele Unklarheiten klären, Missverständnisse aus dem Wege räumen, den berühmten «blinden Fleck» verkleinern. Eine differenzierte Analyse würde zudem Antworten auf wichtige damit zusammenhängende Fragen liefern wie: «Wie viel Zeit brauchen die Schüler für diese Wissensfrage?»; «Ist es sinnvoller, diese Verstehensfrage zuerst allein, in der Lernpartnerschaft oder in einer Arbeitsgruppe zu behandeln?»; «Ist diese Bewertungsfrage für eine mündliche oder eine schriftliche Bearbeitung geeigneter?»

Bei mündlichen und schriftlichen Prüfungen müsste eine präzise Analyse der Lehrerfragen eigentlich selbstverständlich sein. Dass das aber auf den verschiedenen Stufen des Bildungssystems nicht immer der Fall ist, erfährt man immer wieder in Gesprächen mit den Betroffenen. ❭

Literatur
Dubs, R. (1995). Lehrerverhalten. Ein Beitrag zur Interaktion von Lehrenden und Lernenden. Schriftenreihe für Wirtschaftspädagogik. Zürich: SKV.

Auszug aus: Berner, H. (1999). Didaktische Kompetenz. © Haupt Verlag, Bern, S. 100, 101.

4 Lernziele ergeben sich selbstverständlich, wenn Sache, Bedingungen, Bedeutung und Sinn geklärt sind

4 Viele Ziele beruhen auf der «Sache». Die Lehrperson muss die Sache, die Sachlogik und ihre Zusammenhänge verstehen. Daraus kann sie Ziele formulieren:
- der nächste Schritt im sachlichen Verstehen
- eine Verknüpfung mit der Lebenswelt
- ein Schwerpunkt des Lehrplans
- ein begründetes fachdidaktisches Vorgehen

3 Welche Ziele machen gerade hier und gerade jetzt Sinn? Das Klären von «Bedingungen» hilft, die Ziele auf diese Schülerinnen und Schüler, auf diese Situation sowie auf die aktuellen Umstände und Bedürfnisse abzustimmen. Diese Bedingungen kennt die Lehrperson meist; das ist ihr professionelles Vorwissen, das sie sich im Umgang mit diesen Schülerinnen und Schülern mit dieser Klasse angeeignet hat.

2 Das Klären von «Bedeutung und Sinn» ist ein Schlüssel für das Formulieren bedeutsamer Ziele. Ziele müssen einen Sinn ergeben – sei es mit Blick auf die Entwicklung der Schülerinnen und Schüler, auf die Lebenswelt oder auf die Sachzusammenhänge des Themas. Was prinzipiell einleuchten kann, taugt als Zielsetzung.

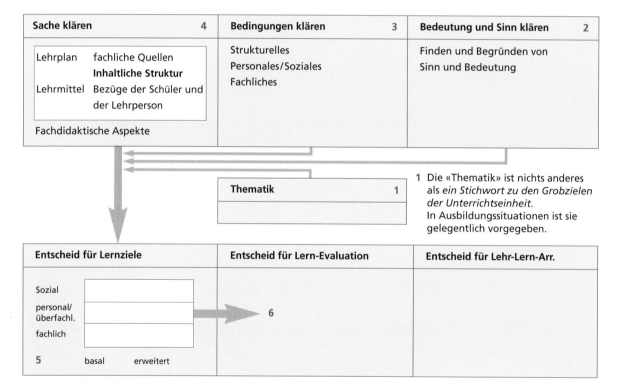

5 In den Lernzielen bündeln und konkretisieren sich die bisherigen Überlegungen:
- Überlegungen zur Sache sowie Bedeutung und Sinn → fachliche Ziele
- Vorwissen der Lehrperson zu dieser Klasse und einzelnen Schülern und Schülerinnen → personale, überfachliche und soziale Ziele
- Die Stufung in basale und erweiterte Ziele kann die Lehrperson nur vornehmen, wenn sie die Schülerinnen und Schüler und die Klasse kennt.

6 Die Lern-Evaluation muss sich auf die Lernziele stützen.
- Wer gute Ziele setzt, weiss bereits, wie er/sie evaluiert und beurteilt.
- Lern-Evaluation heisst zurückschauen: Was wollten wir? Wo stehen wir jetzt?
- Was nicht Ziel des Unterrichts war, soll nicht überprüft werden.

5 Lernziele formulieren als Ergebnis der Klärung von Sache, Bedingungen, Bedeutung und Sinn: Beispiele

Beispiel 1: Mehrklassenschule 4.–6. Primarschule, 15 Schülerinnen und Schüler, Ländliche Verhältnisse, Fach: Deutsch

Nach Noëmi Hunold, verändert.

Sache klären	Bedingungen klären	Bedeutung und Sinn klären
Lesestrategie als Grundlage des Textverstehens. Zwei davon einführen/anwenden: • Fragen stellen • Stichwörter sammeln	• Heterogene Mehrklassenschule • Wenig Fremdsprachige • Manche kennen die Strategien schon	• Der «Ostervater» verspricht ein Text zu sein, der die SuS anspricht. • Sinn der Strategien kann den SuS einleuchten.

Thematik

Geschichte zusammenfassen

Entscheid für Lernziele			Entscheid für Lern-Evaluation	Entscheid für Lehr-Lern-Arr.
Sozial	• Die SuS fragen im Bedarfsfall die Partnerin/den Partner um Hilfe. • Die SuS nehmen Hilfe der Partnerin/des Partners an.	• Die SuS unterstützen die schwächeren SuS, indem sie ihnen beistehen und ihnen Ratschläge geben.		
personal/überfachl.	• Die SuS können die Inhalte des Textes in einer Stichwortsammlung zusammenfassen. • Die SuS können mithilfe der Stichwortsammlung mündlich die Geschichte einem Partner/einer Partnerin nacherzählen.	• Sie SuS kennen zwei verschiedene Lesetechniken. • Die SuS können mithilfe einer Stichwortsammlung das Wesentliche der Geschichte nacherzählen.		
fachlich	• Die SuS kennen zwei verschiedene Lesetechniken. • Sie können diese mit Unterstützung des Partners/der Partnerin und evtl. der Lehrperson am Text «Ostervater» anwenden.	• Die SuS können Lesetechniken am Text «Ostervater» alleine anwenden. • Die SuS können in ihrer Stichwortsammlung Wörter zentralen Inhalten des Textes festhalten. • Die SuS können den Inhalt des Textes in einem Bild/einer Skizze zusammenfassen.		
	basal	erweitert		

Kapitel 4   Lehren durch Instruieren – Lernen durch Konstruieren

Lernen soll grundsätzlich verstanden werden als persönliche und aktive Konstruktion von Wissen und Bedeutung. Dies gelingt am besten, wenn tief verstandenes und vernetztes Wissen und Können aufgebaut werden kann.

Um dies zu ermöglichen, braucht es instruktionale Anleitung und Unterstützung: Lehrpersonen erklären beispielsweise einen komplizierten Sachverhalt, lesen eine spannende Geschichte vor, zeigen, wie man den Zirkel oder die Laubsäge gebraucht, führen ein physikalisches Experiment durch, visualisieren ein mathematisches Problem wie einen Bruch und vieles mehr.

Auch wenn die Instruktion optimal gestaltet ist, bauen Lernende ihr eigenes Wissen und Können auf, das kein Abbild der Instruktion ist. Zwischen den Lernenden treten Unterschiede auf, abhängig von Vorwissen und Motivation.

In diesem Kapitel werden Formen der Instruktion sowie deren Gelingensbedingungen und Grenzen vorgestellt. Es gehört zur Kompetenz einer Lehrperson, Formen der Instruktion professionell zu gestalten und zu kultivieren – und zwar unabhängig von den jeweiligen Lehr- und Lernarrangements. Weil diese Formen der Instruktion unverzichtbare Elemente für das Unterrichten sind, werden sie im Folgenden «Basistechniken» genannt.

Neben den stark durch die Lehrperson gesteuerten Formen der Instruktion braucht es aber auch Formen im Unterricht, welche den Selbstkonstruktionen der Lernenden mehr Freiraum geben und höhere Anteile an Selbststeuerung ermöglichen. Diese werden im Band 2 von «Didaktisch handeln und denken» fokussiert. Entscheidend ist: Instruktion und Konstruktion sollen nicht gegeneinander ausgespielt, sondern beide Ansätze sollen integriert und je nach den angestrebten Zielen professionell eingesetzt werden.

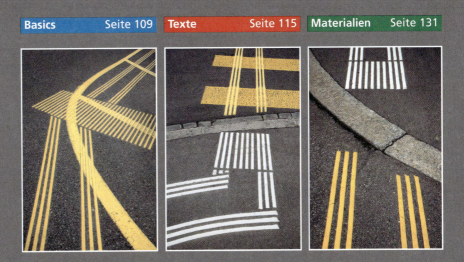

| Basics Seite 109 | Texte Seite 115 | Materialien Seite 131 |

Basics   Lehren durch Instruieren – Lernen durch Konstruieren

URBAN FRAEFEL

Basistechniken

Was sind Basistechniken?

Basistechniken sind Handlungen wie z.B. Anweisungen geben, etwas vortragen, Dinge erklären, Aufträge erteilen, Fragen stellen, Medien einsetzen usw. Sie kommen im Unterricht regelmässig vor und gehören zum Grundrepertoire jeder Lehrperson. Basistechniken sind weder an Unterrichtsstile noch an Methoden gebunden und sind auf allen Stufen und in allen Fächern wichtig. Sie sind charakteristisch für den Lehrberuf und bilden – oberflächlich betrachtet – das Gerüst der Lehrtätigkeit.

Wozu sind die Basistechniken nötig?

Das Beherrschen der Basistechniken ist aus zwei Gründen sehr wichtig:
- *Die Lehrperson ist entlastet,* wenn grundlegende Prozesse professionell gehandhabt werden und quasi automatisiert ablaufen. Sie kann sich dann anderem zuwenden, was in der jeweiligen Situation vordringlich ist: ein Gespräch mit einem Schüler, die Frage eines Kindes oder eines Jugendlichen, die Konzentration auf den Lerninhalt usw.
- *Der Unterricht wird flüssiger,* wenn grundlegende Abläufe funktionieren. Die Anweisungen sind klar, die Schülerinnen und Schüler wissen, was die Lehrperson meint, die Erklärungen sind verständlich, die Schrift ist lesbar usw.
- *Die verfügbare Lernzeit wird besser genutzt,* denn unproduktive Wartezeiten, Missverständnisse und Verflachungen des Unterrichts werden vermieden, und die Aufmerksamkeit ist stärker auf das Wesentliche gerichtet.

Was wissen Berufsanfängerinnen und -anfänger über das grundlegende Handlungsrepertoire?

Lernen am Modell in der eigenen Schulzeit als Schüler oder als Schülerin
Die erste und grundlegendste Quelle für elementares Handeln von Lehrpersonen ist die eigene Erfahrung als Schülerin oder als Schüler. Die mindestens 10 000 durchlebten Schulstunden boten reichlich Gelegenheit, durch Beobachtung zu lernen. Schülerinnen und Schüler wissen, wie Lehrpersonen Stunden beginnen, wie sie für Aufmerksamkeit sorgen, wie sie Aufträge erteilen oder Gespräche führen. Sie konnten den Lehrpersonen beim Referieren, beim Erklären und im Umgang mit Medien zuschauen. Kurzum: Praktisch jede Tätigkeit von Lehrpersonen im Klassenzimmer ist von Schülern und Schülerinnen schon tausendfach beobachtet worden.

Ein kulturell geteiltes Verständnis von «normalem» Verhalten im Unterricht
Jenseits der individuellen Erfahrungen aus der Schulzeit gibt es in einem Kulturraum auch einen stillschweigenden Konsens über viele Aspekte von Unterricht. So wissen z.B. viele Kinder, dass man in der Schule aufhalten soll, wenn man etwas sagen will, oder dass Lehrpersonen das Recht haben, andere beim Sprechen zu unterbrechen, aber nicht umgekehrt. Auch die typischen Aktivitäten von Lehrpersonen sind vielen Schülern und Schülerinnen, Schulbesuchern, Schulbehörden und den Lehrpersonen selber bekannt, und von Schülerinnen, Schülern und Lehrpersonen wird erwartet, dass sie diese Rollenerwartungen weitgehend erfüllen (vgl. z.B. Stigler & Hiebert 1999).

Weiterentwicklung intuitiven Handlungswissens

Es ist erstaunlich, dass angehende Lehrpersonen bereits über stabiles intuitives Handlungswissen verfügen, das automatisiert angewendet wird. Darin liegt aber auch ein Problem. Handlungsmuster von Lehrpersonen können mitunter störend, unangemessen oder kontraproduktiv sein. Angehende Lehrpersonen müssen bereits intuitiv vorhandene Muster bewusst wahrnehmen und gezielt durch professionellere Basistechniken ersetzen, falls die spontan eingesetzten Handlungsmuster unangemessen sind.

Erlernen von Basistechniken

Wie wird das grundlegende Handlungsrepertoire aufgebaut?

Eingeübtes, rezepthaftes und routinemässiges Handeln macht vor allem bei wiederkehrenden Abläufen des Unterrichtsalltags Sinn – mehr noch: Es ist hier absolut notwendig. Eine Vielfalt von solide eingeübten Basistechniken lässt Variationen zu und bildet die Grundlage des Handwerks von Lehrpersonen.

Lernen durch Beobachtungen

Grundlegende Handlungsmuster können durch Beobachten und Imitieren von guten Beispielen ein Stück weit erlernt werden, aber auch durch kritisches Betrachten von weniger gelungenen Sequenzen anderer Lehrpersonen – im Unterricht oder auf Video. Wichtig ist, die eigene Aufmerksamkeit genau auf die meist automatisch ablaufenden Handlungsroutinen zu richten.

Lernen von empirischen Befunden und Erfahrung erfolgreicher Lehrpersonen

Man kann von Erfahrungen anderer lernen: Es gibt sehr viele Forschungsbefunde, die belegen, welche Techniken erfolgreicher sind und welche nicht. Das gesicherte Wissen über erfolgreiches Handeln kann nachgelesen werden (z.B. Hattie 2009; Rosenshine & Stevens 1986). Eine weitere Quelle sind Berichte erfolgreicher Lehrpersonen (Expertenlehrpersonen). Auch wenn deren Muster nicht immer generalisierbar sind, geben sie gute Hinweise für erfolgreiches Handeln.

Üben durch Planung und Durchführung von Unterrichtssequenzen

Unterricht in Praktika ist ideal zum Einüben und Verbessern von Basistechniken. Versuche dürfen misslingen. Wichtig ist dabei, dass das eigene Handeln planmässig eingeübt wird. Auch scheinbar einfache und banale Abläufe müssen genau durchdacht, geplant und in der Klasse wiederholt durchgeführt werden. Das Einüben ist effizienter, wenn die Sequenzen kurz sind und die Lehrperson sich ganz besonders auf eine Technik konzentriert.

Lernen von Feedbacks

In Praktika ist das Einholen von Feedbacks zu grundlegenden Lehrtechniken besonders einfach. Je genauer die Beobachtenden wissen, was beabsichtigt wird, desto präziser können sie hinschauen und eine Rückmeldung geben.

Üben durch Microteaching

Ein bewährtes Verfahren zum Einüben von Lehrpersonenhandlungen ist das Microteaching: Kurze, speziell vorbereitete und ausgewählte Unterrichtssequenzen werden auf Video aufgezeichnet, und anschliessend wird gemeinsam analysiert, was gelungen ist und was verbessert werden sollte.

Was können Basistechniken nicht?

Basistechniken sind Handlungsroutinen für häufig wiederkehrende «Standardsituationen». Reflexartige Handlungsroutinen sind dann problematisch, wenn die Lehrperson auf die individuellen Bedürfnisse eines Kindes eingehen soll, wenn es um Fragen der Beziehung geht, wenn ein unerwartetes Ereignis eintritt oder wenn es ein neuartiges Problem zu lösen gilt. Hier muss die Lehrperson imstande sein, sich der neuen Situation anzupassen, das heisst, «adaptiv» zu handeln.

Lernbegleitung: Nicht nur eine Technik, sondern eine Kompetenz!

Das Begleiten von Lernprozessen wird in diesem Teil noch nicht besprochen. Es ist eine wichtige und anspruchsvolle Tätigkeit, die man nicht auf ein paar Techniken reduzieren kann. Es handelt sich um eine *zentrale Kompetenz von Lehrpersonen,* die fundiertes fachliches, didaktisches, psychologisches und diagnostisches Wissen voraussetzt. Davon wird im Kapitel 5 ausführlich die Rede sein.

Was gehört zu den grundlegenden Techniken des Unterrichtens?

Das grundlegende Handlungsrepertoire von Lehrpersonen lässt sich in vier Bereiche zusammenfassen.

Steuerungstechniken

Aufmerksamkeit herstellen – Aufträge erteilen – Übergänge gestalten – Lektionen beenden

Unabhängig von der jeweiligen Unterrichts- und Lernform muss die Lehrperson jederzeit in der Lage sein, das Geschehen nötigenfalls direkt zu steuern. Beim *Herstellen von Aufmerksamkeit* unterbricht sie alle Arbeits- und Kommunikationsprozesse, um die Schülerinnen und Schüler auf eine einzige Sache zu fokussieren: auf eine Mitteilung, ein Objekt, ein Medium, einen Input usw. Zudem muss die Lehrperson potenzielle Störungen minimieren, sodass die Aufmerksamkeit überhaupt möglich ist.

Das *Erteilen von (mündlichen) Aufträgen* ist eine der häufigsten Tätigkeiten von Lehrpersonen: Voraussetzung ist die ganze Aufmerksamkeit, um die nachfolgenden Handlungen in Gang zu setzen. Wenn Aufträge nicht verstanden sind, werden ganze Unterrichtsphasen sinnlos.

Schliesslich das Gestalten von Übergängen: Schleppende, unklare Übergänge sind unproduktiv, schmälern die Konzentration, verringern die tatsächliche Lernzeit der Schülerinnen und Schüler und wirken sich ungünstig auf das Unterrichtsklima aus. Daher ist das souveräne Anleiten von Übergängen besonders wichtig. Wenn die Lehrperson einen Übergang einleitet, sollen die Schülerinnen und Schüler sich etwas anderem zuwenden: Prozesse werden unterbrochen, und das Interesse der Schülerinnen und Schüler wird auf etwas anderes gelenkt. Verbunden ist damit oft auch Bewegung – Platzwechsel, Ändern der Sozialform, Wegräumen oder Bereitstellen von Lehrmitteln und Material. Je flüssiger Übergänge funktionieren, desto weniger werden die Lernprozesse gestört.

Ein besonderer Übergang ist das *Beenden einer Lektion* oder einer längeren Arbeitsphase. Ein ruhiger, bewusst gestalteter, konzentrierter Abschluss verhindert das Ausfransen von Lektionen in der Unruhe des Zusammenräumens oder in der Hektik noch schnell eingebrachter Aufträge (Hausaufgaben usw.).

Instruktionstechniken

Kurzvortrag und Input – Vorzeigen – Erzählen und Vorlesen – Erklären

Eine seit je zentrale Aufgabe von Lehrpersonen ist das «Lehren», wie die Berufsbezeichnung «Lehrer» bzw. «Lehrerin» ja sagt. Damit ist gemeint, dass die Lehrperson anderen Menschen Inhalte und Fertigkeiten beibringt, die diese noch nicht kennen oder können. Das kompetente, sachkundige und geschickte Vermitteln von Lerninhalten ist eine der wichtigsten Basistechniken. Daran werden Lehrpersonen immer wieder gemessen. Befragungen von Schülern und Schülerinnen zeigen regelmässig, dass das «Erklären können» aus Schülersicht eine der wichtigsten Kompetenzen von Lehrpersonen ist (z.B. Freitag 1998).

Im *Kurzvortrag oder Input* präsentiert die Lehrperson den Schülerinnen und Schülern Sachverhalte und Zusammenhänge. Schülerinnen und Schüler brauchen Informationen von Menschen, die kundiger sind als sie. Das schliesst natürlich nicht aus, dass Schülerinnen und Schüler viele Dinge auch selber entdecken, erforschen und erarbeiten können; davon wird in späteren Kapiteln noch ausführlich die Rede sein. Hier aber geht es um den simplen Sachverhalt, dass Kinder und Jugendliche etwas von der Lehrperson erfahren wollen, und dieses Bedürfnis muss eine Lehrperson professionell befriedigen können. Die Lehrperson soll Schülern und Schülerinnen ihr Wissen nicht verweigern, sondern es bereitwillig teilen. Es ist aber bewusst von einem *kurzen* Vortrag die Rede, denn Lehrpersonen dürfen den Kindern nicht die Zeit stehlen mit langfädigen Ausführungen (Grell & Grell 2005).

Das gilt sinngemäss auch für das *Vorzeigen* von Abläufen, Techniken und sogar Gedankengängen, auch «Modellieren» genannt («Modeling», vgl. Collins et al. 1989). Das Vorzeigen muss zwingend das Nachmachen nach sich ziehen, darf also die Aktivität der Schülerinnen und Schüler nicht behindern oder gar ersetzen (Aebli 1983).

Im *Erzählen und Vorlesen* schwingt hingegen stärker das Erlebnismässige und die affektive Tönung mit; oft steht das Schildern eines Geschehens im Vordergrund (Aebli 1983). Gutes Erzählen und Vorlesen kann den Spannungsbogen auch über eine längere Zeit halten.

Das *Erklären* schliesslich gehört zu den identitätsstiftenden Tätigkeiten des Lehrberufs; es ist die instruktionale Basistechnik schlechthin, im Sinne des plausiblen, gut nachvollziehbaren Darstellens eines Sachverhalts oder Zusammenhangs. Oft merken Lehrpersonen unvermittelt, dass etwas nicht verstanden wurde, oder sie werden von Schülerinnen und Schülern gefragt; dann müssen sie die Dinge erklären können – spontan und bisweilen unvorbereitet und gleichwohl kurz, präzis, einleuchtend und nötigenfalls variantenreich.

Mediale Techniken

Präsentationsmedien – Printmedien

Lehrpersonen müssen das Lehren und Lernen medial unterstützen können. Mediales Methoden-Know-how bei Inputs und Erklärungen ist unabdingbar. Zum Grundrepertoire an klassischen *Präsentationsmedien* gehören die Wandtafel bzw. Whiteboard, der Hellraumprojektor und das Video. Zunehmend wichtig ist ein kompetenter und methodisch überlegter Umgang mit Computer und Beamer, während manche traditionellen Medien wie Dias, Schulwandbild oder Moltonwand an Bedeutung verlieren.

Trotz eines breiten Angebots an Lernmaterialien produzieren Lehrpersonen immer wieder Texte, Übungsblätter, Zusammenfassungen usw. selber und greifen inhaltlich und formal intuitiv auf Vorbilder aus der eigenen Schulzeit zurück. Hier geht es darum, einen überlegten und kritischen Umgang mit übernommenen oder selbst produzierten *Printmedien* zu finden.

Mediale Lernangebote für Schülerinnen und Schüler, z.B. Lernsoftware, zählen hier nicht zu den Basistechniken. Sie werden in Fachdidaktiken und der ICT-Ausbildung thematisiert.

Moderationstechniken

Begrüssen und sich vorstellen – Fragen stellen – Beiträge sammeln – Gespräche leiten

In allen unterrichtlichen Settings muss die Lehrperson moderieren können, das heisst: Gespräche initiieren, steuern, in Gang halten und auch beenden. Gewisse Gesprächssituationen sind sehr unterrichtsspezifisch und kommen in anderen Lebenssituationen nicht in dieser Form vor. Hier gibt es einige Grundtechniken, die es zu beachten gilt, wenn Gespräche produktiv sein sollen, etwa bei der Wartezeit nach dem Stellen einer Frage oder beim Quittieren einer Schüleräusserung, um nur zwei Beispiele zu nennen.

Zeitplanung: Keine Basistechnik, die geübt werden muss!

Die Zeitplanung lernen Lehrpersonen nach Versuch und Irrtum. Je länger eine Lehrperson unterrichtet hat, desto präziser spürt sie, wie viel Zeit eine bestimmte Tätigkeit braucht, z.B. eine Einführung, eine Übungsphase oder eine Werkstatt. Lehrpersonen lernen *on the job*, wie gegebene Zeitgefässe optimal strukturiert werden. Berufseinsteigerinnen und -einsteiger schätzen den Zeitbedarf ungefähr ab, doch ist es ihr Privileg, sich in der Zeitplanung zu verschätzen. Es wäre unfair, von ihnen immer stimmige Prognosen über den Zeitaufwand zu erwarten.

Handlungsrepertoire erweitern

Das Beherrschen von Basistechniken ist eine grundlegende Voraussetzung, aber nicht Garantie für guten Unterricht. Zur Unterrichtskompetenz gehört auch, zu wissen, wann welche Basistechnik einzusetzen ist und wann nicht. Zudem kann sich das Handlungsrepertoire von Lehrpersonen mit zunehmender Unterrichtserfahrung ständig erweitern; die Techniken des Unterrichtens verfeinern sich, der Handlungsspielraum wird grösser, das Handeln variantenreicher und adaptiver.

Literatur

Aebli, H. (1983). Zwölf Grundformen des Lernens. Eine Allgemeine Didaktik auf psychologischer Grundlage. Stuttgart: Klett.

Collins, A., Brown, J. S. & Newman, S. E. (1989). Cognitive Apprenticeship: Teaching the Crafts of Reading, Writing, and Mathematics. In L. B. Resnick (Hrsg.), Knowing, Learning, and Instruction. Hillsdale N. J.: Erlbaum.

Freitag, M. (1998). Was ist eine gesunde Schule? Einflüsse des Schulklimas auf Schüler- und Lehrergesundheit. Weinheim: Juventa.

Grell, J. & Grell, M. (2005). Unterrichtsrezepte. Weinheim: Beltz.

Hattie, J. (2009). Visible learning: a synthesis of over 800 meta-analyses relating to achievement. Oxon: Routledge.

Rosenshine, B. & Stevens, R. (1986). Teaching Functions. In M. C. Wittrock (Hrsg.), Handbook of Research on Teaching. New York: Macmillan.

Stigler, J. W. & Hiebert, J. (1999). The Teaching Gap: Best Ideas from the World's Teachers for Improving Education in the Classroom. New York: Free Press.

Texte   Lehren durch Instruieren – Lernen durch Konstruieren

1 Lehren durch Instruktion
Oder: Instruktion kann mehr als «Einfüllen von Wissen in Schülerköpfe»

« Instruktion gilt heute vielfach als unfein, wenig schülerorientiert, ja autoritär. Aber das ist völlig falsch. Instruktion ist ein unverzichtbares Element gerade von selbst gesteuertem Unterricht, der Schüler ernst nimmt. Herbert Gudjons zeigt, wie man Instruktion und selbstständiges Lernen integriert.

Instruktion – Abkehr vom selbst gesteuerten Lernen?
Wer die Unterrichtsentwicklung der letzten Jahre (Bastian 2007) aufmerksam verfolgt, kann angesichts des Heftthemas «Lehren durch Instruktion» eigentlich nur den Kopf schütteln. Auf den ersten Blick scheint das selbst organisierte Lernen der Schüler und Schülerinnen, wie es in allen neueren didaktischen Konzepten betont wird – ein krasser Widerspruch zum Lernen durch Lehrerinstruktion zu sein. Wenn unter Lehrerinstruktion das dominierende, alles beherrschende Merkmal der Lehrerrolle verstanden wird, ist das auch richtig: Der gesamte Ablauf des Lehr-Lern-Prozesses wird dann in zentraler Weise durch die Lehrkraft gesteuert, wobei Effektivität der Vermittlung disziplinärer Lernziele das entscheidende Kriterium für den Unterrichtserfolg ist. (Vgl. Wiechmann 2006, 265)

In der Tat findet sich dieses Verständnis von Instruktion in zahlreichen neueren empirischen Forschungsarbeiten zur Wirksamkeit von Unterrichtskonzepten (Helmke/Weinert 1997, Reinmann-Rothmeier/Mandl 1998, 2001, Steiner 1997, 2001, Helmke 2004). Auch in aktuellen schulpädagogischen Handbüchern und Sammelwerken taucht der Begriff «direkte Instruktion» als Unterrichtsmethode auf (z.B. Wiechmann 2006, ähnlich Grell 2002). Allerdings sind diese Arbeiten weit davon entfernt, Unterricht schlicht mit Instruktion gleichzusetzen. Und das ist gut so. Es kommt vielmehr darauf an, sowohl praktisch-organisatorisch wie unterrichtstheoretisch den Zusammenhang «zwischen Instruktionsunterricht und selbst gesteuertem Lernen» herzustellen (Jürgens 2006, 281).

Das bedeutet: Auch und gerade in einem Konzept von Unterricht, welches das Lehren des Lehrers als zur Verfügungstellen und Arrangieren von Lernsituationen begreift, ist das Element der Instruktion unverzichtbar. Aber Instruktion eben nur als Element, als untergeordnetes Merkmal der Lehrerrolle. So wird aus dem Horrorbegriff Instruktion mit seinem leicht autoritären Beigeschmack ein sinnvoller, zu kultivierender Bestandteil des Unterrichts.

Verschiedene Arten von Instruktion
Anleitungen und Informationen.
Zunächst kann instruieren (entlehnt vom lat. instruere) etymologisch wörtlich bedeuten: herrichten, ausrüsten, unterweisen. Eine Instruktion ist demnach zunächst einmal eine *anleitende Unterweisung*. Solche Handlungsanleitungen sind auch für das selbstständige Lernen der Schüler und Schülerinnen notwendig, z.B. um einen chemischen Versuch gefahrlos durchzuführen, eine Erkundung ausserhalb der Schule ohne Leerlauf zu machen, die Bibliothek sinnvoll zu nutzen oder im Internet zweckmässige Recherchen zu unternehmen.

Oft gehören zu solchen Instruktionen auch inhaltliche Informationen, z.B. wenn Schülerinnen und Schüler sich selbstständig mit der deutschen Aufrüstung vor dem 2. Weltkrieg beschäftigen, ist es zweckmässig, dass die Lehrkraft mit einem Lehrervortrag beginnt zum Versailler Vertrag, den Reparationsleistungen,

Gebietsabtretungen u.a.m., ohne die Hitlers Begründung der Aufrüstung nicht verständlich wäre.

Instruktionen als Handlungsanleitungen und Instruktionen als Informationsvermittlung hängen auch dann zusammen, wenn die Lehrkraft den Schülern die wichtigsten Phasen eines eigenständigen Forschungs- und Entdeckungsprozesses für ihre anschliessende selbstständige Arbeit erklärt, z.B. am biologischen Thema «ökologisches Gleichgewicht zwischen Wölfen und Wild» (relevante Elemente identifizieren, Hypothesen entwickeln, Informationen einholen, Hypothesen prüfen, abschliessende Bewertung der Hypothese usw.). (Gudjons 2007, 95f.)

Auf die Wichtigkeit der *Formulierung von Instruktionen* hat Helmke in PÄDAGOGIK Heft 6/2007, S. 44ff. unlängst aufmerksam gemacht. Hier deshalb nur eine kurze Zusammenfassung: Instruktionen müssen klar sein, d.h. verständlich, prägnant, kohärent (ohne Brüche) und fachlich korrekt. Ausgesprochen störend und mit negativer Wirkung auf die Schüler sind z.B. Unsicherheits- und Vagheitsausdrücke («Was weiss ich, ich sag mal, irgendwie, also keine Ahnung, gewissermassen» u.a.m.), im Nirwana endende Sätze, vom Hölzchen aufs Stöckchen kommen, Füllwörter wie «okay?, oder?, Hm …, hm …, hm …, halt, ne?» u.a.m.

Als minimale Hilfe der Formulierung bietet sich das «Hamburger Verständlichkeitskonzept» (Langer/Schulz von Thun/Tausch 2002) an:
Die Lehrkraft achtet auf
1. Einfachheit (kurze, klare Sätze, Fachwörter erklären, geläufige Wörter benützen)
2. Kürze/Prägnanz (aufs Wesentliche konzentrieren, Langatmigkeit vermeiden)
3. Ordnung/Gliederung (sichtbarer roter Faden, Haupt- und Nebeninformationen unterscheiden, kein Datenmüll, Übersichtlichkeit)

Die bisher beschriebenen einfachen Instruktionselemente sind sicher nicht umstritten. Doch die Komplexität des Instruktionsbegriffs steigert sich im Folgenden.

Der grosse Naturwissenschaftsdidaktiker Martin Wagenschein interpretierte in den 1960er-Jahren Unterricht noch als «Verstehen lehren», als Wechselspiel von Instruktion und selbstständigem Forschen, wobei der Lehrer das Verstehen der Schüler strukturiert und ihre Denkprozesse systematisiert. In den 1970er- und 1980er-Jahren setzte die empirische Unterrichtsforschung dann den Akzent auf ein stark instruktionsbasiertes Lernen kognitiver Inhalte. (Steiner 1997) Dieses Konzept fasst das instruktionsorientierte Verständnis von Unterricht schärfer, bis es dann im «Instructional design» einen vorläufigen Höhepunkt erreicht. (Schnotz 2006, 152)

Instruktion als «begleitende Verstehenskontrolle»

In diesen neueren Forschungen zum instruktionsbasierten Lernen wird Wissenserwerb als Prozess betrachtet, der aus den Komponenten Verstehen, Speichern, Abrufen und Anwenden besteht. (Steiner 1997, 280) Ausgefeilte Instruktionsmethoden stehen im Mittelpunkt eines solchen Lernprozesses und sollen entsprechende Lernleistungen auslösen, aufrechterhalten und abschliessen – das Ganze so effizient wie möglich. Ich möchte allerdings darauf aufmerksam machen, dass es sich bei diesem Verständnis von Instruktion um relativ begrenzte kognitive Lernleistungen handelt! Diese Lernleistungen beziehen sich auf den Aufbau von sog. deklarativem Wissen (Fakten- und Sachwissen) bzw. den Erwerb von konzeptuellem Wissen (Schemata, Netzwerke, mentale Modelle). «Es ist in jedem Fall der Lehrer, … der die entsprechende Organisation der aufzubauenden Wissensstrukturen oder mentalen Modelle kennt und den Aufbauprozess entsprechend plant, leitet und evaluiert»! (ebenda, S. 298) Er soll den Verstehensprozess im Unterricht sorgfältig begleiten und kontrollieren, durch begriffliche Zwischenergebnisse festigen (die er von den Lernenden verbindlich formulieren lässt!), notwendige Wiederholungsschlaufen einziehen und durch «comprehension monitoring» (Kontrolle des eigenen Lernens durch die Schüler) einer bloss additiven Verarbeitung des Materials zugunsten einer integrativen Behandlung vorbeugen. Das Ganze wird «begleitende Verstehenskontrolle» genannt. (ebenda, S. 299)

Natürlich engt das die Freiräume der Lerner für selbst organisiertes Lernen erheblich ein. Aber kein Mensch wird bestreiten, dass diese Art von Instruktionsunterricht bei begrenzten Inhalten und Zielen effektiv und sinnvoll ist. (Schnotz 2006) Auch hat sich inzwischen herumgesprochen, dass «in aller Regel ein Mindestmass an Fremdsteuerung erforderlich (ist), damit der Lernende Fähigkeiten zur selbstständigen Steuerung und Kontrolle seines Lernens erwerben kann.» (Reinmann-Rothmeier/Mandl 1998, 464) Jeder Lerner braucht zum selbst gesteuerten Lernen elaborierte kognitive Strukturen (z.B. das Prinzip des Dreisatzes verstanden zu haben), deren Erwerb sich durch das im Folgenden beschriebene «Instructional design» durchaus erleichtern lässt.

Instructional design – Garant für effektiven Unterricht?
Das umfassendste Konzept von Instruktion liegt in Modellen des «Instructional design» vor (Grell 2002 nennt es «Direktes Unterrichten»). Ausgehend vom Instruktionsprinzip des österreichisch-amerikanischen Psychologen und Pädagogen David Ausubel (1974) mit seinem Konzept des «sinnvollen, rezeptiven Lernens» muss der zu erwerbende Lerninhalt nicht vom Lernenden selbst entdeckt werden, sondern wird in bereits fertiger Form dargeboten. Wissenserwerb ist von aussen zu planen, anzuleiten und zu steuern.

Hintergrund ist dafür die moderne Instruktionspsychologie: Um Wissen zu vermitteln, übernehmen Lehrende den aktiven Part, Lernende eher den passiven. In der Anlage von Lehr-Lern-Prozessen ist dann systematisch-schrittweise vorzugehen. Im Mittelpunkt steht eine Auffassung von Lernen, «die den Prozess des Wissenserwerbs als einen streng regelhaft ablaufenden Prozess der Informationsverarbeitung interpretiert, der sich eindeutig beschreiben und damit auch erfolgreich steuern lässt» (Reinmann-Rothmeier/Mandl 2001, 606). Die im Lehrplan festgehaltenen Inhalte sind möglichst systematisch darzubieten und zu organisieren.

Die Unterrichtsplanung nach dem Instructional design ergibt eine stark technologische Lehrstrategie, wie die folgenden fünf Komponenten einer instruktionspsychologisch fundierten Didaktik es zeigen (Leutner 2001, 268):
1. Beschreibung des gewünschten *Soll- oder Zielzustandes* einer Person (oder Klasse), bezogen auf ein bestimmtes Wissensgebiet.
2. Beschreibung *zielrelevanter Ist-Zustände* der Schüler und Schülerinnen vor Beginn der Instruktion.
3. Explikation des Prozesses für den *Übergang vom Ist- in den Soll-Zustand.* Dazu muss man den angestrebten Lernprozess analysieren und die passenden methodischen Schritte auswählen.
4. Spezifikation derjenigen *instruktionalen Bedingungen,* die geeignet sind, den Übergang zu fördern. Hier geht es also um ein konkretes Instruktionsdesign.
5. Spezifikation von Verfahren zur Evaluation und Beurteilung des Lernerfolgs.

Direktes Unterrichten
Wie weit sich der Instruktionsunterricht bis heute gehalten hat, zeigt das engagierte Plädoyer Jochen Grells (2002, 35ff.) für dieses Modell. Konsequent fällt er die Vorentscheidung: «Deine Aufgabe als Lehrer ist es, den Schülern etwas beizubringen.» (ebenda, S. 40) Erster Schritt dazu ist die *Demonstration und Präsentation* des Unterrichtsstoffes. Zweiter Schritt: *Üben unter Anleitung.* «Man stellt eine Frage oder Aufgabe, sie wird von den Schülern beantwortet. Man gibt dem Schüler Feedback. Man stellt eine neue Frage usw.» (ebenda, S. 42) «Mit diesen Lehrerfrage-Schülerantwort-Feedback-Sequenzen wird so lange weitergeübt, bis alle Schülerinnen und Schüler den Lernstoff beherrschen.» (ebenda, S. 42) Dritter Schritt ist das *selbstständige Üben*. Erst wenn alle Schüler sicher geworden sind, dürfen sie ohne Lehrerlenkung weiter üben.

Im Mittelpunkt des Instructional design stehen Elemente wie Wiederholung des zurückliegenden Stoffes, explizite Angabe der Ziele einer Stunde, Anknüpfung an das Vorwissen, kleinschrittiges Vorgehen mit vielen Übungsgelegenheiten, klare und deutliche Instruktionen, aktive Übung und ständige Kontrolle des Verstehensprozesses. Aber Grell wehrt sich auch gegen jede Verabsolutierung dieses Ansatzes und gegen jeden Dogmatismus im einseitigen Gebrauch dieser Methode. Andreas Helmke (2004, 70) kommentiert dies denn auch mit dem Satz: «Was Grell ... zum direkten Unterrichten ... sagt, ... gehört zum Treffendsten, was ich zu dieser Frage seit Langem gelesen habe.»

Auch wenn es in die Landschaft des selbst organisierten Lernens nur schwer passt: Es wäre zu billig, das Instructional design einfach mit Begriffen wie autoritär, reaktionär, anachronistisch, schülerfeindlich, militaristisch, Drill, mechanisches Lernen, absolute Lehrerdominanz u.a.m beiseitezuwischen. Immerhin geht es um raschen und ökonomischen Wissenserwerb! Empirische Forschungen (Helmke/Weinert 1997, 136, Helmke 2004, 70) haben belegt, dass dieses Modell, besonders für jüngere oder leistungsschwächere Schüler, in «harten» Fächern (z.B. Mathematik) und für eingegrenzte Stoffvermittlung durchaus effektiv und ausserdem theoretisch gut abgesichert ist.

Aber wir schlagen uns dennoch nicht auf die Seite des Instructional design ...

Kritik des Instructional design
- Zunächst ist die starke *Lehrerzentrierung* dieses Modells auffällig. (Zum Folgenden: Reinmann-Rothmeier/Mandl 2001, 612f.) Deutlich ist die Konzentration auf den Primat und die Optimierung der Instruktion und die Art und Weise, wie Unterricht geplant, organisiert und gesteuert werden muss, damit Lernende die präsentierten Wissensinhalte in ihrer wesentlichen Systematik verstehen und sich diese zu eigen machen. Die Rolle des Lehrenden besteht also im Wesentlichen in der Funktion eines *didactic leader* (ebenda, S. 607), der die Wissensinhalte präsentiert, erklärt, die Lernenden anleitet und ihre Lernfortschritte überwacht. Eine eigene Strukturierung des Lernstoffes durch die Lernenden ist nicht erforderlich.
- Es fehlen immer noch hinreichend differenzierte, überzeugende *empirische Befunde* für den Denkansatz des Instructional design, vor allem für die erhoffte *allgemeine* Überlegenheit einer streng rationalen Gestaltung der Lehr-Lern-Prozesse. Das Verfahren, Ganzheiten in elementare Teile und Sequenzen zu zerlegen und getrennt zu vermitteln, ist ein reduktionistisches Verfahren und sehr problematisch, weil Lerninhalte von der gesamten Wissensstruktur (Schlagwort moderner Didaktik: vernetztes Lernen!) und nicht von isolierten Teilen dieser Struktur («Häppchen-Didaktik») abhängig sind.

- Der Primat der Instruktion bedingt in der Regel eine weitgehend *passive Haltung* der Lernenden, die in einer eher rezeptiven Rolle gesehen werden. Dies wiederum reduziert die Eigeninitiative und Selbstverantwortung für das Lernen, was die Wahrscheinlichkeit erhöht, dass sich die Lernenden demotiviert oder bestenfalls extrinsisch motiviert fühlen: Der Lehrer wird's schon richten ...
- Das allein nach sachlogischen und systematischen Gesichtspunkten geordnete und aufbereitete Wissen hat mit den komplexen und wenig strukturierten Anforderungen und Erfahrungen in Alltagssituationen meist nur wenig gemeinsam. Der Lebensalltag ist eben nicht so schön systematisch angeordnet, wie man das gelernt hat. «Träges Wissen», das in *Alltagssituationen* kaum zur Anwendung kommt, aber brav gelernt wurde, ist die Folge. Lernen findet weitgehend losgelöst von den realen Kontexten des Lebens statt. Erworbenes Wissen kann nur schwer auf neue Situationen angewendet werden.
- Das auch als «expository learning» bezeichnete «design» zielt auf dosiertes, *reproduktives Wissen und automatisierte Fähigkeiten.* Das genügt in der heutigen differenzierten Wissensgesellschaft aber nicht mehr.
- Terhart (1989, 139) vergleicht Direct instruction bissig mit einer in schnellem Tempo voranschreitenden «*Quiz-Veranstaltung*».
- Schliesslich sehen selbst die ursprünglichen Vertreter der Direct instruction ihr Konzept inzwischen erheblich kritischer (Rosenshine/Meister 1994), weil Lehrerlenkung, Faktenanhäufung und rezeptive Lernhaltung der Schüler zu stark im Mittelpunkt stehen.

Was kann man dennoch aus dem Instructional design für den Umgang mit dem instruktionalen Element in der Didaktik lernen?

Drei didaktische Grundorientierungen

Sehr bekannt sind inzwischen die drei von Reinmann-Rothmeier/Mandl (1998, 474ff.) entwickelten didaktischen Grundorientierungen, die den Lehrern unterschiedliche Verbindungen von Instruktion und selbstständigem Lernen eröffnen. Ich ordne diesen drei didaktischen Grundorientierungen die bisher beschriebenen Instruktionsweisen zu.

- Erstens: *Systemvermittelnde Lernumgebungen*
  Dieser Typus ist das «engste» Modell. Hier geht es um die Vermittlung fertiger Systeme von Wissensbeständen. Die Lernenden erwerben vorwiegend Faktenwissen, wobei sie stark von aussen angeleitet und auch kontrolliert werden. Der Unterricht lebt weitgehend von der Instruktion, wobei den Lernenden systematisch aufbauend Informationen dargeboten werden, um das festgelegte Instruktionsziel zu erreichen.
  Ganz klar: Hierher gehört das Instructional design, das wir inzwischen ausführlich kennengelernt haben. Auch viele der heute über moderne Medien (Computer, CD/DVD, Internet usw.) beziehbaren Lernprogramme sind eindeutig in diese Kategorie einzuordnen. Aber auch ganz kurzfristige Instruktionen durch die Lehrkraft (z.B. ein nur wenige Minuten dauernder, in sich geschlossener Lehrervortrag) wären hier zuzuordnen, sofern sie Informationen zu notwendigen Wissensbeständen präsentieren.

- Zweitens: *Adaptive Lernumgebungen*
  Der Begriff adaptiv meint, dass sich die gesamte Gestaltung der Lernumgebung stark an die Bedürfnisse, Vorkenntnisse, Fertigkeiten, Stärken und Schwä-

chen der Lernenden anpasst. Die Lernenden sind aktiv und werden von einer Lernumgebung unterstützt, die ihnen sowohl Fach- und Faktenwissen, aber auch strategisches Wissen und Können vermittelt. Die Lernumgebung ist also offener als im ersten Modell, nicht ausschliesslich aus dem «System» des Stoffes abgeleitet und baut auf Elemente eigentätigen Lernens.
Die Instruktionen der Lehrkraft sind ausdrücklich unterstützend, dosiert, durchaus aber auch lenkend. Die Funktion des Lehrenden ist die des «facilitators», der den Wissenserwerb durch geeignete Instruktionen und Schritte erleichtert, sparsam und stets an der Selbststeuerungsfähigkeit der Lerner ausgerichtet.

- Drittens: *Problemorientierte Lernumgebungen*
  Es ist das offenste Modell. Kerngedanke ist hier das Konzept des explorativen Lernens: Die Lernenden sind aktiv und erarbeiten sich selbst neues Wissen, wobei die Lernumgebung ihnen geeignete Probleme anbietet. Mit möglichst wenig Anleitung und Steuerung von aussen erwerben sie Problemlöse- und Selbststeuerungskompetenzen. Lernende setzen sich selbst intensiv mit neuen Inhalten auseinander. Zunehmend übernehmen sie Verantwortung für den Verlauf und das Ergebnis des Lernens.
  Selbstverständlich sind auch hier gelegentlich Instruktionen nötig. Und zwar in der Form von (streng funktional ausgerichteten und damit begrenzten!) Handlungsanweisungen und unbedingt notwendigen inhaltlichen Informationen. Aufgabe der Lehrenden ist es, Probleme und «Werkzeuge» zur Problembearbeitung zur Verfügung zu stellen und auf eventuelle Bedürfnisse der Lernenden entsprechend zu reagieren. Aber erkennbar ist doch der weitgehende Verzicht auf Instruktionen.

Als entscheidendes *Fazit* aller drei Modelle ist festzuhalten: «Lernen ohne jegliche instruktionale Unterstützung ist in der Regel ineffektiv und führt leicht zur Überforderung. Lehrende können sich deshalb nicht darauf beschränken, nur Lehrangebote zu machen, sie müssen den Lernenden auch anleiten und insbesondere bei Problemen gezielt unterstützen.» (Reinmann-Rothmeier/Mandl 2001, 628) Die Effekte einer solchen unterstützenden Kontrolle (nicht aber eines dominanten Lehrerverhaltens mit autoritärem Kontrollstil!) zeigten in einer empirischen Studie an 1200 Grundschulkindern im Mathematikunterricht, «dass die Schüler unter unterstützender Kontrolle gute mathematische Leistungen erzielen, eine positive Einstellung zum Lernen entwickeln, im Unterricht aktiv mitarbeiten und vergleichsweise wenig Prüfungsangst haben.» (ebenda, S. 629)

Verbindung von Instruktion und Konstruktion im Lernprozess
Zwei Extreme – Instruktion («Einfüllen von Wissen in Schülerköpfe») und Konstruktion («alles Lernen ist radikal und immer Selbstkonstruktion von Bedeutungen») – gegeneinander auszuspielen, ist nicht hilfreich. Ein pragmatisches Konzept wird beide Ansätze integrieren. Dies geschieht im sog. *«wissensbasierten Konstruktivismus»*: Hier wird nämlich Lernen «als eine persönliche Konstruktion von Bedeutungen interpretiert, die allerdings nur dann gelingt, wenn eine ausreichende Wissensbasis zur Verfügung steht. Zu deren Erwerb kann jedoch auf instruktionale Anleitung und Unterstützung nicht verzichtet werden» (Reinmann-Rothmeier/Mandl 2001, 626). Das bedeutet: Es ist nicht möglich und sinnvoll, ständig fertige Wissenssysteme zu vermitteln, auf immer gleichen didaktischen Vermittlungswegen zu arbeiten, das Lernen im Gleichschritt anzustreben,

ohne Spielräume für die Eigenaktivität der Lernenden zu öffnen. Genauso wenig möglich und sinnvoll ist es, allein den Konstruktionsleistungen der Lernenden zu vertrauen, immer nur problemorientierte, offene Lernumgebungen anzubieten.

Es geht also nicht um ein theoretisches oder praktisches Entweder-oder, sondern um «eine Balance zwischen expliziter Instruktion durch den Lehrenden und konstruktiver Aktivität durch den Lernenden» (ebenda, S. 627). Immerhin gilt: Wer nichts weiss, der kann auch nichts neu konstruieren ... Ein Gesamtkonzept des Unterrichts wird je nach didaktischem Ziel der Lehrkraft in unterschiedlichen Phasen das jeweils angemessene Modell der drei Lernumgebungen einsetzen. Keines wird verabsolutiert.

Instruktion und Konstruktion verbinden – praktisch
Ein schönes Beispiel für eine solche Integration sind die neuen *medialen Lernangebote,* die computerbasiert offene Lernangebote mit instruktionalen Komponenten verbinden. Weidenmann (1996, 333) beschreibt ein Lernsystem zur beruflichen Bildung, bei dem auf dem PC im ersten Fenster kontinuierlich (eher lehrgangs- und instruktionsorientiert) eine Fallsimulation aus dem beruflichen Alltag dargestellt wird; im zweiten Fenster können die Lerner dazu vielfältige Informationen, «Werkzeuge», Arbeitstechniken etc. abrufen, die sie zur Bearbeitung des Falles benötigen oder die hilfreich sind.

Ein anderes Beispiel ist der *Cognitive-Apprenticeship-Ansatz,* der sich vor allem in den USA bewährt hat und sich grosser Beliebtheit erfreut. (Reinmann-Rothmeier/Mandl 1998, 488f.) Die Grundidee ist einfach: Nach dem Modell der Handwerkslehre erwerben die Lernenden (neben inhaltlichem) vor allem strategisches Wissen (Findetechniken zur Problemlösung, aber auch Kontroll- und komplette Lernstrategien). «Das Grundprinzip ist: Ein Experte macht modellhaft etwas vor; die Lerner versuchen probeweise das, was ihnen vorgemacht wird, nachzumachen.» (Peterssen 1999, 54) Instruktion und Eigentätigkeit sind verbunden: Die Lehrkraft macht ihr Vorgehen an einem authentischen Problem vor und verbalisiert die dabei ablaufenden Prozesse und Aktivitäten. Sie entwickelt also durch Instruieren (Vormachen) ein spezifisches Modell, an dem sich die Lerner unterstützt durch den Lehrer dann eigentätig erproben. Die Unterstützung des Lehrers wird mit zunehmendem Können der Lerner allmählich ausgeblendet (fading). Am Ende steht ein gemeinsamer Rückblick, der die Lerner anregt, die eigenen Problemlöseprozesse mit denen anderer Lerner und dem Ursprungsmodell zu vergleichen. Dabei kann der Lehrer Video-Mitschnitte zu Hilfe nehmen, problematische Abschnitte wiederholen, Abläufe grafisch darstellen, korrigieren usw. Später wird der ursprüngliche Problemkontext verlassen und das Gelernte auf andere Bereiche selbstständig übertragen und angewendet. So können Problemlösungsmodelle in unterschiedlichsten Fächern erarbeitet werden.

Wem diese Beispiele zu komplex sind, kann sich an viel einfacheren Verfahren innerhalb des offenen Unterrichts orientieren, in denen Instruktionen (schriftlich und mündlich) mit selbstständigem Arbeiten verbunden werden, z.B. der Wochenplanarbeit, Stationenlernen, Erkundungen, Projektarbeit, Schülerpräsentationen und anderem mehr. ›

Literatur

Ausubel, D. P. (1974). Psychologie des Unterrichts. Bd. 1 und 2. Weinheim. Bastian, J. (2007). Einführung in die Unterrichtsentwicklung. Weinheim.
Grell, J. (2002). Direktes Unterrichten. In: Wiechmann, J. (Hg.): Zwölf Unterrichtsmethoden. S. 35–49. Weinheim, 3. Auflage.
Gudjons, H. (2007). Frontalunterricht – neu entdeckt. Integration in offene Unterrichtsformen. Bad Heilbrunn, 2. Auflage.
Helmke, A. (2004). Unterrichtsqualität erfassen, bewerten, verbessern. Seelze, 3. Auflage.
Helmke, A./Weinert, F.-E. (1997): Bedingungsfaktoren schulischer Leistungen. In: Enzyklopädie der Psychologie. Bd. 3. S. 1–35. Göttingen.
Jürgens, E. (2006). Offener Unterricht. In: Arnold, K.-H./Sandfuchs, U./Wiechmann, J. (Hg.): Handbuch Unterricht. S. 280–284. Bad Heilbrunn.
Langer, I./Schulz von Thun, F./Tausch, R. (2002). Sich verständlich ausdrücken. München.
Leutner, D. (2001). Instruktionspsychologie. In: Rost, D. (Hg.). Handwörterbuch Pädagogische Psychologie, S. 267–276. Weinheim, 2. Auflage. Instruktion im Unterricht.
Peterssen, W. H. (1999). Kleines Methoden-Lexikon. München, 2. Auflage. 2002.
Reinmann-Rothmeier, G./Mandl, H. (1998). Wissensvermittlung: Ansätze zur Förderung des Wissenserwerbs. In: Enzyklopädie der Psychologie, Bd. 6, S. 457–500. Göttingen.
Reinmann-Rothmeier, G./Mandl, H. (1999). Instruktion. In: Perleth, C./Ziegler, A. (Hg.): Pädagogische Psychologie. S. 207–215. Bern.
Reinmann-Rothmeier, G./Mandl, H. (2001). Unterrichten und Lernumgebungen gestalten. In: Krapp, A./Weidenmann, B. (Hg.). Pädagogische Psychologie, S. 601–646. Weinheim, 4. Auflage.
Rosenshine, B./Meister, C. (1994). Direct instruction. In: Husen,T./Postlethwaite, T.N. (eds.): The International Encyclopedia of Education, Vol. 3, p. 1524–1530. Oxford. Schnotz, W. (2006). Pädagogische Psychologie. Weinheim.
Steiner, G. (1997). Lernverhalten, Lernleistung und Instruktionsmethoden. In: Enzyklopädie der Psychologie, Bd. 3, S. 278–317. Göttingen.
Steiner, G. (2001). Lernen und Wissenserwerb. In: Krapp, A./Weidenmann, B. (Hg.): Pädagogische Psychologie, S. 137–205. Weinheim, 4. Auflage.
Terhart, E. (1989). Lehr-Lern-Methoden. Weinheim, 3. Auflage. 2000.
Weidenmann, B. (1996): Instruktionsmedien. In: Enzyklopädie der Psychologie, Bd. 2, S. 319–368. Göttingen.
Weinert, F.-E. (1996). Lerntheorien und Instruktionsmodelle. In: Enzyklopädie der Psychologie. Bd. 2, S. 1–87. Göttingen.
Wiechmann, J. (Hg.) (2002). Zwölf Unterrichtsmethoden. Weinheim, 3. Auflage.
Wiechmann, J. (2006). Direkte Instruktion, Frontalunterricht, Klassenunterricht. In: Arnold, K.-H./Sandfuchs, U./Wiechmann, J. (Hg.): Handbuch Unterricht. S. 265–270. Bad Heilbrunn.

Auszug aus: Gudjons, H. (2007). © Zeitschrift Pädagogik 11/07. Verlagsgruppe Beltz, Weinheim, S. 6–9.

2 Darbietung im Unterricht
Tradition, Formen und Grenzen der Darbietung

❮ Ohne Frage ist die Darbietung ein Schlüsselelement beim Instruieren im Unterricht. In der Praxis jedoch wird darbieten, fragendentwickeln, diskutieren u.a.m. oft so vermischt, dass sich ein «Kommunikationsamalgam» ergibt. Der folgende Beitrag liefert daher eine begrifflich klare Abgrenzung und eine inhaltlich präzise Erläuterung der Darbietung als Lehrform – mit ihren Vorteilen und Grenzen.

Darbietung als Präsentation unterrichtlicher Sachverhalte

In jedem Unterricht werden auf unterschiedliche Weise Sachverhalte dargeboten, um Lernsituationen zu schaffen. Wer unterrichtet, trägt oder macht etwas vor, entwickelt etwas an einem Medium oder führt etwas medial vor. Idealtypisch spricht man von vortragenden, vormachenden, vorführenden Unterrichts- oder Lehrformen, die Lehrende dazu benutzen, einen Sachverhalt mit Gesten, Worten oder Bildern darzustellen, um Informationen zu übermitteln, Zuschauer/Zuhörer zu interessieren, sie möglicherweise von einer Sache zu überzeugen oder auch Handlungsanweisungen (z.B. wie man eine Querflöte richtig hält und den Ton bläst) zu geben. Wer darbietet, erwartet, dass seine Zuhörer das Präsentierte aufnehmen und verarbeiten. Terhart (1997) ordnet deshalb den darbietenden Lehrformen rezeptive Lernformen zu.

Darbietende Lehrformen lassen sich auf die Rhetorik als Theorie der überzeugenden Rede zurückführen. Sie dominierten im lehrerzentrierten Unterricht. Gegenwärtig werden sie als einzelne, zeitlich begrenzte Formen bzw. Elemente didaktischen Handelns im Unterricht angesehen. Ungenau ist die Gleichsetzung mit Frontalunterricht oder Direct Instruction (vgl. Gudjons in diesem Heft).

Zur Tradition darbietenden Unterrichtens

Der neuzeitliche darbietende Unterricht hat seinen Ursprung in den didaktischen Empfehlungen des Comenius (1592–1670) zur Führung und Unterrichtung grosser Lerngruppen. Sehr bald wurde allerdings die fragend-entwickelnde Lehrform als zweiter didaktischer Typus des Klassenunterrichts entwickelt. Seit der Institutionalisierung der Lehrerbildung um 1800 gehören beide Grossformen des Unterrichtens zum Standardrepertoire der Lehrerausbildung. Lehrer sollten als Grundformen der Darbietung z.B. das Vorzeigen, Vorsprechen, Erzählen, Beschreiben, Erklären, Überzeugen gekonnt praktizieren.

Die Reformpädagogen kritisierten um und nach 1900 an dieser Methode, dass sie Lernende von der geistigen Führung abhängig mache und aktive Lernformen verhindere. Sie forderten daher, die lehrerzentrierte Darbietung möglichst durch schüleraktive Arbeits- und Lernformen zu ersetzen. In dominanten Methodenlehren des Unterrichtens setzte sich dann eine Kombination beider didaktischer Richtungen durch. Dabei wurde zu wenig beachtet, dass Darbietungen über die Rezeption des Präsentierten aktives Lernverhalten fördern sollten. Einsiedler hat diesen Aspekt herausgestellt: Zwar müsse man sehen, dass «darbietende Lehrverfahren einen hohen Strukturierungsgrad» haben und deshalb «die Gestaltung des Lehr-Lern-Prozesses überwiegend vom Lehrer aus[gehe]», aber man dürfe nicht übersehen, dass ihre Bedeutung darin liege, wie sie schüleraktivierend eingesetzt würden. Die entsprechende Realisation könne «über die tatsächliche Aktivität in den Entdeckungsphasen entscheiden» (Einsiedler 1981, S. 117). Folg-

lich muss heute die Bedeutung der Darbietung im Unterricht als schüleraktivierende Methode herausgestellt werden. Darbietende Lehrformen dienen vor allem dazu,
- Probleme zu entwickeln, Aufgaben darzulegen,
- professionell ein fach- oder sachgemässes Vorgehen zu demonstrieren,
- Lernende für ein Thema/ein Problem zu interessieren und zu eigener Lernarbeit zu motivieren.

Also: Nicht beibringen, sondern anstossen und aktivieren!

Formen unterrichtlicher Darbietung
Um einen Sachverhalt im Unterricht darzubieten, können Lehrende ihn vortragen, vormachen, vorführen, visualisieren. Die Wahl des Vorgehens hängt ab von den Zielen des Unterrichts, von den Merkmalen des Sachverhalts und von den Lernvoraussetzungen der Schüler. Oft werden Sachverhalte in einer methodischen Mischform präsentiert, die als besonders geeignet für die didaktische Situation eingeschätzt wird. Vortragen, Vormachen, Vorführen bezeichnen traditionelle Formen des Unterrichtens, vom Visualisieren spricht man, wenn Sachverhalte mittels abstrahierender Symbole, z.B. als sog. Mind Map, dargestellt werden (Apel 2002).

Vortragen
Der Lehrvortrag wird im Klassenunterricht eingesetzt, wenn die sprachlich zusammenhängende Vermittlung eines Sachverhalts oder die Entwicklung eines Problems als die am besten geeignete Methode eingeschätzt wird. Lehrvorträge sind geschlossene sprachliche Darstellungen und werden möglichst medial unterstützt. Sie erfordern eine informative, adressatenbezogene Darstellung. Lehrvorträge können auch von Schülern gehalten werden. Im Vordergrund steht das didaktische Ziel, die Aktivität der Lernenden zur Aneignung eines Sachverhalts anzuregen. Wer im Unterricht einen Sachverhalt vorträgt, soll zweierlei anstreben: Informationen vermitteln und zu selbstständigem Lernen anregen, herausfordern, provozieren, also zum Denken anstossen.

Einige *Beispiele* (zu allen Beispielen Apel 2002): Lehrer Dachs erklärt im Biologieunterricht, wie das Stopfpräparat eines Bussards hergestellt werden kann. Studienrat Spinner erläutert an der Tafel, wie man den Flächeninhalt eines Quadrates auch mithilfe von Vektoren berechnen kann. Zwei Schülerinnen berichten im Kunstunterricht über Installationen, die sie auf einer Ausstellung in der Kunsthalle gesehen haben. Die verschiedenen Funktionen des Vortragens im Unterricht lassen sich so zusammenfassen: Lehrer sollen durch einen sach- und situationsangemessenen Lehrvortrag
- Probleme oder ungelöste Aufgaben in den Erfahrungshorizont Lernender bringen,
- Instruktionen zu richtigem Handeln anbieten,
- einen Sachverhalt lebendig und anschaulich, übersichtlich und strukturiert darstellen,
- Interesse oder Betroffenheit bei den Schülern anstossen,
- gelegentlich auch die Zuhörenden von einer Sache überzeugen.

Dabei sind mediale Hilfen zu nutzen, um durch die Verbindung von Hören und Sehen die Informationsverarbeitung zu fördern. Die Tafel, Folien, Abbildungen aller Art, Video- und PC-Präsentationen sind entsprechend den didaktischen

Zielen und Bedingungen einzusetzen. Eindeutige Gliederungen, übersichtliche Darstellung, klare Argumentation, redundante Gedankenführung, zwischengeschaltete Zusammenfassungen und eine Schlussbemerkung erleichtern die Informationsaufnahme. Grundsätzlich ist die anregende, abwechslungsreiche, persönlich gestaltete Darbietung ein wichtiges Moment des Lehrvortrags. Generell gilt: Ein erfolgreicher Lehrvortrag erfordert

- inhaltliche Qualität der Präsentation,
- methodische Qualität der Vermittlung,
- geschickten Medieneinsatz und die Beherrschung der unterrichtlichen Situation.

Vormachen

Im Schulunterricht gibt es didaktische Situationen, in denen Vorgänge vorgemacht werden müssen. Das ist der Fall, wenn Wichtiges beispielhaft gezeigt wird und unsachgemässe Ausführung für Schüler schädliche Folgen bewirken kann. Abläufe werden vorgemacht, damit sie von Lernenden nachgemacht werden können. Dabei sollen die Schüler beobachten, die wesentlichen Schritte erkennen, versuchen, sie nachzuahmen, und den Ablauf trainieren, bis die Handlung gekonnt ist und den Vorgaben entspricht.

Jedes Vormachen setzt voraus, dass eine Operation perfekt im Ablauf, sicher in der Darstellung und in der sprachlichen Vermittlung beherrscht wird. In dem sog. «Cognitive Apprenticeship»-Ansatz liegt eine Neuinterpretation dieser traditionellen Lehrform vor. Mittels gekonnter Präsentation und angemessener Interaktion zwischen Lehrenden und Lernenden sollen Lernende durch die Übernahme von Handlungsformen in eine Expertenkultur eingeführt werden. Sie erwerben so rekonstruierend grundlegende Qualifikationen des Handelns, die in ähnlichen Situationen eingesetzt werden können.

Vorzumachen ist im Unterricht, was Schüler sich nicht selbstständig erarbeiten können, was sie so gar nicht sehen oder erfahren können. Allerdings muss jedes Vormachen die Lernenden aktivieren, damit sie durch Nachmachen, Üben und Anwenden einen Lernzuwachs erreichen. Beobachtung allein reicht nicht.

Beispiele: Sportlehrer Hurtig erklärt und zeigt, wie man die Reckstange sicher umgreift oder mit den Füssen den Kletterschluss am Seil sichert. Ein anderer Lehrer zeigt, wie er mit Power-Point eine Präsentation vorbereitet. Wieder ein anderer macht vor, wie man den Geruch von Chemikalien richtig prüft u.a.m.

Als Funktionen des Vormachens sind festzuhalten: Die Schüler sollen lernen,

- dass bestimmte Handlungen auf eine festgelegte Weise auszuführen sind, damit sie allgemein verständlich sind,
- dass sachbezogene Arbeitsschritte sinnvoll sind, damit ein Produkt funktioniert,
- dass sich typische Aktionsformen für bestimmte Operationen als sinnvoll erwiesen haben und dass abweichende Experimente riskant sind,
- dass bestimmte Operationen konzentriert aufgenommen und nachgeahmt werden müssen.

Vormachen heisst nicht nur zeigen, sondern auch das Gezeigte sprachlich kompetent vermitteln. Die didaktische Situation erfordert präzise Handlungsanweisungen, treffende Beschreibungen und klare Erläuterungen. Die methodische Kurzform könnte heissen: «Mache langsam und mit Betonung der Schwierigkeiten vor. Zeige so, dass alle sehen können. Wiederhole denselben Vorgang und gib zutreffende, präzise sprachliche Erläuterungen oder Anweisungen.»

Vorführen
Wer medial einen Vorgang, ein Ereignis, Dokumente oder Probleme präsentiert, nutzt die Grundformen des Vortragens und Vormachens, um mit Medienunterstützung Aspekte der Wirklichkeit zu erschliessen. Durch die Vorführung integrieren Lehrende sowohl originale als auch nichtoriginale Wirklichkeit in den Unterricht. Die Vorführung erfordert gekonntes Zeigen und Erklären sowie die professionelle Handhabung der Medien. Sie muss schülerorientiert, sachgemäss und situationsangemessen erfolgen.

Auch diese Lehrform soll didaktische Funktionen erfüllen. Lernende sollen angeregt werden,
- die vielfältige Wirklichkeit genauer als bisher wahrzunehmen,
- Strukturen und Prozesse natürlicher und gesellschaftlicher Vorgänge besser zu verstehen,
- sich intensiver und aufmerksamer mit Sachverhalten zu befassen.

Wer einen Vorgang medial präsentieren will, kann verschiedene Möglichkeiten nutzen.

Beispiele für die Vielfalt der Wirklichkeit: Ein Hauptschullehrer greift die Wirklichkeit einer Bewerbungssituation auf und spielt mit den Schülern Bewerbungsgespräche durch. Schüler erleben in einem Schulmuseum eine historische Schulstunde (Vorführung einer aufgesuchten Wirklichkeit). Lehrerin Tüftler zerlegt Fahrraddynamos, um Stromerzeugung durch Induktion (an einer bereitgestellten Wirklichkeit) vorzuführen. – Ein anderer Lehrer führt die abgebildete Wirklichkeit vor, indem er zum Thema Vulkanismus ein Video vom Ausbruch des Ätna und seinen Folgen zeigt.

Lehrkräfte können unterschiedliche Wirklichkeiten aufgreifen, z.B. soziale Vorgänge wie einen Streit unter Schülern thematisieren, technische Anlagen ausserhalb der Schule aufsuchen oder eine transportable Wirklichkeit wie ein Vogelnest in den Unterricht mitbringen. Man kann aber auch die Wirklichkeit in Bild und Ton abgebildet präsentieren, sie in Modellen nachgebildet vorführen oder sie durch Diagramme darstellen. In jedem Fall geht es darum, Sachverhalte durch Medieneinsatz zu veranschaulichen und dadurch die interne Informationsverarbeitung zu fördern.

Visualisieren
Als Visualisieren bezeichnet man eine Methode des abstrahierenden Veranschaulichens, durch die Vorgänge des Denkens und der Wissensstrukturierung sichtbar gemacht werden sollen. Dabei wird versucht, Gedankengänge bzw. Wissensstrukturen durch symbolische Veranschaulichungen vorstellbar zu machen. Visualisierungen sollen im Gegensatz zu bildlicher Veranschaulichung das nicht direkt Sichtbare durch eine symbolische Darstellung vermitteln. Mittel der Visualisierung sind Modelle und Karikaturen, Schemazeichnungen, Tabellen und Diagramme, Begriffsgrafiken und Mind Maps sowie Simulationen. Wie man diese didaktisch sinnvoll und professionell gestaltet, kann man in einschlägigen praxisnahen Veröffentlichungen nachlesen (Apel 2002).

Forschungen zur Bedeutung darbietender Lehrformen
Ergebnisse der Lehr-Lern-Forschung belegen die Bedeutung darbietender Lehrformen für die Aktivierung unterrichtlichen Lernens, wenn Darstellung und Instruktion problem- und schülerorientiert sowie zeitlich begrenzt erfolgen (zusammen-

fassend: Reinmann-Rothmeier/Mandl 2001, S. 625ff. sowie Apel 2002, S. 30ff.). Für ein erfolgreiches Lernen in komplexen Lernumgebungen sind didaktische Anleitung und Präsentation unverzichtbar, wie Stark u.a. (1995) zeigen. Sie fördern die Entwicklung mentaler Modelle und stützen den Erwerb handlungsrelevanten Sachwissens. Auch die sog. Optimalklassenforschung (Weinert/Helmke 1996) führte zu dem Ergebnis, dass eine klar strukturierte Darstellung neben anderen Faktoren der Klassenführung Lernende dazu anregt, sich intensiver um die Lösung des Problems zu bemühen und zu guten Lernergebnissen zu gelangen. Zu einem vergleichbaren Ergebnis kommt Moser bei seiner Re-Analyse der schweizerischen TIMSS-Daten: Eine gekonnte Präsentation fördert klar strukturierte Lernsituationen, in denen Lernende mit Aussicht auf Erfolg tätig werden können. Dadurch werden «Interesse und Selbstwirksamkeitsüberzeugung» (Moser 1997, S. 192) der Lernenden gestärkt.

Grenzen darbietender Lehrformen
Schon Einsiedler beschrieb als «Problem der darbietenden Lehrverfahren», «dass bei der Aneinanderreihung von vielen neuen Informationen diese nur in den Kurzzeitspeicher gelangen und nicht genügend Zeit für die Speicherung im Langzeitgedächtnis bleibt» (Einsiedler 1981, S. 118). Wer einen Vorgang gesehen oder gehört hat, beherrscht ihn noch nicht. Lernen erfordert Aktivität zur tieferen Verarbeitung. Man muss etwas ausführen, um es zu können. Deshalb sind darbietende Lehrformen nur unter bestimmten Voraussetzungen sinnvoll: Sie tragen dazu bei, Informationen zu vermitteln, Aufmerksamkeit und Interesse zu wecken und die Urteilsfähigkeit anzuregen. Sie sollen Fragen auslösen, Verständnis für Lerninhalte fördern, Lernaktivität anregen. Denn: Die möglichst selbstständige Aneignung von Wissen und Können ist oberstes Ziel schulischen Lernens. Dann sind darbietende Lehrformen ein unverzichtbarer Teil didaktischer Lernumgebungen. ❱

Literatur
Apel, H.J. (2002). Präsentieren – die gute Darstellung. Baltmannsweiler.
Einsiedler, W. (1981). Lehrmethoden. München.
Moser, U. (1997). Unterricht, Klassengrösse und Lernerfolg. In: Moser, U./Ramseier, E./Keller, C./Huber, M.: Schule auf dem Prüfstand. Eine Evaluation der Sekundarstufe I auf der Grundlage der Third International Mathematics and Science Study. Chur/Zürich, S. 182–214.
Reinmann-Rothmeier, G./Mandl, H. (2001). Unterrichten und Lernumgebungen gestalten. In: Krapp, A./Weidenmann, B. (Hg.): Pädagogische Psychologie. Weinheim, S. 601–646.
Stark, R./Graf, M./Renkl, A./Gruber, H./Mandl, H. (1995). Förderung von Handlungskompetenz durch geleitetes Problemlösen und multiple Lernkontexte. In: Zeitschrift fur Pädagogische Psychologie 27/4, S. 289–312.
Terhart, E. (1997). Lehr-Lern-Methoden. Weinheim, 2. Auflage. Instruktion im Unterricht.
Weinert, F. E./Helmke, A. (1996). Der gute Lehrer. Person, Funktion oder Fiktion? In: Zeitschrift für Pädagogik, Beiheft 34. Weinheim, S. 223–233.

Auszug aus: Apel, H.J. © Zeitschrift Pädagogik 11/07. Verlagsgruppe Beltz, Weinheim, S. 12–15.

Kommentierte Literaturhinweise

Aebli, Hans

Zwölf Grundformen des Lernens. Eine Allgemeine Didaktik auf psychologischer Grundlage. Stuttgart: Klett. (1983)
Die «zwölf Grundformen» sind ein Klassiker der Lehrer- und Lehrerinnenbildung. Hans Aebli gelingt es darin, die grundlegenden Tätigkeiten von Lehrpersonen im Unterricht nicht nur methodisch und didaktisch darzustellen, sondern vor allem sie aus lernpsychologischer Perspektive zu begründen. Unterrichtliches Handeln von Lehrpersonen – allgemein als «Lehren» bezeichnet – wird danach befragt, inwieweit es dem Lernen von jungen Menschen dient und wie es gestaltet werden muss, um diese Funktion zu erfüllen. Der erste Teil des Buchs widmet sich grundlegenden Techniken des Lehrens: Erzählen, Referieren, Vorzeigen, Lesen mit Schülern, Schreiben. Sie werden einerseits aus (lern-)psychologischer Sicht betrachtet und andererseits aus didaktischer, mit praktischen Hinweisen zu einem lernfördernden Einsatz der jeweiligen Grundformen.

Landolt, Hermann

Erfolgreiches Lernen und Lehren. Aarau: Verlag für Berufsbildung Sauerländer. (1996)
Das Buch bietet im Kapitel «Unterrichtsformen im Überblick» eine Reihe von Kurzporträts von Lehrtechniken, zum Teil mit Checklisten, konkreten Merkmalen und Qualitätskriterien.

Gasser, Peter

Lehrbuch Didaktik. Bern: hep verlag AG. (2003)
Peter Gassers Lehrbuch Didaktik beschreibt in den Kapiteln 5 bis 7 die Grundformen des Darbietens. In der Einleitung führt er aus, dass man sich mit den Grundformen des Lehrens im Bereich der Lehrmethoden und Unterrichtsverfahren bewege. Die Frage, mit welchen Formen man lehren könne, stehe im Zentrum. Er halte sich an die traditionelle Unterscheidung von «Darbieten» und «Erarbeiten» und gebe in diesem Kapitel einen einführenden Überblick über Grundlagen, Formen und Trainingsthematik im Bereich des Darbietens.

Eggen, Paul D. & Kauchak Donald P.

Strategies for teachers: teaching content and thinking skills. Boston: Allyn and Bacon. (2001)
Das Buch in englischer Sprache handelt von den zentralen Strategien von Lehrpersonen, mit deren Hilfe sie Inhalte vermitteln und gleichzeitig die Lernfähigkeiten der Kinder fördern. Im Kapitel 2 stellen die Autoren in knapper, gut verständlicher Form die wichtigsten Lehrtechniken vor (essential teaching skills), jeweils mit kurzen Beispielen. Besonders interessant im Zusammenhang mit Basistechniken sind die Ausführungen zu Kommunikation, Organisation, Monitoring, Fragenstellen usw.

Gipps, Caroline, McCallum, Bet & Hargreaves, Eleanore

What makes a good primary school teacher? Expert classroom strategies. London: Routledge/Falmer. (2000)
Diese Studie hat das typische (erfolgreiche) Verhalten von Expertenlehrpersonen untersucht. Studien dieser Art gehen so vor, dass sie zuerst erfolgreiche Lehrpersonen auswählen, dann deren besondere Merkmale identifizieren und in einem dritten Schritt Anleitung geben, wie andere Lehrpersonen von den Expertentechniken profitieren könnten. Die benannten Expertenmerkmale sind breit gefächert; in diesem Zusammenhang sei vorerst nur auf die grundlegenden Techniken verwiesen. Unter den informierenden Lehrstrategien sind u.a. beschrieben:

Wissen weitergeben, Erklären, Anweisungen geben, Lernstrategien weitergeben, Modellieren (erwünschtes Verhalten vormachen), Vorzeigen (einer Handlung/ Fertigkeit), Schülerbeispiele produktiv verwenden.

Apel, Hans Jürgen **Präsentieren – die gute Darstellung: vortragen, vormachen, vorführen, visualisieren.** Baltmannsweiler: Schneider Verlag Hohengehren. (2002)
In Ergänzung zum Quellentext 2 beschreibt und kommentiert Apel hier die klassischen Präsentationstechniken von Lehrpersonen. Er nimmt dabei verstärkt auch auf Forschungsbefunde Bezug und stellt die Techniken ausführlicher dar.

PÄDAGOGIK Zeitschrift, seit 1988. Weinheim: Beltz.
Die Zeitschrift erscheint monatlich und stellt sich selber so dar: «PÄDAGOGIK ist die führende schulpädagogische Fachzeitschrift in Deutschland. PÄDAGOGIK bietet in einem ausführlichen Themenschwerpunkt praxisnahe Informationen und Materialien zur Gestaltung von Unterricht und Schule. PÄDAGOGIK bietet in jedem Heft die Rubriken Bildungspolitik, Pädagogik kontrovers, Rezensionen, einen Serienbeitrag und einen aktuellen Magazinteil.»
Die Zeitschrift wählt immer wieder Schwerpunkte, in denen Problemfelder des Unterrichts aus unterschiedlichen Richtungen, praktisch und theoretisch, beleuchtet werden. Mit Blick auf Basistechniken einige ausgewählte Schwerpunkte seit 2004:
- Die gute Präsentation 3/04
- Aufmerksamkeit 1/05
- Intelligentes Üben 11/05
- Konflikte lösen 11/06
- Instruktion im Unterricht 11/07
- Vor der Klasse stehen 11/08

Materialien Lehren durch Instruieren – Lernen durch Konstruieren

1 Aufmerksamkeit herstellen – vor Unterrichtsbeginn

Grell & Grell (1985) schlagen als Grundmuster von Kurzlektionenunterricht ein Modell von 8 Phasen vor. Die ersten beiden Phasen beziehen sich auf die Zeit vor dem eigentlichen Beginn der Stunde und zielen darauf ab, günstige Voraussetzungen für Lernen und Aufmerksamkeit zu schaffen. Die beiden «Rezepte» sind hier in einer Kurzform zitiert (leicht gekürzt).

« Phase 0: **Direkte Vorbereitung**
Ich treffe die notwendigen direkten Vorbereitungen für den folgenden Unterricht. Zum Beispiel:
- Ich stelle den Tageslichtprojektor auf, damit er gebrauchsfertig ist, und lege die Folien zurecht, die ich brauchen will
- Ich schreibe etwas an die Wandtafel
- Ich hänge ein Bild auf
- Ich lege Arbeitsmaterial für die Schülerinnen und Schüler bereit
- Ich schaue noch einmal auf meine Vorbereitung, damit ich weiss, was ich zuerst sagen wollte.

Diese Phase ist wichtig, weil sie mir Sicherheit gibt. Ich weiss z.B., dass ich nicht so leicht steckenbleiben werde, weil ich den Plan der Stunde – für mich und für die Schülerinnen und Schüler – an die Wandtafel geschrieben habe, sodass ich dort jederzeit abgucken kann. Und ich weiss auch, dass der CD-Player oder der Projektor wirklich funktionieren.

Phase 1: **Auslösen positiver reziproker Affekte**
Ich bemühe mich, positive reziproke Affekte bei den Schülerinnen und Schülern auszulösen, damit in der Klasse eine Stimmung entsteht, die die Lernbereitschaft fördert und sich nicht eine Stimmung ausbreitet, die bei den Schülerinnen und Schülern auch noch den letzten Rest von Lust zum Lernen verschlingt. Wie kann ich das machen?

Ich kann zum Beispiel vor dem eigentlichen Unterrichtsbeginn einen Augenblick mit der Klasse oder mit einzelnen Schülern und Schülerinnen über persönliche Dinge sprechen, etwa indem ich Michael frage: «Michael, ich denke gerade daran, dass du ja das Schwimmabzeichen machen wolltest. Hat es inzwischen geklappt?»

Ich kann den Schülerinnen und Schülern etwas Lustiges erzählen, was ich gerade erlebt habe, oder einen neuen Witz, den ich gestern gehört habe.

Ich kann die Schülerinnen und Schüler nachträglich für etwas loben, was sie in der vorangegangenen Stunde gut gemacht haben (oft bemerke ich so etwas erst, wenn die Stunde aus ist und die Schülerinnen und Schüler weg sind. Dann notiere ich es mir gleich, damit ich es am Beginn der nächsten Stunde nicht schon wieder vergessen habe.)

Ich kann positive Erwartungen äussern, Optimismus und engagierte Aktivität zeigen statt – wie es oft geschieht – mich bei den Schülerinnen und Schülern direkt oder indirekt dafür zu entschuldigen, dass ich ihnen ein bestimmtes Thema vorsetzen muss und ihnen etwas beibringen will.

Ich kann versuchen, die Schülerinnen und Schüler mit meinem persönlichen Engagement für das Thema «anzustecken». Voraussetzung dafür ist, dass ich mich mit irgendeinem Aspekt des Themas oder der Lernziele identifiziere. Diese Identifikation gebe ich den Schülern und Schülerinnen gegenüber zu erkennen. Da der Appetit meist erst beim Essen kommt, muss ich die Demonstration meines persönlichen Engagements so lange durchhalten, bis zumindest einige Schülerinnen und Schüler Anzeichen für Appetit zeigen. Ich kann es auch so sagen: ich muss darauf vertrauen, dass eine grössere Zahl von Schülerinnen und Schülern nach einer Weile genügend Lernbereitschaft für den Unterricht zeigen werden. Bis es so weit ist, muss ich allein durchhalten können.

Es geht nicht darum, den Schülerinnen und Schülern übertriebenen Enthusiasmus vorzuspielen, sondern darum, dass ich ein grundsätzliches Vertrauen in die Lernbereitschaft der Schülerinnen und Schüler habe, und zwar auf der Grundlage zweier Überzeugungen:
- dass ich selbst das Unterrichtsthema für sinnvoll halte und
- dass ich davon überzeugt bin, dass die Mehrzahl der Schülerinnen und Schüler vernünftig genug ist, den Sinn des Themas zu erkennen und sich deswegen für die Erreichung der Lernziele einzusetzen.

Ich will also das Thema und die Lernziele mit Überzeugung vertreten, statt halbherzig und in vorbeugend resignierter Haltung die Schülerinnen und Schüler zum Lernen verführen oder zwingen zu wollen.

Das Auslösen positiver reziproker Affekte gilt als Prinzip für den ganzen Unterricht, ist aber am Beginn des Unterrichts oder neuer Unterrichtsabschnitte besonders wichtig.

Diese Phase dauert in der Regel wenige Minuten. ❯

Auszug aus: Grell, J. & Grell, M. (1985). Unterrichtsrezepte. © Verlagsgruppe Beltz, Weinheim, S. 104–106. Geringfügig angepasst.

| Mögliche Aktivitäten | - Konzentrieren Sie sich bei Ihrer nächsten Stunde auf die Phasen vor dem eigentlichen Unterrichtsbeginn.
- Nehmen Sie sich genügend Zeit, und befolgen Sie versuchsweise die Vorschläge von Grell & Grell.
- Bitten Sie jemanden, diese Phase zu beobachten. Teilen Sie dieser Person Ihre Absichten mit, und bitten Sie sie nachher um ein Feedback.
- Gegebenenfalls kann Ihnen auch eine Videoaufnahme gute Aufschlüsse geben. |

2 Aufträge erteilen

Mühlhausen & Wegner (2006) befassen sich, als eines der wenigen Lehrbücher zu Unterricht, ausführlich mit dem Stellen von Arbeitsaufträgen. Die Autoren legen den Finger auf einen heiklen Punkt: die kurze Zeitspanne, in der die Lehrperson den Schülerinnen und Schülern mitteilt, was sie in der nächsten Zeit zu tun haben. Die nachfolgenden Ratschläge mögen in Detailliertheit erstaunen, doch gerade in der Ausführlichkeit wird deutlich, wie heikel diese Phase ist und wie folgenschwer Unachtsamkeiten sind.

« Für gelungenen Unterricht ist das verständliche Formulieren von Arbeitsaufträgen von erheblicher Bedeutung. Es ist viel schwieriger, als man denkt, Arbeitsaufträge so zu stellen, dass Schülerinnen und Schüler sie verstehen. Man kann dabei viele Fehler machen, und diese werden von angehenden Lehrpersonen bei den ersten Unterrichtsversuchen auch häufig gemacht. Solche Fehler bleiben im Rahmen von Unterrichtsversuchen unter Umständen unentdeckt, weil Mentoren, Mentorinnen und Mitstudierende vielen Schülerinnen und Schülern in Einzelgesprächen noch einmal erklären, was zu tun ist. Unterrichtende bemerken diese Hilfe der anderen oft nicht, weil sie selbst auch mit Nacherklären beschäftigt sind. Hinterher haben sie den Eindruck, sie hätten den Arbeitsvorschlag akzeptabel formuliert, weil er ja von den Schülern und Schülerinnen verstanden wurde.

Arbeitsaufträge verständlich entwerfen – worauf ist zu achten?
Diese Überlegungen – hier erläutert für Schulunterricht – gelten auch für andere Bereiche, z.B. Hochschulausbildung, Erwachsenenbildung, berufliche Weiterbildung.

Frage 1: **WAS soll bearbeitet werden?**
Der Arbeitsvorschlag bzw. die Frage(n) soll(en) klar formuliert sein. Vertrauen Sie nicht darauf, dass es reicht, den Auftrag mündlich zu stellen. Vielleicht erinnern Sie sich an den Schülersatz «Was sollen wir eigentlich machen?». In schriftlicher Form – z.B. an der Tafel oder auf einem Arbeitsblatt – ist der Auftrag als ständige Gedächtnisstütze wertvoll. Wenn Schülergruppen an unterschiedlichen Aufgaben arbeiten, ist es meist sinnvoll, dass alle über die verschiedenen Aufgaben informiert sind und sie als Teil eines Gesamtvorhabens begreifen können.

Frage 2: **Wer soll MIT WEM zusammenarbeiten?**
Falls man Gruppenarbeit arrangieren möchte, sollte man vorher genau überlegen, wie sich die Gruppen zusammenfinden sollen. In jedem Fall hat die Gruppenarbeit Wirkungen, die für den Unterricht bedeutsam sein können: Gruppenarbeit kann bei einzelnen Schülern Gefühle der Solidarität und des Stolzes auf eine gemeinsam vollbrachte Aufgabe auslösen, aber auch Gefühle des Zurückgedrängtseins, Nichtangenommenseins.

Wenn man die Klasse besser kennt, kann man auf bestimmte Sensibilitäten achten: Gibt es Vorlieben oder Abneigungen für bestimmte Sozialformen? Mögen sich einzelne Schülerinnen und Schüler nicht oder umgekehrt: Wären einzelne verärgert, wenn sie nicht beisammen wären? ...

Frage 3: **WOMIT soll die Arbeit geleistet werden?**
Die Lehrperson muss klären, mit welchen Materialien, Werkzeugen, Hilfsmitteln gearbeitet werden soll und ob diese Mittel in ausreichender Zahl zur Verfügung stehen (ggf. Reserven bereithalten). Man kann davon ausgehen, dass es immer Schülerinnen und Schüler gibt, die trotz Ankündigung vom Vortag: «Bringt für das morgige Basteln X und Y mit!» X oder Y vergessen haben.

Frage 4: **WIE soll das Ergebnis aussehen?**
Falls nicht schon durch den Auftrag selbst genau umrissen, sollte den Schülern und Schülerinnen möglichst klar sein, wie das von ihnen zu erstellende Ergebnis beschaffen sein sollte.

Frage 5: **WIE LANGE sollen die Schüler bzw. Gruppen arbeiten?**
Eine präzise Zeitangabe (Zeitdauer und Endzeitpunkt) ist für ein selbstständiges Arbeiten besonders wichtig. Sie ermöglicht das eigenständige Einteilen des zur Verfügung stehenden Zeitbudgets: «Ihr habt jetzt 15 Minuten Zeit. Ich möchte, dass ihr um 10 Uhr 25 aufhört, damit wir die Ergebnisse betrachten können.»

Faktisch benötigt man für fast jede Arbeit länger, als einem zugestanden wird – oder man sich selbst zugesteht. Die erfahrene Lehrperson wird daher in ihrem «inoffiziellen» Zeitplan einige Minuten mehr einkalkulieren, als sie den Schülern und Schülerinnen in ihrem «offiziellen» Zeitplan zugesteht.

Ein Signal einige Minuten vor Ablauf der «offiziellen» Zeitdauer («Jetzt bitte nur noch zwei Minuten, dann sollten alle fertig sein!») erleichtert es den Schülerinnen und Schüler, zum Ende zu kommen.

Frage 6: (Bei Gruppenarbeit) **WER trägt das Ergebnis vor?**
Die Vorstellung von Arbeitsergebnissen stockt nicht selten, weil die Gruppen nicht ausgemacht haben, wer diese Aufgabe übernimmt. Die zeitraubende nachträgliche Absprache darüber kann vermieden werden, wenn diese Frage bereits beim Gruppenauftrag mitgestellt ist und während der Gruppenarbeit geklärt wird. Da sich der- bzw. diejenigen schon darauf einstellen können, gelingt die Vorstellung auch besser. Auch wenn eine Gruppenarbeit von allen und nicht nur von einem vorgetragen werden soll (was mitunter sinnvoll sein kann), sollten sich die Gruppenmitglieder vorher darauf einstellen.

Arbeitsaufträge in der richtigen Weise stellen

Angenommen, man hat einen Arbeitsvorschlag gut überlegt, ja sogar auf einem Spickzettel wörtlich notiert. Im Unterricht möchte man ihn dann zum vorgesehenen Zeitpunkt stellen. Jetzt kann eigentlich nichts mehr passieren – denkt man. Trotz der guten Vorbereitung können jetzt Fussangeln auftauchen, an die man nicht gedacht hat. So sollte man zumindest in den ersten Schuljahren damit rechnen, dass Schüler und Schülerinnen einen Arbeitsvorschlag wörtlich nehmen und ihn sofort ungestüm umsetzen.

Es gibt auch noch weitere Probleme mit dem «Stellen von Arbeitsaufträgen». Angehende Lehrerinnen und Lehrer bauen optimistisch darauf, dass es genügen würde, einen – gut durchdachten und sprachlich angemessenen – Arbeitsvorschlag einfach bloss den Schülern anzukündigen («Ich möchte jetzt, dass ihr ...»), damit sich alle daran machen, ihn auszuführen. Auf diese Weise geht zunächst einmal meist alles schief, was nur schiefgehen kann:

- Der Arbeitsvorschlag wird vom Lehrer in eine allgemeine Unruhe hinein formuliert.
  Die Folge: Die wenigsten können ihn überhaupt akustisch verstehen.
- Während der Formulierung des Auftrags beginnen einige Schüler sofort damit, den zuerst genannten Aufforderungen nachzukommen (z.B. Arbeitsutensilien aus dem Ranzen zu kramen).
  Die Folge: Diese Schüler hören dem weiteren Auftrag nicht mehr zu und wissen dann nicht, wie es weitergehen soll; als Nebeneffekt produzieren sie durch Stühlerücken, Kramen in ihren Schultaschen etc. so viel Lärm, dass auch die anderen Schüler das Weitere nicht mehr verstehen können.
- Die sprachliche Formulierung und einzelne Begriffe sind den Schülern teilweise nicht geläufig.
  Die Folge: Sie verstehen nur bestimmte Aspekte des Auftrags.

Solche Fehler haben zur Folge, dass nicht alle Schülerinnen und Schüler wissen, worum es geht. Einige haben schon angefangen, andere schauen ratlos in die Gegend, wieder andere fragen mehr oder weniger leise ihren Nachbarn, was sie tun sollen. Die Lehrperson muss nun von Tisch zu Tisch gehen, um einzelnen Schülern und Schülerinnen den Arbeitsvorschlag oder zumindest Teilschritte noch einmal zu erklären. Gerade solche Phasen, in denen alle Schülerinnen und Schüler den Auftrag bekommen haben, etwas zu bearbeiten, viele jedoch nicht wissen, was sie tun sollen, sind besonders störanfällig. Die Störanfälligkeit potenziert sich dadurch, dass die Aufmerksamkeit der Lehrperson vom Klassengeschehen zeitweise abgezogen ist.

Nicht weniger problematisch sind Versuche des Nachbesserns von nicht verstandenen Arbeitsaufträgen durch Ansagen an alle: «Halt, halt, stopp! Legt eure Sachen noch mal hin, und hört noch mal zu, ich muss euch noch etwas erklären!» Oftmals werden dadurch selbst diejenigen behindert, die eigentlich weiterarbeiten könnten, weil sie das Gesagte bereits verstanden haben. Auch sie müssen ihre Arbeit unterbrechen, untätig herumsitzen und warten. Sie sind «Opfer» einer von der Lehrperson produzierten, «didaktisch verschuldeten Schülerarbeitslosigkeit».

Wie immer man auch als Lehrperson reagiert, ein nicht verstandener Arbeitsvorschlag hat zumeist ungünstige Konsequenzen, die man anschliessend nur schwer zufriedenstellend auffangen kann.

Grundmuster «Stellen eines Arbeitsvorschlags»
1. Die Lehrperson fasst in einer bestimmten Situation den Vorsatz, einen Arbeitsvorschlag zu stellen.
2. Sie prüft und stellt ggf. sicher, dass Ruhe und Aufmerksamkeit der Schülerinnen und Schüler gewährleistet sind.
3. Dann formuliert sie den Auftrag – relativ leise, aber langsam und betont sprechend.
4. Sie bittet die Schülerinnen und Schüler, den Auftrag wörtlich zu wiederholen bzw. vorzumachen, und wartet einen Moment.
5. Sie nimmt dann mindestens einen Schüler oder eine Schülerin dran, der den Auftrag wiederholt bzw. noch einmal vormacht.
   Wenn die Lehrperson ihre Klasse gut kennt, ruft sie nicht irgendjemanden auf und schon gar nicht jemanden von denen, die sich sofort melden. Diese Schülerinnen und Schüler bekommen in der Regel jeden Arbeitsvorschlag mit – auch wenn es noch so laut und chaotisch zugeht. Die Lehrperson wartet vielmehr – auch wenn «kostbare» Unterrichtszeit verstreicht –, bis sich auch jene melden, die erfahrungsgemäss meist nicht so genau mitbekommen, was zu tun ist. Denn erst, wenn jemand von diesen Schülerinnen und Schülern den Arbeitsvorschlag wiedergegeben hat, kann die Lehrperson ziemlich sicher sein, dass er von den meisten anderen wohl auch verstanden worden ist.
6. Erst nach der erfolgreichen Wiederholung des Auftrags durch einen Schüler/eine Schülerin (oder mehrere) gibt die Lehrperson das Signal, mit der Ausführung zu beginnen.

Diese sechs Schritte lassen sich nicht einfach schematisch abarbeiten. Wie die Lehrperson sie umsetzt, hängt von der jeweiligen Situation ab. ❯

Auszug aus: Mühlhausen, U. & Wegner, W. (2006). Erfolgreicher unterrichten?! Eine erfahrungsfundierte Einführung in die Schulpädagogik. © Schneider Verlag Hohengehren, Baltmannsweiler, S.131–139. Leicht gekürzt und angepasst.

3 Aufträge im Sportunterricht

Aufträge im Sportunterricht sind eine besondere Herausforderung – im Vergleich zu einem Schulzimmer ist der Raum sehr gross, die Plätze sind nicht eindeutig zugewiesen, wie wenn Schulbänke vorhanden sind, und die Schülerinnen und Schüler drängen auf Bewegung. Sportunterricht ist eine hervorragende Lerngelegenheit für das Organisieren von Unterricht und das Erteilen von Aufträgen!

Nur nicht warten!
Für viele Schülerinnen und Schüler gibt es im Sportunterricht kaum etwas Schlimmeres als warten, still sitzen, nichts tun dürfen. Die effektive Bewegungszeit einer Normallektion (45 Min.) beträgt durchschnittlich 10–15 Minuten. Sehr viel Zeit geht verloren beim Warten hinter Geräten, vor Stationen, als Auswechselspieler und beim Aufstellen/Abräumen. Unruhe, Blödeleien und Durcheinander entstehen meist aus Unterbeschäftigung und Langeweile. Die Schülerinnen und Schüler *wollen* sich in der Sporthalle bewegen – die Schülerinnen und Schüler *sollen* sich in der Sporthalle bewegen. Die Intensität einer Sportstunde muss durch gute Aufträge und klare Rituale gewährleistet werden.

Hohe Intensität
Hohe Intensität erreiche ich durch genügend Arbeitsplätze, möglichst kleine Gruppen und kurze Regiezeit (= Zeit für Anweisungen).

Aufträge
Eine effiziente Regie wird durch eine gute Organisation (Hilfen wie Hallenplan, Tafel oder Aufgabenkärtchen für das Aufstellen und Abräumen) und gute Erklärungen gewährleistet:
- Ich beginne meine Erklärungen erst, wenn alle Schülerinnen und Schüler anwesend, ruhig und aufmerksam sind.
- Ich spreche kurz, einfach, klar, präzise.
- Ich gliedere die Infos nach Wichtigkeit, gebe maximal 5 aufs Mal.
- Ich will nicht unbedingt alle Fragen klären, bevor es losgeht.
- Ich visualisiere durch Vorzeigen, mit Zeichnungen, mit Hallenplan: Sehen ist oft wirksamer als Hören!
- Während die Schülerinnen und Schüler am Arbeiten sind, bereite ich die Demonstration der nächsten Partnerübung mit einem Schüler schon vor.

Rituale
Rituale sind sehr wichtig und können wesentlich zum guten Gelingen einer Sportlektion beitragen. Sie unterstützen Aufträge und schaffen Klarheit, Orientierung und Sicherheit.

Zeichensprache
Bestimmten Signalen eine Bedeutung zuordnen, dies üben und (3 Jahre lang) beibehalten. Klare akustische Zeichen verwenden (eine Pfeife bewährt sich).

Lektionsbeginn
Beim Pfiff im Mittelkreis absitzen, deutliche Abgrenzung zum Pausenbetrieb und dem Eintreffen der Schülerinnen und Schüler.

Sofort tätig werden
Alle Schülerinnen und Schüler können sofort nach der kurzen Erklärung beginnen, alle sind sofort beschäftigt.

Ämter
Für eine bestimmte Periode sind immer die gleichen Schülerinnen und Schüler für die gleichen Aufgaben, das gleiche Material verantwortlich (Wegräumen, Sortieren der Bändel usw.).

Auszug aus: Unterlagen Fachbereich Bewegung und Sport, Pädagogische Hochschule Zürich.

4 Kurzvortrag, Informationsinput

Eigentliche längere Vorträge sind in der Volksschule zumeist fehl am Platz, ausser allenfalls an Elternabenden und in Weiterbildungen.

Wozu Kurzvorträge?
Kurzvorträge/Informationsinputs hingegen sind ein zentrales Informations- und Steuerungswerkzeug von Lehrpersonen. Im Unterricht dienen Kurz(!)-Vorträge dazu, in kompakter, klarer und anregender Form einen Sachverhalt einzuführen bzw. ihn zu klären.

Informieren statt «fragend erarbeiten»
Kurzvorträge/Informationsinputs verflüssigen den Unterricht, weil sie schnell zum Wesentlichen kommen und den Schülern und Schülerinnen anschliessend genügend Zeit lassen, sich selber aktiv mit der Sache auseinanderzusetzen. Ein pseudo-dialogisches Erarbeiten im Frage-Antwort-Spiel hingegen schafft selten Klarheit und verwirrt eher. Die Fragen von Lehrpersonen sind oft in guter Absicht gestellt und wollen die Schülerinnen und Schüler zum Denken anregen, doch oft entsteht ein langfädiger und zäher Unterricht mit wenig wirklicher Schülerinnen- und Schüleraktivität.

Verhängnisvoller Verzicht
Umgekehrt lässt sich sagen: Der Verzicht auf richtig eingesetzte und professionell gestaltete Kurzvorträge kann die Unterrichtsqualität erheblich mindern, denn die Schülerinnen und Schüler können nicht hinreichend vom sachgerechten und kompakten Erklären durch eine kompetente Lehrperson profitieren:
- Wenn die Lehrperson immer wieder je einzeln erklärt, selbst wenn ein Input für mehrere oder alle Schülerinnen und Schüler möglich wäre, verkürzt sich für die einzelnen Schülerinnen und Schüler die Gesamtzeit, in der sie Erklärungen erhalten.
- Wenn es um gut strukturierte Sachverhalte und Fertigkeiten geht, die sich die Schülerinnen und Schüler aneignen sollen, sind professionelle Inputs der Lehrperson sehr wichtig und wirkungsvoll. Wenn die Lehrperson ihr Know-how in solchen Fällen zurückbehält, ist das Selber-Erarbeiten eher demotivierend und nicht selten eine Zeitverschwendung.

Zum guten Referieren, Vortragen und Darbieten gibt es zahlreiche Forschungsbefunde; es liegen Konzepte und Befunde vor über die wirkungsvolle Gestaltung und Formulierung von Inputs (vgl. folgende Seite) sowie über das Vortragen und den Hilfsmitteleinsatz (z.B. Dubs 1995, Gasser 2003, Gage & Berliner 1996).

Mögliche Aktivitäten

Eine erste Input-Übung: Stellen Sie sich vor (einer Klasse, einer Gruppe), und erzählen Sie etwas Persönliches von sich. Planen Sie drei Minuten Redezeit. Tipps:
- Überlegen Sie sich, wie Ihre Vorstellung möglichst anschaulich und der Stufe entsprechend zu gestalten ist.
- Beziehen Sie die Hinweise auf diesen Seiten in die Vorbereitung ein.
- Bestimmen Sie, ob/welche/wie viele Fragen Sie beantworten wollen.
- Üben Sie Ihren Auftritt.

Das Kürzest-Rezept für Inputs

Nur sehr gute Informationsinputs und Kurzvorträge haben die gewünschte Wirkung. Sie haben drei Hauptmerkmale:
- *kurz* (maximal 6 Minuten)
- *klar* (alles verständlich ohne Rückfragen)
- *lebendig* (abwechslungsreich, stimulierend)

5 Der Kurzvortrag: Einige Empfehlungen

Ein guter Lehrpersonen-Vortrag, der Sachverhalte in Kürze erläutern und klären will, hat bestimmte Kennzeichen, die aus einer Vielzahl von Wirksamkeitsstudien bekannt sind. Daraus leiten sich Techniken des Vortragens ab, die gelernt werden können, unabhängig von der rhetorischen Begabung der Lehrperson (vgl. zusammenfassend Good & Brophy 2007; Rosenshine & Stevens 1986; Gage & Berliner 1996; Hattie 2009). Die folgende Zusammenfassung stützt sich auf den Überblick von Dubs (1995).

Advance Organizer
Mit einem *advance organizer* («Vororganisator») wird gezeigt, wie der nun folgende Inhalt organisiert wird und auf welchem Vorwissen es aufbaut. Meist besteht er in einem Überblick oder Fragen zur Thematik. Das kann helfen, das Nachfolgende einzuordnen oder allenfalls Interesse zu wecken.

Ziele, Zusammenhänge
Lernziele und Hinweise auf die wichtigsten Zusammenhänge, die behandelt werden. Das hilft, das Neue in einen Sinnzusammenhang einzubetten.

Informationen präsentieren
Präsentation der Informationen, bei der folgende Aspekte zu beachten sind:
Vorwissensbezug
> Wer die Zuhörerschaft nicht dort «abholt», wo sie bezüglich des Themas stehen, riskiert, dass sie nichts verstehen, weil die Voraussetzungen fehlen, oder dass sie unterfordert sind. Das Verständnis wird erleichtert, wenn neue Informationen auf dem *Vorwissen und den Erfahrungen der Lernenden* aufbauen.

Struktur
> Die *Struktur des Inputs* muss erkennbar sein; die Lernenden sollten verstehen, «wohin die Reise geht». Deshalb sollte man auch mal innehalten und sagen, wo man jetzt steht.

Sequenzierung
> Die Sequenzierung (schrittweises Vorgehen) muss einleuchtend sein: vom Prinzipiellen zu den Einzelheiten, vom Einfacheren zum Komplexeren und von der Regel zur (allfälligen) Ausnahme. Gage & Berliner (1996) schlagen ein paar bewährte Dispositionsformen für Vorträge vor, u.a.:
> - *Das Ganze und seine Teile:* Der Sachverhalt wird im Überblick erklärt, und einzelne Teile werden nachher präzisiert.
> - *Die Problemlösung:* Der Vortrag wird als Problemlöseprozess aufgebaut. (Aebli 1983)
> - *Der Vergleich:* Es werden Dinge nach gleichen Kriterien verglichen.

Klarheit
> Die *Erklärungen* müssen *klar und verständlich* sein: Saubere Definitionen und gute Begriffsbildung, keine vagen Ausdrücke, Illustration durch Beispiele und Nichtbeispiele sowie gute Begründungen.

Sprache
> Die Sprache muss lebendig, verständlich und einfach sein.

Zusammenfassungen
> Die Wirksamkeit des Lehrervortrages wird erhöht, wenn nach einzelnen Teilabschnitten *kurz zusammengefasst* wird und mit verbindenden Hinweisen oder einer Teilzielsetzung der nächste Abschnitt eingeleitet wird. Der Kurzvortrag ist mit einer Zusammenfassung abzuschliessen, die in drei bis vier Punkten das Wesentliche hervorstreicht.

Visuelle Unterstützung
> Der Kurzvortrag wird wirksamer, wenn er visuell unterstützt wird.

Literatur
Aebli, H. (1983). Zwölf Grundformen des Lernens. Eine Allgemeine Didaktik auf psychologischer Grundlage. Stuttgart: Klett.
Dubs, R. (1995). Lehrerverhalten: ein Beitrag zur Interaktion von Lehrenden und Lernenden im Unterricht. Zürich: Verlag SKV.
Gage, N. L., Berliner, D. C. & Bach, G. (1996). Pädagogische Psychologie. Weinheim: Beltz Psychologie-Verlags-Union.
Gasser, P. (2003). Lehrbuch Didaktik. Bern: hep verlag AG.
Good, T. L. & Brophy, J. E. (2007). Looking in classrooms. Boston: Allyn & Bacon.
Hattie, J. (2009). Visible learning: a synthesis of over 800 meta-analyses relating to achievement. Oxon: Routledge.
Rosenshine, B. & Stevens, R. (1986). Teaching Functions. In M. C. Wittrock (Hrsg.), Handbook of Research on Teaching. New York: Macmillan.

6 Verständlich vortragen: Das Hamburger Verständlichkeitskonzept

Inghard Langer entwickelte in den 1970er-Jahren zusammen mit Friedemann Schulz v. Thun und Reinhard Tausch das «Hamburger Verständlichkeitskonzept». Es wurde seither eine der meistzitierten Anleitungen zum verständlichen Referieren und Verfassen von Texten. Texte, die nach diesem Konzept gestaltet wurden, hatten z.T. eine Verdoppelung der Verständnis- und Behaltensleistungen von Lesern (Erwachsenen und Schülern) zur Folge. Inghard Langer fasst hier das Konzept in Kürze zusammen.

❰ Das Hamburger Verständlichkeitskonzept wurde anhand von schriftlichen Informationen erarbeitet, die sich an einen breiten Leserkreis wenden. Verwendet wurden Schulbuchtexte, Gebrauchsanweisungen, Begriffserklärungen, Zeitungsartikel, amtliche Bekanntmachungen, allgemeine Vertragstexte, allgemein interessierende Gesetzestexte usw. Nach bisherigen Erfahrungen ist das Konzept auch gut auf mündliche Informationen anwendbar. Jedoch kommen beim Sprechen noch starke Einflüsse durch Stimme, Sprechweise und Körperausdruck (Mimik, Gestik) hinzu.

Zu dem Konzept gehört Wissen um die verständliche Textgestaltung und Wissen um die wirksame Vermittlung der Fähigkeit zur verständlichen Textgestaltung. Beidem dienen drei Wege.
- Beschreiben der wesentlichen Eigenschaften einer verständlichen sprachlichen Darstellung.
- Zeigen der wesentlichen Verständlichkeitseigenschaften.
- Üben im Wahrnehmen und Verwirklichen der wesentlichen Verständlichkeitseigenschaften.

Das notwendige Wissen zu jedem dieser Wege beruht auf empirischen Untersuchungen.

Die wesentlichen Eigenschaften einer verständlichen sprachlichen Darstellung
Auf vier Eigenschaften kommt es an:

Einfachheit
- Wähle geläufige Wörter.
- Erkläre Fachwörter.
- Benutze einfach aufgebaute Sätze, keine Schachtelsätze.
- Bleibe konkret und anschaulich (lasse den Leser bzw. Zuhörer sprachlich so nah wie möglich an den dargestellten Sachverhalt herankommen).

Gliederung-Ordnung
- Gib zu Beginn einen Überblick und weise den Leser darauf hin, worauf es ankommt.
- Gib die Informationen folgerichtig, bilde Abschnitte, und ordne sie übersichtlich an.
- Hebe Wichtiges hervor.

Kürze-Prägnanz
- Beschränke dich auf die wesentlichen Informationen, und bringe sie auf den Punkt.

Zusätzliche Anregung
- Sprich den Leser (oder Zuhörer) persönlich an.
- Lass den Sachverhalt lebendig werden durch Beispiele, wörtliche Rede, Abbildungen.
- Lass auch mal Humor und Spass zu Wort kommen.

Einfachheit und Gliederung-Ordnung sind die wichtigsten Verständlichmacher. Von ihnen ist so viel wie möglich zu verwirklichen. Gliederung-Ordnung darf aber nicht mit einer äusserlichen Zergliederung (z.B. 1.1.1.1.1.3 usw.) verwechselt werden.

Kürze-Prägnanz darf nicht auf die Spitze getrieben werden; dies wirkt sich wieder ungünstig aus.

Zusätzliche Anregung darf ebenfalls nicht zu viel eingesetzt werden. Sie lenkt leicht vom Wesentlichen ab und setzt daher gute Gliederung-Ordnung voraus. Auch geht sie leicht auf Kosten von Kürze–Prägnanz. 〉

Auszug aus: Fittkau, B. (1993). Pädagogisch-psychologische Hilfen für Erziehung, Unterricht und Beratung, in 2 Bdn., Bd. 2. © Hahner Verlag, Aachen.

7 Erklären: Auf Fragen und Schwierigkeiten antworten

«Erklären» kann vieles sein: Wissen vermitteln, Vorzeigen, beim Wissensaufbau unterstützen, Strategien anbieten und vieles mehr. Hier geht es vorerst nur um das schnelle Klären eines Sachverhalts.

Lehrpersonen kommen oft in die Lage, dass sie aus dem Stegreif etwas erklären sollen, was die Schülerinnen und Schüler nicht verstanden haben, wo sie nicht weiterwissen, wo sie konkrete oder unspezifische Fragen haben. Damit diese Erklärungen erfolgreich sind, sollten ein paar grundlegende Fehler vermieden werden.

〈 Fehler 1: **Falsche Ebene**
Die Lehrperson irrt sich in der Ebene: Z.B. kann sich eine Schülerin schlecht konzentrieren, weil sie müde ist, doch die Lehrperson reagiert ausschliesslich auf der Sachebene und liefert eine Erklärung. Oder: Die Lehrperson erklärt nochmals, was das Ziel dieser Übung ist, wogegen der Schüler vor allem Probleme hat, seinen Arbeitsplatz zu organisieren.

Fehler 2: **Frage nicht verstanden**
Die Lehrperson meint vorschnell zu wissen, wo das Problem liegt, hört sich die Frage nicht genau an, fragt nicht zurück und erklärt etwas, was die Schülerin gar nicht wissen will. Bestenfalls sagt die Schülerin, dass sie eigentlich etwas anderes fragen wollte.

Fehler 3: **Vorwissen nicht abgeklärt**
Die Lehrperson stellt nicht klar, wo z.B. dieser Schüler mit seinem Wissen genau steht. Entweder setzt sie Dinge voraus, die dem Schüler nicht zur Verfügung stehen, die er vergessen oder nie gelernt hat – oder die Lehrperson holt weit aus und erklärt Dinge, die dem Schüler schon längst klar sind.

Fehler 4: **Selber nicht verstanden**
Die Lehrperson ist selber nicht sattelfest in der Sache. So schleichen sich Fehler oder Halbwahrheiten ein: Anstatt zu klären, verwirrt die Lehrperson. Oder die Lehrperson hält an einer einzigen Art der Erklärung fest, weil sie selber nur diese eine kennt, obwohl sie diesem Schüler nicht weiterhilft.

Fehler 5: **Schlecht erklärt**
Die Lehrperson erklärt unverständlich: mit unbekannten Ausdrücken, langatmig oder schnell, kompliziert oder abstrakt, unflexibel oder weit abschweifend usw. Das eigentliche Erklären kann geübt werden. Voraussetzung dazu ist allerdings ein vielfältiges, flexibilisiertes Wissen über die Sache. Ein guter Einstieg ins professionelle Erklären ist auch die Beispiel-Regel-Sequenz (vgl. nächste Seite).

Fehler 6: **Schlechtes Timing**
Die Lehrperson erklärt zum falschen Zeitpunkt. Sie erklärt weiter, obwohl dies ein ungünstiger Moment ist; z.B. wenn die Schülerin längst nicht mehr folgen kann und zunehmend frustriert ist oder wenn die Lehrperson weitere wartende Schüler sieht und viel zu schnell etwas fertig erklären will.

Lehrpersonen müssen den Mut haben, Erklärungen abzubrechen und sie nötigenfalls zu einem späteren, geeigneteren Zeitpunkt wieder aufzugreifen. »

8 Erzählen für Kinder

« 1. Erzählen geht überall: beim Spaziergang, beim Warten auf die Strassenbahn, sogar während man sich rasiert im Badezimmer. Wichtig ist nur, dass man etwas Ruhe hat, fürs Erzählen wie fürs Zuhören.
2. Erzählen ist keine «Einwegkommunikation». Nicht nur der Erzähler, auch die Zuhörer erzählen mit.
3. Wie gut jemand erzählt, hängt auch davon ab, wie es ankommt. Am leichtesten erzählt es sich vor Kindern, die man gut kennt, oder vor einer kleinen Gruppe von vielleicht vier oder sechs Kindern. Aber mit etwas Übung geht es auch vor grösserem Publikum.
4. Kinder können den Mund nicht halten. Sie plappern dazwischen, weil sie so genau zuhören.
5. Erzählen heisst nicht einfach reden. Was mit Händen und Füssen erzählt wird, prägt sich tief ein und wird oft noch nach Jahren erinnert.
6. Erzählen heisst Erfahrungen, Einstellungen, Gefühle weitergeben. Was so gut wie immer bei Kindern ankommt: Erlebnisse aus der eigenen Kindheit.
7. Wie «richtig» eine Geschichte ist, hängt gar nicht davon ab, ob die Figuren und Begebenheiten «echt» sind. Wichtig ist, dass die Fantasie in den Alltag einbricht.

8. So wie Kinder Sprache sprechend lernen, so lernen sie Erzählen durch das eigene Erzählen. **〉**

Auszug aus: Brinkmann, E. (2005). Erzähl mir was! Grundschule Deutsch Nr. 8 © 2005 Friedrich Verlag GmbH, Seetze. Gekürzt.

Hinweise zum Erzählen (auf allen Stufen)	• Erzählung an Entwicklungsstufe und Vorwissen der Schülerinnen und Schüler anpassen • Je jünger die Kinder, desto anschaulicher die Erzählung • Das «Erleben» steht im Mittelpunkt • Das Geschehen beschreiben, nicht die Zustände (dynamisch, nicht statisch) • Erzählstil an die Stimmung im Raum anpassen • (Blick-)Kontakt zur Klasse/zu den Schülerinnen und Schülern suchen

〈 Was man sonst noch aus Erzählungen machen kann
Die erzählten Geschichten werden kaum mit dem ersten Erzählen vollständig aufgenommen. Hier einige Empfehlungen fürs Nachbereiten und Einprägen:

Fester Termin und Wiederholen von Erzählungen
- Erzählen Sie zu festen Terminen
- Wiederholen Sie die zuletzt erzählte Geschichte unter Beteiligung der Kinder
- Erzählen Sie nur den Einstieg, und fragen Sie nach der Fortsetzung

Nachspielen im Rollenspiel
- Erzählen Sie den Einstieg
- Lassen Sie die Kinder die Fortsetzung spielen
- Fügen Sie Sätze ein, wenn das Spiel stockt
- Lassen Sie Varianten zu

Szenen malen
- Lassen Sie Kinder die beeindruckendste Szene malen
- Hängen oder legen Sie die Bilder in der Reihenfolge der Handlung
- Lassen Sie die Kinder die Geschichte entlang der Bilder rekonstruieren
- Fügen Sie die Bilder zu einem Bilderbuch zusammen

Später zusätzlich vorlesen – zum Stärken von Literalität
- Wählen Sie eine Geschichte, die Sie früher schon öfter erzählt haben
- Diesmal lesen Sie die Geschichte vor (ohne gestische und mimische Ergänzungen)

Kleine Medienprojekte
- Stellen Sie gemeinsam mit den Kindern ein Bilderbuch her
- Bauen Sie das Rollenspiel zu einem kleinen Theaterstück aus
- Machen Sie davon ein Video
- Erstellen Sie mit den Kindern eine Tonfassung

Erzählfähigkeit fördern
«Kinder lernen das Erzählen – wie auch alles andere – am besten durch Nachahmung. Erwachsene und Kinder können sich gegenseitig routinemässig erzählen, was sie im Laufe des Tages erlebt haben. Im Kindergarten ist das Erzählen mit dem Stuhlkreis im Tagesablauf verankert. Erzählen die Kindergärtnerinnen

und Kindergärtner im Stuhlkreis selbst eine kurze Geschichte bzw. ein Erlebnis, so können sie erstens den Kindern ein Vorbild sein und zweitens viel zur Förderung der Erzählfähigkeit beitragen.» ❯

Auszug aus: Schelten-Cornish, S. (2008). Förderung der kindlichen Erzählfähigkeit: Geschichten erzählen mit Übungen und Spielen. © Schulz-Kirchner Verlag, Idstein.

❮ **Storytelling**
«Storytelling heisst, Geschichten gezielt, bewusst und gekonnt einzusetzen, um wichtige Inhalte besser verständlich zu machen, um das Lernen und Mitdenken der Zuhörer nachhaltig zu unterstützen, um Ideen zu streuen, geistige Beteiligung zu fördern und damit der Kommunikation eine neue Qualität hinzuzufügen. ❯

Auszug aus: Frenzel, K., Müller, M. & Sottong, H. J. (2006). Storytelling. Das Praxisbuch. © Carl Hanser Verlag, München.

Mögliche Aktivitäten

- Wählen Sie eine geeignete Geschichte aus (lassen Sie sich dabei beraten), und erzählen Sie sie vor einer Gruppe von Kindern. Setzen Sie die oben aufgeführten Hinweise um.
- Wählen Sie einen Sachverhalt, den Sie mit einer treffenden Geschichte verständlicher machen, ohne vom Thema abzuschweifen («Storytelling»), und erzählen Sie diese Geschichte im entsprechenden Kontext, z.B. in einem Input.

9 Fragen stellen im Unterricht

Lehrpersonen moderieren über Fragen und einfache Anweisungen. Das Frageverhalten von Lehrpersonen ist hoch ritualisiert; typische «Lehrerfragen» haben sich in manchen Formen über ganze Lehrer- und Kindergärtnerinnengenerationen hinweg erhalten. Daher macht es Sinn, sich dies bewusst zu machen und ein paar einfache Regeln zu beachten.

Grundregeln

1. Vermeiden Sie zähflüssigen fragend-entwickelnden Unterricht
Die grösste Falle beim Moderieren ist es, in alte rituelle Muster des Klassengesprächs hineinzurutschen. Meiden Sie den «fragend-entwickelnden» Unterricht mit seinen Pseudofragen, die die Schülerinnen und Schüler «zum Denken anregen» sollen! Bekanntlich gewinnen Sie die Schülerinnen und Schüler damit nicht für die Sache, sondern Sie ziehen ein Ratespiel auf, in dem herauszufinden ist, was die Lehrperson jetzt wohl gerne hören würde.

2. Stellen Sie wenn immer möglich echte Fragen
Echte Fragen können praktische Fragen des Alltags sein...
- Wer möchte die Hefte verteilen?
- Warum bist du zu spät ins Turnen gekommen?

... oder Ausdruck echten Interesses:
- Braucht ihr für das Rechnen noch mehr Zeit?
- Wollt ihr diese Woche nochmals in den Wald gehen?

Signalisieren Sie, dass Sie *nicht eine bestimmte Antwort erwarten*, sondern wirklich neugierig sind.

3. *Stellen Sie sachbezogene Fragen in offener Form*
Offene Fragen sind oft Warum-Fragen, Fragen nach Erklärungen oder nach Varianten:
- Erzählt mir von Tieren, die ihr kürzlich gesehen habt.
- Was könnten nach eurer Meinung die Gründe sein, dass die Schweiz so viel Geld für einen neuen Gotthardtunnel ausgibt?
- Man kann das auf viele Arten ausrechnen – was schlagt ihr vor?
- I am wondering if anyone of you has ever been to England. What did you like most?

4. *Lassen Sie bei offenen Fragen genügend Zeit zum Nachdenken, und kündigen Sie an, dass Sie den Schülerinnen und Schülern Zeit zum Überlegen lassen!*
Forschungsbefunde sagen: Nach offenen Fragen mindestens 8 Sekunden Wartezeit. Werden Sie nicht ungeduldig, wenn nicht sofort eine Antwort kommt. Formulieren Sie Ihre Frage auf keinen Fall um, das verwirrt. Wenn lange nichts kommt, können Sie nachfragen, ob die Frage verstanden worden sei oder ob sie zu schwierig (zu banal) war.
Geben Sie auf offene Fragen eine inhaltsbezogene Antwort oder Rückmeldung, oder greifen Sie das Gesagte auf, um es in den weiteren Verlauf des Unterrichts zu integrieren.

5. *Scheuen Sie sich nicht vor spielerischem Frage-Antwort-Pingpong, doch deklarieren Sie es als solches!*
Schülerinnen und Schüler jeden Alters haben Spass an heiteren, abwechslungs- und lehrreichen Formen des Einübens. Wichtig ist aber, dass Sie das klar ankündigen und die Regeln bekannt sind, z.B.
- Die nächsten 5 Minuten frage ich euch ab: Ich zeige auf einen Gegenstand und frage nach seinem Namen, und ihr ruft möglichst schnell die Antwort.

Bei solchen Formen reichen kurze Quittierungen völlig (gut, richtig, nein, nochmals, genau ...).

Mögliche Aktivitäten	Sie brauchen unbedingt Informationen über Ihre Frage-Gewohnheiten. Geben Sie jemandem (Kollegen oder Kollegin, evtl. Schülerin oder Schüler) den Auftrag, Ihre Fragen während einer Stunde nach einem Schema zu klassifizieren (z.B. offene/geschlossene Fragen; Fragen zum Einüben; Pseudofragen; echte/unechte Fragen; Fragen zum Disziplinieren usw.).

Kapitel 5 Spielphasen planen und begleiten

Kinder spielen – diese Tatsache ist banal und dennoch Gegenstand vieler Diskussionen. So wird im Zusammenhang mit Schule und Unterricht immer wieder nach dem Stellenwert des Spielens für Kinder und Jugendliche gefragt: Wie viel Zeit soll Schülerinnen und Schülern, für Spiele zugestanden werden? Welche Bedeutung hat Spielen für das Lernen?

Im Unterricht der Kindergartenstufe hat das Spielen eine lange Tradition und ist fest verankert. Diese gilt es zu bewahren, aber auch weiterzuentwickeln. Ebenso lang ist die Tradition, dass Spielen im Unterricht der Primar- und Sekundarstufe in den Hintergrund tritt bzw. mehrheitlich nur noch in Form von Regelspielen anzutreffen ist. Dies gilt es zu überdenken: Inwieweit hat Spielen auch in den weiteren Schulstufen seine Berechtigung? Welche Spielformen eignen sich für die Mittel- und Oberstufe?

Dieses Kapitel zeigt anhand eines Beispiels, was Spielen für Kinder bedeutet. Zudem enthält es konkrete Hinweise zur Planung von Spielphasen, zur Gestaltung von Spielräumen und zeigt Möglichkeiten der Spielbegleitung durch die Lehrperson auf.

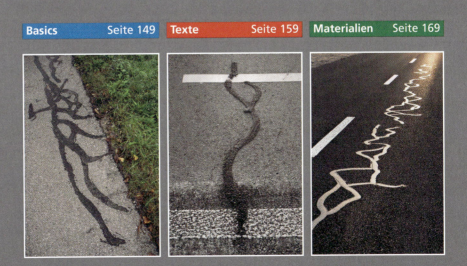

| Basics Seite 149 | Texte Seite 159 | Materialien Seite 169 |

Basics   Spielphasen planen und begleiten

REGULA VON FELTEN und DOROTHEA TUGGENER LIENHARD

Was bedeutet Spielen für Kinder?

Ein Beispiel

Julia (7 Jahre) und Tim (5 Jahre) spielen mit einer Plastikschlange und einem Plüscheisbären. Julia sagt zu Tim: «Meine Schlange hätte eine Allergie, die Schwarzschlangenkrankheit. Sie wurde von einer schwarzen Schlange gebissen. Du wärst der Arzt. Einverstanden?» Tim antwortet: «Wären wir nicht im Zoo und dort könnte man eine Schlange berühren? Das habe ich echt schon gemacht.» «Kommt her, hier kann man eine Schlange berühren! Keine Angst, die darf man wirklich berühren», ruft Julia. «Und hier Bärenkrallen, die sind spitzig und gefährlich», ruft Tim. Julia braucht ihre Schlange als Springseil und beginnt zu hüpfen. «Schau mal, Tim, mit dieser Schlange kann man Seil springen.» Dann legt sie sich die Schlange um den Hals. «Ist das nicht gefährlich?», fragt Tim. Julia antwor-tet: «Nein, das macht man so mit Schlangen, das habe ich schon gesehen. Jetzt würde ein Dieb kommen und will die Schlange rauben. Einverstanden?» «Und ich rufe dann die Polizei», erwidert Tim. «Tim, hilfst du mir, ein Gehege aus Steinen für meine Schlange zu bauen?» Tim und Julia legen Steine im Kreis um die Schlange. Tim holt ein Plastikbecken und stülpt es darüber. «Kann die Schlange so noch atmen?», fragt Tim. Julia antwortet: «Schau hier beim Stein, da kommt noch genügend Luft hinein. Und ich habe einen Schlüssel für das Gehege. Wir schliessen es ab, so kann die Schlange nicht gestohlen werden.» ...

Bedeutung und Merkmale des Spiels

Spielen ist für Kinder die wichtigste Beschäftigung in ihrem Alltag. Im Spiel interpretieren sie die Welt und setzen sich handelnd mit ihr auseinander. Das Beispiel von Julia und Tim macht deutlich: Wenn Kinder spielen, erzeugen sie eine Fantasiewelt, in die ihre Erfahrungen aus der realen Welt einfliessen. Im Spiel folgen sie ihrer eigenen Zeitlogik, lassen sich von ihren Interessen und Bedürfnissen leiten und beziehen neue Ideen laufend ein. Ihre Spielhandlungen passen sie entsprechend an. Im Vordergrund steht dabei das Ausprobieren und Variieren und somit die Tätigkeit selbst. Rolf Oerter definiert dieses Phänomen in seinem Buch «Psychologie des Spiels» anhand der drei Merkmale «Handlung um der Handlung willen», «Wechsel des Realitätsbezugs», «Wiederholung und Ritual» (Oerter 1999, S. 1–18).

Spiele geben Aufschluss über Wissen und Können

Wer Kinder beim Spielen beobachtet, erfährt, was sie wissen und können. Das einführende Beispiel zeigt: Julia kennt den Begriff Allergie und die Funktion eines Schlüssels und kann Seil springen. Sie weiss, dass Schlangenbisse gefährlich sind und Schlangenbesitzer ihre Schlange um den Hals tragen. Tim hat schon einmal eine Schlange berührt. Er weiss, dass Bären spitzige, gefährliche Krallen haben und dass Schlangen in einem rundum abgeschlossenen Raum gehalten werden, jedoch Luft brauchen. Es ist ihm auch klar, dass die Polizei benachrichtigt wird, wenn etwas gestohlen wird. Beide Kinder verstehen es, eigene Ideen ins Spiel einzubringen und auf Vorschläge des Anderen einzugehen. Zudem können sie ein selbst gewähltes Vorhaben mit Ausdauer verfolgen. (Das Beobachtungsprotokoll beschreibt nur den Anfang des gemeinsamen Spiels. Insgesamt haben Julia und Tim über eine Stunde mit der Schlange und dem Eisbären gespielt.)

Spielformen: Rollen-, Funktions- und Konstruktionsspiel

Typisch für das Spiel von Kindern sind auch die verschiedenen Spielformen, die in der Beschreibung erkennbar sind. Julia und Tim spielen ein Rollenspiel. Darin eingebaut sind noch zwei weitere Spielformen: ein Funktions- und ein Konstruktionsspiel.

Das Rollenspiel: In ihrem Spiel sind Julia und Tim für Tiere verantwortlich. Sie arbeiten im Zoo, schlüpfen also in andere Rollen und reproduzieren Erfahrenes nachahmend. Kinder sind im Rollenspiel bereit, Lebewesen und Gegenstände beliebig umzudeuten (die Schlange wird zum Springseil, ein Plastikbecken zum Terrarium). Um das Spiel voranzutreiben, wechseln Julia und Tim zwischen einer metakommunikativen Ebene *(Wären wir nicht im Zoo und dort könnte man eine Schlange berühren?)* und dem eigentlichen Spieldialog *(Kommt her, hier kann man eine Schlange berühren)* (vgl. Oerter 1999, S. 103).

Das Funktionsspiel: Julia verwendet die Schlange mitten im Spiel als Springseil. Dieses Spiel entsteht aus Freude an der Bewegung und am Ausprobieren von Gegenständen. Kinder spielen mit allem, was ihnen in die Hände kommt. Dabei lernen sie Materialeigenschaften und die Bewegungsmöglichkeiten des eigenen Körpers kennen und erfahren physikalische Gesetzmässigkeiten. Funktionsspiele «schaffen ein ‹Grundmaterial› an einfachen sensomotorischen Fähigkeiten und Erfahrungen, auf denen sich komplexere, zielgerichtete Verhaltensweisen aufbauen können» (Schenk-Danzinger 1995, S. 180).

Das Konstruktionsspiel: Die beiden Kinder bauen aus Steinen und einem Plastikbecken ein Terrarium. Während in Funktionsspielen das Ausprobieren im Vordergrund steht und Kinder keine eigentliche Gestaltungsabsicht verfolgen, entstehen in Konstruktionsspielen geplante Gebilde. Gegenstände werden verwendet, um bestimmte Vorstellungen zu realisieren. Im beschriebenen Spiel von Julia und Tim steht das Rollenspiel im Vordergrund. Häufig ist es jedoch auch umgekehrt: Kinder entschliessen sich, Zoo zu spielen, und verwenden ihre Energie und Zeit hauptsächlich darauf, eine Zoowelt aufzubauen. Nach einer längeren Bauphase fällt das Rollenspiel dann sehr kurz aus oder gerät ganz in Vergessenheit. In einem Konstruktionsspiel stellen sich Kinder selber eine Aufgabe, verfolgen also einen Plan und arbeiten auf ein bestimmtes Ziel hin. Dabei gilt es immer wieder auszuhandeln, wie die gemeinsame Welt auszusehen hat. Zur Freude an der Tätigkeit kommt nun das Interesse am Produkt. Solche Konstruktionsspiele verlangen Konzentration und Ausdauer, denn wer ein Werk vollenden will, muss sich einer Aufgabe gegenüber verpflichtet fühlen (vgl. Schenk-Danzinger 1995, S. 181–185).

Spielen – eine Form des Lernens

Kinder erschaffen im Spiel ihre eigene Wirklichkeit. Sie spielen um des Spielens willen, nicht, um zu lernen (vgl. Herzog 2002, S. 495–503). Dennoch versprechen sich Fachpersonen eine grosse Wirkung vom Spiel und beschreiben dessen Übungs- und Entwicklungsfunktion. Lotte Schenk-Danzinger (1995) beispielsweise sieht das Spiel für die menschliche Entwicklung als ebenso bedeutend an wie das spätere organisierte Lernen in der Schule und als wichtigste Voraussetzung dafür.

Das Spiel bezeichnet sie als «unbewussten Lernvorgang, determiniert einerseits von den Bedürfnissen des reifenden Organismus, andererseits von den Angeboten der Umwelt und von den Aufgaben, die diese stellt» (ebenda, S. 173).

Gemäss der klassischen Definition meint Lernen, eigenes Wissen oder Verhalten durch Erfahrungen relativ dauerhaft verändern (vgl. Woolfolk 2008, S. 257). Geschieht das in diesem Spiel? Julia und Tim bearbeiten ihre Erfahrungen und setzen sich mit einem Stück Welt auseinander. Ob sich ihr Wissen und Verhalten dadurch verändert, ist allerdings nicht klar ersichtlich. Deutlich wird jedoch, dass sie ihr Wissen und Können vielfältig einsetzen und Aktivitäten von sich aus ausüben, die Lehrpersonen tagtäglich im Schulalltag durch gezielte Lernanlässe zu initiieren bemüht sind. Julia und Tim sprechen, hören zu, gehen aufeinander ein, formulieren Pläne, realisieren diese und tauchen über längere Zeit in eine Tätigkeit ein. Dabei gelingt es ihnen immer wieder, einzelne Ideen in sinnvolle Handlungsabläufe einzubetten. Sie entwickeln in Ansätzen eine Geschichte, die sie gemeinsam spielen. Dies zeigt: Spielen ist wertvoll, obwohl das Lernen nebenbei geschieht und nur bedingt plan- und steuerbar ist. Im Spiel arbeiten die Kinder an wichtigen Kompetenzen, die Teil der Lehrpläne sind und dies oft effektiver und ausdauernder als in fremdbestimmten Lernsituationen. Dem Spiel muss deshalb insbesondere in der Bildung von 4- bis 8-jährigen Kindern ein angemessener Platz eingeräumt werden – sei es im Kindergarten, in der Unterstufe oder in der neuen Grund- oder Basisstufe.

Regelspiele in der Mittel- und Oberstufe

Spiele sind auch für Kinder und Jugendliche der Mittel- und Oberstufe wichtig. Das selbst gesteuerte Spielen findet in dieser Altersgruppe allerdings zunehmend oder gar ausschliesslich in den Pausen oder in der Freizeit statt. Im Unterricht werden vielfältige Regelspiele bedeutsamer, z.B. Mannschaftsspiele im Sportunterricht, Rollenspiele im Sprachunterricht oder Planspiele im Bereich Mensch und Umwelt (siehe Materialien S. 170). Ob Schülerinnen und Schüler Regelspiele als tatsächliches Spielen empfinden, ist einfach zu erkennen. Besteht der Wunsch, ein bestimmtes Spiel wenn immer möglich zu wiederholen, sind sie dafür intrinsisch motiviert. Die Spielhandlung entspricht ihrem Spielbedürfnis. Sind sie dagegen lustlos dabei, wird das Spiel zur Pflichtübung und verliert seine Funktion. «Befohlenes Spiel ist kein Spiel mehr» (Huizinga 1981, zitiert nach Herzog 2002, S. 502).

Die folgenden Abschnitte geben Hinweise, wie Spielphasen im Unterricht eingeplant und Spielumgebungen gestaltet werden können. Es werden auch Möglichkeiten aufgezeigt, wie Kinder begleitet werden können, wenn ihnen das Spielen weniger leicht fällt als Julia und Tim.

Zeit zum Spielen

Intensives Eintauchen in ein Spiel braucht Zeit. Julia und Tim spielen über eine Stunde mit ihren Tieren. Wie kann nun genügend Zeit für solches Spielen im Unterricht eingeplant werden? Und wie lässt sich das Spiel mit Elementen des systematischen Lernens und ritualisierten Elementen der Unterrichtsgestaltung (Klassenkreis, Znüniessen, Abschlusskreis) verbinden?

Im Kindergarten wird ein Morgen anders als in vielen Unterstufenklassen nicht in Lektionen unterteilt, sondern durch die Lehrperson rhythmisiert.

Traditionelle Rhythmisierung eines Morgens

In vielen Kindergärten lässt sich folgende traditionelle Rhythmisierung eines Morgens beobachten. Diese gilt jeweils für die ganze Gruppe.

08.20 Uhr	Auffangzeit/Orientierungsphase Spielen (wird traditionell als «Freispiel» bezeichnet) oder von der Lehrperson zugewiesene Tätigkeiten in der Regel am Tisch
09.00 Uhr	Sammlung im Kreis Geführte Sequenz/Lektion
09.45 Uhr	Ritualisierter Übergang zum gemeinsamen Znüni
10.00 Uhr	Pause im Freien
10.30 Uhr	Eventuell Sammlung im Kreis oder direkt Übergang zum Spielen – je nach Wetter auch Weiterführung der Spiele im Freien
11.30 Uhr	Sammlung im Kreis Kurze geführte Sequenz/Lektion Ritualisierter Abschluss und Verabschiedung der Kinder in die Garderobe

Ritualisierte Übergänge und Phasen, in denen alle Kinder der Gruppe gemeinsam geführt werden, sind ein Hauptmerkmal einer solchen Rhythmisierung.

Unterrichtselemente als Grundlage für unterschiedliche Rhythmisierungen

Zunehmende Heterogenität der Klassen, neue Anforderungen an die Arbeit im Kindergarten (z.B. durch die Einführung des Lehrplans Kindergarten), grundsätzliche Entwicklungen in der Eingangsstufe und Einflüsse spezifischer pädagogischer Ansätze führen dazu, dass Kindergartenlehrpersonen vermehrt nach andern Formen der Rhythmisierung eines Morgens suchen. Ein möglicher Ansatzpunkt ist die Einführung einer «offenen Znüni-Phase», die es den Kindern erlaubt, innerhalb einer bestimmten Zeitspanne individuell den Znüni zu essen. Zusätzlich können neben dem gemeinsamen Lernen (geführte Sequenz) die Elemente «freie Tätigkeit» (Spielen), «individuelles Lernen» und «Lernen in Gruppen» für die Gestaltung eines Morgens mitgedacht werden. Damit wäre beispielsweise folgende Rhythmisierung vorstellbar:

08.20 Uhr	Parallele Aktivitäten
ab 09.00 Uhr «offener Znüni»	Freie Tätigkeit (Spielen/selbst gewähltes Tun/ eigene Projekte) / Lernen in Gruppen (z.B. DaZ, Sprachtraining) und/oder individuelles Lernen (z.B. Schneideübungen, grafomotorische oder feinmotorische Übungen)
09.45 Uhr	Übergang zum Aufräumen und zur Pause im Freien
10.15 Uhr	Zusammentreffen in der ganzen Gruppe – Tagesritual der Klasse (z.B. Datum ansehen, Wetter besprechen, Singen, Klassengespräche, Klassenrat etc.)
	Gemeinsames Lernen (geführte Sequenz) – 10–20 Minuten
10.45 Uhr	Parallele Aktivitäten
	Individuelles Lernen (beispielsweise Vertiefungen aus dem gemeinsamen Lernen) / Freie Tätigkeit (Spielen/selbst gewähltes Tun/ eigene Projekte)
11.30 Uhr	Übergang zum Aufräumen und zu einem zweiten Zusammentreffen der ganzen Gruppe – Geschichte, Singen, Spiele und Abschluss und allenfalls Rückblick auf den Morgen

Je nach Klassenzusammensetzung und Stundenplanvorgaben (z.B. Turnstunden) lassen sich die verschiedenen Unterrichtselemente im Laufe eines Tages oder auch einer ganzen Woche unterschiedlich zusammenstellen. Lehrpersonen können den Unterricht also situationsangepasst rhythmisieren. Wichtig dabei ist, dass für alle Kinder – neben den anderen Unterrichtselementen – genügend Zeit für freie Tätigkeit eingeplant wird. Damit erhalten sie Raum und Zeit für selbst gesteuertes Tun. Dieses Tun kann tradierten Vorstellungen von Spiel entsprechen, durch eine bewusste Auswahl von Materialien können aber auch erweiterte Spielprozesse herausgefordert und individuelle Projekte ermöglicht werden.

Im Unterricht der Primarstufe verschwinden länger dauernde, durch die Kinder gesteuerte Spielphasen in der Regel vollständig, obwohl Untersuchungen in Klassen des 1.–4. Schuljahres, die während des Unterrichts regelmässig Zeit zum Spielen hatten, zu positiven Ergebnissen führten:
- Kinder, denen Zeit zum Spielen zugestanden wird, verhalten sich sozialer und zeigen geringere Aggressivität.
- Die Arbeitshaltung ist besser als in den Kontrollklassen.
- Die allgemeine Schulzufriedenheit und das Lerninteresse ist höher (vgl. Einsiedler 1999, S. 161f.).

Angesichts solcher Befunde wäre es wünschbar, auch in den höheren Stufen Zeit zum Spielen einzuplanen und Kinder gewähren zu lassen, wenn sich Spiele spontan entwickeln.

Raum zum Spielen

Nicht nur genügend Zeit ist wichtig, um Spielen zu ermöglichen. Auch der Raum und das Angebot an Spielmaterial beeinflussen das Spiel. Die Spielumgebung sollte daher bewusst gestaltet werden.

Raumgestaltung hat viele Facetten. All diese darzustellen und zu beschreiben, ist in diesem Rahmen nicht möglich. Drei grundlegende Kriterien zur Raumgestaltung geben eine erste Orientierung. Ergänzt werden diese durch konkrete Hinweise, wie Räume für anregende und herausfordernde Rollen-, Funktions-, Konstruktions- und Regelspiele eingerichtet und mit Spielmaterial ausgestattet werden können.

Grundlegende Kriterien zur Raumgestaltung

Kindorientierung und Lebensweltbezug: Räume für Kinder sollen sich an den Bedürfnissen und der Grösse der Kinder orientieren. Beim Einrichten der Räume muss immer wieder der Blickwinkel der Kinder eingenommen werden. Kindorientierung meint aber nicht «Verkindlichung» und «Verniedlichung». «Konfektionierte Einheitsräume, thematische Raumelemente (…) sowie vermeintlich kindorientierte Stilelemente» sollten vermieden werden (Franz & Vollmert 2005, S. 76). Eine kindgerechte Einrichtung orientiert sich an der realen Lebenswelt der Kinder und soll keine künstliche und in sich geschlossene Kinder- und Spielzeugwelt sein. Kindern sollen immer auch echte Gegenstände, Werkzeuge und Medien zur Verfügung stehen.

Einfachheit in der Vielfalt: Räume sollen in der Gestaltung auf das Wesentliche reduziert sein und damit die Konzentration und Aufmerksamkeit der Kinder unterstützen. Seien es Spielzeuge, Spiele oder sonstige Materialien, es geht immer um eine bewusste Auswahl und nicht um eine beliebige Sammlung. Dort, wo Vielfalt sinnvoll ist, soll sie strukturiert und in inhaltlich logischen Zusammenhängen präsentiert werden (ebenda, S. 78).

Beständigkeit und Veränderbarkeit: Gut gestaltete Räume geben den Kindern Sicherheit, Orientierung und damit die Freiheit, ihren Interessen und Fragen nachzugehen. Die Beständigkeit darf aber nicht dazu führen, dass sich Räume gar nicht verändern und Gestaltungselemente zu stets gleichbleibenden Dekorationen werden. «Kinder brauchen gestaltbare Räume, die sie sich aneignen und zu eigen machen können» (ebenda, S. 80). Werden Räume von Kindern vielfältig und variantenreich bespielt, werden sie sich auch verändern.

Raumgestaltung und Spielformen

Rollenspiele: Sollen vielfältige und variantenreiche Rollenspiele möglich sein, ist die traditionelle Form von fixen Rollenspiel-Ecken im Sinne von Familien-/Puppenecke, Marktstand etc. zu überdenken. Eine Alternative dazu ist, dass Materialien (Kleider, Accessoires, passende Hilfsmittel) in einem Rollenspielgestell thematisch geordnet aufbewahrt werden. Damit erhalten die Kinder die Möglichkeit, das für ihr Spiel (Zoo, Feuerwehr, Krankenhaus, Restaurant, Bauernhof etc.) notwendige Material selber zusammenzustellen, zu erweitern und zu ergänzen. Das Angebot an Materialien muss so breit sein, dass es unterschiedlichen Bedürfnissen und Interessen gerecht wird und Mädchen wie Knaben gleichermassen anspricht. Wer eine fest eingerichtete Puppenecke beibehalten will, sollte sie mit Materialien wie beispielsweise Kochbuch, Waage, Telefon, Notizzettel und Schreibutensilien anreichern. Solche Gegenstände eröffnen neue Handlungsmöglichkeiten im Spiel und fordern zur Auseinandersetzung mit Symbolen, Zahlen und Schrift heraus (vgl. Neuman & Roskos 1992).

Funktions- und Konstruktionsspiele: Auch beim Raum für Funktions- und Konstruktionsspiele stellt sich die Frage, was räumlich fix eingerichtet werden soll und was sich als mögliches Angebot präsentieren lässt. Ähnlich wie die Rollenspielangebote könnten auch die für Funktions- und Konstruktionsspiele notwendigen Materialien gut sichtbar in Kisten auf Gestellen aufbewahrt werden. Damit erreicht man, dass grössere Flächen im Klassenzimmer frei bleiben, die sich für Bewegungs- und grössere Konstruktionsspiele anbieten. Wie in der Spielszene von Tim und Julia erläutert, sind die Übergänge zwischen den Spielformen fliessend, was zusätzlich dafür spricht, notwendige Materialien in räumlicher Nähe zueinander zu haben.

Regelspiele: Das Angebot an Regel- und Lernspielen ist riesig. Daher ist bei der Auswahl darauf zu achten, dass die Spiele und die darin enthaltenen Materialien Variationsmöglichkeiten zulassen. Diese können von den Kindern wie auch von der Lehrperson erfunden und initiiert werden. Sowohl auf der Kindergarten- und insbesondere auf der Primar- und Oberstufe ist es sinnvoll, die Kinder zum Erfinden eigener Regelspiele zu ermuntern. Dazu braucht es Grundkenntnisse über Aufbau und Ablauf gängiger Regelspiele sowie geeignetes Material, wie Holz, Karton, Spielfiguren, verschiedene Würfel, Karten für Quartette und Dominos.

Für die Auswahl des Spielangebots und die Raumgestaltung allgemein können auch folgende Leitfragen hilfreich sein:
- Welches Angebot/Material muss immer zur Verfügung stehen und was kann variiert werden?
- Ist die Präsentation der Angebote und Materialien ansprechend und motiviert sie zum Gebrauch?
- Sprechen die Angebote alle Kinder an (junge, ältere, Knaben, Mädchen ...)?
- Fordert das Angebot zum eigenaktiven Tun und variantenreichen Spielen heraus?

Möglichkeiten der Spielbegleitung

Das Spielverhalten von Kindern wird in der Schule durch verschiedene Faktoren beeinflusst. Lehrpersonen lenken Spiele durch ihr Zeit- und Raumangebot zumindest immer indirekt. Wie die bisherigen Ausführungen zeigen, sind genügend Zeit, geeignete Raumgestaltung und anregendes Spielmaterial Voraussetzungen, um vielfältiges Spielen überhaupt zu ermöglichen. Doch wie sollen sich Lehrpersonen während der Spielphasen verhalten? Welche Rolle kommt ihnen zu? Dürfen sie ins Spiel direkt eingreifen und dieses zur Förderung nutzen? Oder müssen sie den Kinderspielen einfach freien Lauf lassen?

Eingreifen kann sinnvoll sein

In unseren Kindergärten galt lange Zeit die Devise, so wenig wie möglich ins Spiel einzugreifen, um die Kinder beim Spielen nicht zu stören. Diese war eine Folge des reformpädagogischen Bildes des Kindes, gemäss dem Entwicklungsvorgänge vor allem von innen her gesteuert sind, und der psychoanalytisch orientierten Spieltheorie, die es als wichtig erachtet, dass Kinder im Spiel ihre Wünsche und Ängste ausleben können (vgl. Flitner 2002, S. 133f., siehe auch Quellentext Seite 158ff.). Inzwischen hat sich eine andere Meinung durchgesetzt: Direktes Eingreifen in ein Kinderspiel kann durchaus sinnvoll sein, weil Kinder dadurch gezielt gefördert werden können. Was Margrit Stamm in ihren Überlegungen zur Frühförderung vertritt, gilt auch für das Spiel: Kinder sollen möglichst früh und provokativ an Lernmöglichkeiten herangeführt werden, wobei die individuellen Bedürfnisse stets mitberücksichtigt werden müssen (vgl. Stamm 2006, S. 172).

Spielbeobachtung und Spielförderung

Grundsätzlich gilt: Lehrpersonen sollten spielenden Kindern stets mit Interesse und Respekt begegnen. Spüren Kinder, dass die Lehrperson ihr Spiel als wertvoll empfindet, spielen sie länger und engagierter (vgl. Johnson, Christie & Yawkey 1987, S. 23–26). Die Hauptaufgabe einer Lehrperson während der Spielphasen ist, einzelne Kinder oder Kindergruppen aufmerksam zu beobachten. Dadurch erfährt sie, was die Kinder thematisieren, wie sie im Spiel handeln und wie sie einander begegnen. Diese Beobachtungen bilden die Grundlage, um zu entscheiden, ob eine Spielintervention überhaupt nötig und sinnvoll ist. Nur wer die Ressourcen und Defizite einzelner Kinder kennt, kann sie individuell fördern. Entschliesst sich eine Lehrperson für ein Eingreifen, muss sie dies so dezent tun, dass der «spontane, fantasiebezogene und selbst kontrollierende» Charakter des Spiels (Heimlich 2001, S. 185) nicht verloren geht.

Vier Möglichkeiten der Spielförderung

Konkrete Möglichkeiten, wie Lehrpersonen Kinder im Spiel fördern können, ohne sie der Spielwelt zu entreissen, beschreiben Johnson, Christie & Yawkey (1987, S. 21–44) in ihrem Buch «Play and Early Childhood Development». Sie unterscheiden die vier Möglichkeiten «Parallelspiel», «Mitspielen», «Spieltutoring von aussen» und «Spieltutoring von innen» und stützen ihre Empfehlungen mit Forschungsarbeiten zum Spiel-Training.

Parallelspiel: Eine Lehrperson kann auf ein bereits laufendes Spiel Einfluss nehmen, indem sie sich neben einem spielenden Kind platziert und mit dem gleichen Material spielt (z.B. *Bauen mit Klötzen*). Solches Parallelspiel fördert die kindliche Ausdauer und regt die Übernahme neuer Spielideen an.

Mitspielen: Eine andere Möglichkeit ist, bei einem Spiel selber mitzuspielen, das heisst, eine Rolle darin zu übernehmen. Wichtig dabei ist, dass sich die Lehrperson durch das Spielverhalten der Kinder leiten lässt und lediglich versucht, das Spiel durch ihre Impulse zu erweitern.

Spieltutoring von aussen: Ein stärkerer Eingriff ist das Spieltutoring von aussen. Möchte eine Lehrperson einem Kind, das mit einem Spiel *(einige Kinder spielen Arztpraxis)* liebäugelt, den Einstieg erleichtern, macht sie ihm einen konkreten Vorschlag: *Herr Linder, Sie haben doch in letzter Zeit oft Bauchschmerzen. Wollen Sie nicht zur Ärztin gehen, damit sie Ihren Bauch untersuchen kann?*

Spieltutoring von innen: Diese vierte Form der Spielbegleitung meint eine führende Rolle in einem Spiel übernehmen und dadurch erwünschtes Spielverhalten modellieren. *In der Arztpraxis könnte die Lehrerin selber einmal die Ärztin spielen und den Kindern vorzeigen, wie die Ärztin einem Patienten begegnet, was sie ihn fragt, wie sie ihn untersucht, welche weiteren Behandlungen sie empfiehlt.*

Eingriff auf der Spielebene

Die vorgestellten Möglichkeiten eignen sich, um die Spielfähigkeiten von Kindern zu fördern. Allen gemeinsam ist, dass nicht auf einer Metaebene – wie sonst üblich – ins Spiel eingegriffen wird. Die Lehrperson sagt nicht: *Baue den Turm doch noch höher! Frag doch die Kinder, ob du mitspielen darfst!* Oder: *Rebecca, du als Ärztin musst doch den Patienten fragen, was er hat?* Sie begibt sich, wenn sie interveniert, auf die eigentliche Spielebene, sodass sie die Kinder nicht aus dem Spiel reisst. Etwas anderes, das Lehrpersonen bei der Spielbegleitung ebenfalls häufig tun, ist, die Rolle einer Fürsprecherin der Realität zu übernehmen. Sie richten sich mit Kommentaren und Fragen aus der Realitätsebene an spielende Kinder, was dazu führt, dass sie den Spielfluss stören oder die Kinder ihr Spiel gar ganz abbrechen. Lehrpersonen sollten dies deshalb ebenfalls unterlassen (vgl. Johnson, Christie & Wardle, 2005, S. 275). Kinder beim Spielen begleiten heisst nicht sie belehren (vgl. Herzog 2002, S. 495–503). Ein Eingriff ins Spiel sollte auch nur so lange andauern, bis eine Massnahme wirkt. Handeln Kinder im Spiel wie erwünscht, sollte die Lehrperson die Kontrolle über das Spiel wieder ihnen übergeben (vgl. Johnson, Christie & Yawkey 1987, S. 36f.).

Fazit

Spielen Kinder in der Schule, sind Lehrpersonen stets mit im Spiel. Sei es indirekt durch zeitliche und räumliche Vorgaben oder direkt durch bewusstes Eingreifen ins Spiel. Lehrpersonen müssen sich aber beim Planen und Begleiten von Spielphasen bewusst sein, dass Spielen «nur auf der Grundlage der Freiwilligkeit» funktioniert (Herzog 2002, S. 502). Ansonsten werden sie leicht zu Spielverderbern.

Literatur
Einsiedler, W. (1999). Das Spiel der Kinder. Bad Heilbrunn: Klinkhardt Verlag.
Flitner, A. (2002). Spielen-Lernen. Praxis und Deutung des Kinderspiels. Weinheim/Basel: Beltz Verlag.
Franz, M. & Vollmert, M. (2005). Raumgestaltung in der Kita. München: Don Bosco Verlag.
Heimlich, U. (2001). Einführung in die Spielpädagogik. Bad Heilbrunn: Klinkhardt Verlag.
Herzog, W. (2002). Zeitgemässe Erziehung. Die Konstruktion pädagogischer Wirklichkeit. Weilerswist: Velbrück Wissenschaft.
Johnson, J. E., Christie, J. F. & Yawkey, T. D. (1987). Play and Early Childhood Development. Glenview: Scott, Foresman and Company.
Johnson, J. E., Christie, J. F. & Wardle, F. (2005). Play, Development, and Early Education. Boston: Pearson Education, Inc.
Neuman, S. B. & Roskos, K. (1992). Literacy objects as cultural tools: Effects on children's literacy behaviors in play. In: Reading Research Quarterly, S. 203–225.
Oerter, R. (1999). Psychologie des Spiels. Weinheim/Basel: Beltz Verlag.
Schenk-Danzinger, L. (1995). Entwicklungspsychologie. Wien: ÖBV Pädagogischer Verlag.
Stamm, M. (2006). Bildungsraum Grund- und Basisstufe. Theoretische Überlegungen und Perspektiven zum neuen Schuleingangsmodell. In: Beiträge zur Lehrerbildung, S. 165–176.
Woolfolk, A. (2008). Pädagogische Psychologie. München: Pearson Studium.

Texte   Spielphasen planen und begleiten

1 «Stimulieren» oder «Wachsenlassen»? – eine pädagogische Streitfrage zum heutigen Kinderspiel

Sollen wir Kindern, die spielen, freien Lauf lassen? Oder müssen wir auf ihr Spiel Einfluss nehmen, sie unterstützen und fördern? Im folgenden Ausschnitt aus seinem Buch «Spielen-Lernen» geht Andreas Flitner diesen Fragen nach und nimmt auch persönlich dazu Stellung.

« Spielen ist – jedenfalls in seinem Kernbereich – durch Freiheit, Spontaneität und Zwecklosigkeit bestimmt. Deswegen scheint zunächst einmal jede Einbeziehung des Spielens in «Lernprozesse» oder gar der Aufbau eines «Spielcurriculums» ein Widerspruch in sich. Spiele zum Lernen, zur Intelligenzförderung, zum Sozialtraining, zur Traditionsförderung und allen möglichen anderen Zwecken sind keine Spiele mehr. Sie gehören allenfalls noch zu den Randzonen des grossen Feldes von Erscheinungen, die wir «Spielen» nennen; in ihrem Kern sind sie didaktische Massnahmen, Training oder allenfalls Einkleidung des Lernens.

Die kindliche Spielentwicklung möglichst sich selber zu überlassen, die Kinder beim Spielen nicht zu stören und in ihr Spiel so wenig wie möglich, eigentlich nur bei unerträglichem Streit, einzugreifen, galt darum lange als die Hauptdevise für den Kindergarten und für die häusliche Erziehung. Sie wurde unterstützt durch die reformpädagogische Entwicklungspsychologie, welche die Entwicklungsvorgänge im Wesentlichen als von innen her, durch die natürlichen Reifungsprozesse gesteuert ansah. Zumal die Wiener Kinder- und Entwicklungspsychologie, wie sie Karl und Charlotte Bühler begründet haben, ging von dieser Vorstellung einer reifungsbestimmten Entwicklung aus.

Aber auch die psychoanalytisch orientierte Spieltheorie und Spielbeobachtung haben dazu beigetragen, die Kinder so viel wie möglich unbeeinflusst spielen zu lassen. Wenn das Spiel seinen tieferen Sinn gerade darin hat, den Kindern ein freies Feld der Betätigung des Unbewussten und der Fantasiearbeit zu gewähren, sodass sie darin ihre Erlebnisse und tiefen seelischen Spannungen inszenieren und sich Symbole schaffen können für alles das, was sie beschäftigt, dann kann daraus auch nur gefolgert werden, die Kinder müssten ihre Spiele so weit als möglich selber bestimmen und steuern.

Und schliesslich hat auch die Erziehungs- und Autoritätskritik der Sechziger- und Siebzigerjahre dazu beigetragen, dass der Selbststeuerung der Kinder so weit als möglich Raum gegeben wird. Diese Argumente zusammen haben dazu geführt, dass das *freie Spiel* in der Kleinkinderpädagogik und im Kindergarten eine zentrale Stelle einnimmt, dass man den Kindern vor allem ausreichend Zeit und einen geschützten Raum für solches freie Spielen bereithalten soll.

So sinnvoll und berechtigt nun Freispielzonen und -zeiten sind, so unzureichend sind doch solche verallgemeinernden Begründungen für das freie Spiel. Wir müssen auch hier genauer hinsehen, differenzierter argumentieren. Freiheit der Entwicklung, Selbststeuerung, Autonomie der Kinder sind gute und auch zeitgemässe Forderungen. Die Pädagogik ist aber gehalten, sie unter die Lupe zu nehmen, ihren Sinn und auch ihre Grenzen genauer kennenzulernen.

Da ist in erster Linie daran zu erinnern, dass diese Freiheit schon dadurch gekennzeichnet ist, dass die Erwachsenen sie schaffen und umzäunen. Das Feld dieser eigenen Bewegung und die Bedingungen, welche die Kinder dort antreffen, entstammen fast gänzlich der Erwachsenenhand. Es ist durch die Lebensweise, durch Architektur und Städtebau, durch Spielmaterialien und Spielbedingungen nach wie vor bestimmt. Auch das Freispiel des Kindergartens ist eine «Veranstaltung» in dem Sinne, dass äussere Bedingungen, die materiellen wie die sozialen Umstände absichtsvoll eingerichtet sind. Man könnte sich ganz andere Rahmenbedingungen denken, z.B. dass nicht Kinder gleichen Alters zusammengruppiert werden, sondern auch grössere Kinder mit ihnen dort spielen und kleinere im Säuglings- und Krabbelalter dort mitversorgt werden oder dass Männer und Frauen in etwa gleichem Verhältnis in diesen Einrichtungen wirken oder dass ganz andere Materialien oder räumliche Bedingungen als günstig angesehen werden (Computerspiele, Mickymäuse, Konsumgegenstände, gegen die die Erzieherinnen sich, durchaus mit Gründen, wehren). Erziehungsinstitutionen sind ein Teil der Alters- und Berufsorganisation unserer Gesellschaft, sie sind ein nach bestimmten Erfahrungen ausgestattetes, von Erwachsenen geschaffenes Feld der Betätigung und der Gesellung, ein Feld, das erfahrungsgemäss einen Spiel- und Anregungswert für Kinder hat und das ihnen auch bestimmte Möglichkeiten des sozialen Verhaltens und Austauschens zuspielt. Die Erwachsenen sind also in diesem Feld Mitakteure, als Planende und Vorsorgende, als Berufserzieherinnen, Lehrer oder mitarbeitende Eltern. Gewiss gibt es auch einmal ganz freie Szenen und Möglichkeiten des Spiels. Aber Tom Sawyer und Huckleberry Finn auf ihrer Insel und Pippi Langstrumpf in ihrem eigenen Hause sind doch eher Sehnsuchts- und Projektionsgestalten als Schilderungen realen kindlichen Lebens. Auch sie sind zudem von Erwachsenen für Kinder erdacht.

Mit dieser Überlegung soll gewiss nicht das freie Spiel in seinem Wert geschmälert werden. Von den Argumenten, die zu seiner Einrichtung im Kindergarten geführt haben – der Begründung aus dem *Wesen des Spiels* als Freiheit, der Begründung aus der *Entwicklungsgesetzlichkeit* und der Begründung aus der *Tiefenpsychologie* –, sind das erste und das letzte meines Erachtens nach wie vor gewichtig. In der Entwicklungspsychologie wird heute anders gedacht und argumentiert: Die Bedeutung der Umgebung, der Personen, die mit den Kindern umgehen, und das Anregungspotenzial, das ihnen geboten wird, werden heute sehr viel höher eingeschätzt als zur Blütezeit der Wiener Psychologie. Wichtig scheint mir nach wie vor, dass wir bisher nur einen kleinen Teil der psychischen Vorgänge kennen, welche die Kinder im Spiel erfahren und durchlaufen. Wichtig scheint mir weiter aus den historischen und kulturvergleichenden Untersuchungen, dass das Spielen gerade für den modernen Menschen und in den technisierten Kulturen einen immer grösseren Raum einnimmt und eine zunehmende Bedeutung gewinnt. Je mehr die Kinder freigesetzt sind von der unmittelbaren Teilnahme an den Arbeiten der Gesellschaft und je komplizierter unsere Zivilisation sich den Kindern zeigt und weiter: je mehr sie konfrontiert werden nicht nur mit vorgezeichneten Lebensformen, sondern mit einer Fülle von Angeboten, Eindrücken, Reiseerfahrungen, Menschen anderer Herkunft und anderen Lebenszuschnitts, umso mehr sind sie darauf angewiesen, das alles auf ihre Weise zu verarbeiten. Sie sind angewiesen auf symbolische und inszenierende Aneignung und Bewältigung dieser Vielfalt in ihrem Spiel. Dass Kinder spielen dürfen, dass sie breite Möglichkeiten zur Entfaltung und zur Bereicherung ihres Spiels bekommen, ist gerade auch ein Kennzeichen der modernen Zeit. Nicht nur durch den Verlust vieler alter Spiele nehmen wir das wahr, sondern auch durch eine Vielzahl neuer Spielangebote und Möglichkeiten zur Spielentfaltung, wie sie früher nur wenigen offenstanden.

Diese Ausdehnung der Möglichkeiten gilt sowohl dem «Freispiel» wie den vorgeformten Spielangeboten. Da wir mit unserem absichtlichen Einrichten der Spielbedingungen und mit unserem Beobachten und Verstehen des Spiels immer nur einen Teil von dem erfassen, was die Kinder wirklich beim Spiel erleben, was sie denken und tun, sollten wir auch mit unseren Zuwendungen, unserem Herstellen der Bedingungen und unseren Eingriffen vorsichtig sein. Aber wir kommen nicht daran vorbei, uns zu überlegen, was den Kindern guttut. Wir sind gehalten, die Räume der Kinder abzuschirmen gegen solche Einflüsse, die wir für schlecht und unbekömmlich halten. Und wir bemühen uns, das zu unterstützen, was ihren Spielmöglichkeiten und ihren Entwicklungsbedingungen förderlich ist. Wir kommen also dazu, auch wenn wir die Freiheit der Kinder hochschätzen und den Weg der Kinder zur Selbstständigkeit als eines der wichtigsten Ziele der Erziehung ansehen, immer wieder über die Bedingungen nachzudenken, die wir Erwachsenen in den Feldern des Kinderlebens und den von uns geschaffenen Freiräumen bieten. Kinder suchen sich Aufgaben, sie lassen sich herausfordern durch die Gegebenheit des Materials, sie entwickeln ihre Fantasie, ihre Geschicklichkeit, ihr Kombinationsvermögen und suchen sich den anregenden Schwierigkeitsgrad selber, den sie brauchen. Sie spielen, auch vorgreifend und rückgreifend-regredierend, ihrem Entwicklungsstand und ihren Bedürfnissen entsprechend, viel genauer, als sie es bei Aufgabenstellungen, die von aussen kommen, tun könnten.

Das Kind jedoch, das – sich selbst überlassen – seinen Weg als individuelle Leistung aus dem Innersten steuert und alleine findet, ist eine Illusion; ein Trugbild deshalb, weil es in jedem Falle einer bestimmten, einflussübenden Umgebung ausgesetzt ist, bestimmten Bedingungen des Aufwachsens, bestimmten Personen und Eindrücken, die das Kind erreichen und formen. Im Lebensfeld der Kinder sind die Erwachsenen immer als Lenkende und Modellgebende präsent, sie sind verantwortlich auch dann, wenn sie abwesend sind und auch wenn sie sich nicht um die Kinder kümmern. Dieses Feld ist durch soziale Kräfte, durch kulturelle Bedingungen und Gegebenheiten, aber auch durch Konsum, durch Reklame, durch Gewaltausübung und -darstellung u.Ä. mitbestimmt. Es ist immer auch das Feld der Erwachsenen, die auf irgendeine Weise neben sich die Lebensbedingungen der Kinder definieren. Wie das für das Spielen und die freien Tätigkeiten der Kinder geschehen kann, wollen wir uns im Folgenden an einigen Beispielen klarmachen. ❯

Literatur
Beek, Angelika (2001): Der Raum als 3. Erzieher. In: PÄD Forum 3/2001, S.197–202.
Dreier, Annette (2004): Raum als Dritter Erzieher. In: Lingenauber, Sabine (Hrsg.): Handlexikon der Reggio-Pädagogik. Bochum, S. 135–141.
Dreier, Annette (2007): Was tut der Wind, wenn er nicht weht? Begegnung mit der Kleinkindpädagogik in Reggio Emilia. Berlin, Düsseldorf, Mannheim.
Göhlich, Michael (1993): Reggio-Pädagogik – Innovative Pädagogik heute. Zur Theorie und Praxis der kommunalen Kindertagesstätten von Reggio Emilia. 5. Aufl. Frankfurt a.M.
Knauf, Tassilo (1995): Freiräume schaffen – Spielräume entdecken. Orte für Kinder in Reggio-Emilia. In: klein&gross 11–12/1995, S. 18–23.
Knauf, Tassilo (1996): Pädagogik und die Kategorie Raum. In Bundeszentrale für gesundheitliche Aufklärung (Hrsg.): Lernwelten. Zur Gestaltung schulischer Räume. Bensberg (Thomas-Morus-Akademie), S. 14–30.
Knauf, Tassilo (2004): Atelier. In: Lingenauber, Sabine (Hrsg.): Handlexikon der Reggio-Pädagogik. Bochum.
Knauf, Tassilo, Düx, Gisinde, Schlüter, Daniela (2007): Handbuch Pädagogische Ansätze – Praxisorientierte Konzeptions- und Qualitätsentwicklung in Kindertageseinrichtungen. Berlin: Cornelsen SCRIPTOR.

Krieg, Elsbeth (Hrsg.) (1993): Hundert Welten entdecken. Die Pädagogik der Kindertagesstätten in Reggio Emilia. Essen.
Reggio Children (Hrsg.) (2007): Hundert Sprachen hat das Kind. Das Mögliche erzählen. Kinderprojekte der städtischen Krippen und Kindergärten von Reggio Emilia. Berlin, Düsseldorf, Mannheim.
Sommer, Brigitte (1988): Dokumentation der Ausstellung und Fachtagung «Reggio: Kleinkindererziehung in Reggio nell'Emilia – Wie Kinder wahrnehmen, denken und gestalten». Berlin.

Auszug aus: Flitner, A. (2002). Spielen-Lernen. Praxis und Deutung des Kinderspiels. © Verlagsgruppe Beltz, Weinheim, S. 133–137.

2 Der Raum als «dritter Erzieher»

Der folgende Quellentext ist ein Ausschnitt aus dem Kapitel über die Reggio-Pädagogik, die ihren Namen von der norditalienischen Stadt Reggio Emilia hat. Bereits 1910 wurden dort kommunale Kindergärten gegründet, deren Ziel es war, Kinder im Vorschulalter zu fördern. Die Autoren bezeichnen die Reggio-Pädagogik eher als «Erziehungsphilosophie» denn als «ausgefeiltes Theoriemodell» (vgl. Knauf et al. 2007, S. 127). In ihren zentralen Grundannahmen wird vom aktiven, sich selber die Welt erschliessenden Kind ausgegangen, das sein Wissen und sein Können selber konstruiert. Insofern liegt es auf der Hand, dass der Raum – neben den Erzieherinnen und den andern Kindern – die Funktion eines «dritten Erziehers» bekommt. Der Text weist darauf hin, dass «Raum» in der Reggio-Pädagogik mehr umfasst als sonst üblich.

« Der Raum als dritter Erzieher ist eine viel zitierte, verschieden interpretierbare und auch missverständliche Metapher (vgl. Beek 2001, S. 197; Dreier 2004, S. 137). Ist der Raum nach den beiden hauptamtlichen Erzieherinnen in der Gruppe einer reggianischen Einrichtung der dritte Erzieher? Ist er es, weil er Eltern und Kita-Personal den Vortritt lässt oder weil er dem Kind als Selbst-Erzieher und seinen ko-konstruktiven Begleitern folgt?

Wie die erwachsenen Erzieher erfüllt der Raum für Kinder zwei Hauptaufgaben: Er gibt Kindern Geborgenheit (Bezug) und ist zum anderen Herausforderung (Stimulation). Der Raum ist in Reggio Teil des pädagogischen Konzeptes (vgl. Reggio Children 2007, S. 40). Er umfasst allerdings mehr als nur die Räume und die Ausstattung der einzelnen Kindereinrichtung. Zum pädagogisch wirksamen Raum gehört vielmehr auch das ganze von den Kindern (überwiegend zu Fuss) erschliessbare Umfeld: die Strassen, Plätze, öffentlichen Gebäude der Stadt ebenso wie die Reste von Natur in der Stadt und an ihrem Rand: Parks, Gärten, Äcker, Wiesen, Teiche und Wasserläufe. Mit ihrer Präsenz im Alltagsleben der Stadt bringen sich Kinder in die Welt der Erwachsenen ein, kommunizieren mit ihr.

Die Öffnung des Kita-Alltags zum Leben in der Stadt und zur Erwachsenenwelt wird durch die Architektur der meisten reggianischen Kindereinrichtungen zum Ausdruck gebracht: Durch grosse, tief heruntergezogene Fensterflächen werden optische Barrieren zwischen drinnen und draussen abgebaut. «In Reggio sind Kindergärten und Krippen eine Art Aquarium: Man kann jederzeit hinaussehen, und von draussen haben alle Einblick, um zu verstehen, was da drinnen geschieht» (Sommer 1988, S. 379). Auch die Gestaltung des Eingangsbereichs fördert die Öffnung der Einrichtung zum städtischen Umfeld: «Der Eingangsbereich ist die Visitenkarte der Einrichtung (...) Alle Besucher sollen sich eingeladen fühlen, das Haus zu betreten» (Krieg 1993, S. 37). Mitarbeiterinnen und Kinder stellen sich hier mit Fotos vor; Wandzeitungen und Projektdokumentationen können auf die Arbeit und das Leben in der Einrichtung neugierig machen. «Die Eingangshalle soll aber nicht nur Informationen vermitteln (...) Mit einem Gefühl des Wohlbehagens sollen Kinder wie Erwachsene (Erzieherinnen, Eltern, Grosseltern, Bürger, Bürgerinnen und Verantwortliche der Stadt, auswärtige Besucherinnen und Besucher) die Einrichtung betreten und Interesse gewinnen, auch die anderen Räume der Kita aufzusuchen» (Knauf 1995, S. 18). Zu einer solchen aktivierenden Atmosphäre tragen vor allem Bilder und Pflanzen bei.

Auch innerhalb der Einrichtung entwickelt sich ein interaktives, dialogisches Verhältnis zwischen den Kindern (aber auch den Erwachsenen) und dem räumlichen Ambiente. Insofern übernimmt der Raum die Funktion eines «dritten Erziehers» neben den beiden Erzieherinnen, die jeder Gruppe zur Verfügung stehen (vgl. Göhlich 1993, S. 67ff.). Räume übernehmen somit verschiedene pädagogische «Rollen» in den reggianischen Kindereinrichtungen. Sie sollen
- eine Atmospäre des Wohlbefindens schaffen, die sowohl Geborgenheit vermittelt als auch aktivierend wirkt
- die Kommunikation in der Einrichtung stimulieren
- gegenständliche Ressourcen für Spiel- und Projektaktivitäten bereitstellen
- Impulse geben für Wahl und Bereicherung von Kinderaktivitäten.

Mit dem Anspruch der reggianischen Kindereinrichtungen, eine Atmosphäre des Wohlbefindens für Kinder (und Erwachsene) zu schaffen, wird Bezug auf die radikale Kindorientierung Janusz Korczaks genommen, der «das Recht des Kindes auf den heutigen Tag» einforderte (vgl. Dreier 2007, S. 131). Daraus ergibt sich die Konsequenz, dass sich Raumgestaltung an den Bedürfnissen der Kinder orientieren muss. Dazu gehört:
- Sich zurückziehen zu können, um Geborgenheit, Stille, Alleinsein, Wärme und Nähe eines einzelnen Partners oder weniger Partner zu erfahren
- Motorik in schnellen Bewegungen erleben zu können
- Anregungen zum Tätigwerden durch Gegenstände mit Aufforderungscharakter zu bekommen (vgl. Knauf 1995, S. 18)
- Durch die Sichtbarkeit der Aktivität anderer zur Kontaktaufnahme, zum Mitmachen oder zum imitativen Handeln eingeladen zu werden
- Die Ästhetik, die Sinnlichkeit des Raumes, insbesondere seine Farbigkeit, seine Proportionierung, die Verknüpfung zu Nachbarräumen, seine abgestuften Helligkeitsgrade, die Materialität seiner Begrenzung und seine gegenständliche Ausstattung, je nach situativ-individueller Stimmungslage einmal als Stimulans, ein anderes Mal als Beruhigung zu erleben (vgl. Knauf 1996, S. 21ff.)
- Räume durch Mitgestaltung, insbesondere durch die Ausstattung mit eigenen Werken, persönlich und vertraut, gewissermassen zu etwas Eigenem zu machen.

In Reggio werden verschiedene Mittel genutzt, um diese Bedürfnisse aufzugreifen, zu berücksichtigen und weiterzuentwickeln. Dazu gehört z.B. die räumliche Vielgestaltigkeit der Einrichtungen, in denen sehr unterschiedlich proportionierte und unterschiedlich helle Räume zu verschiedenartigen Tätigkeiten stimulieren. Des Weiteren bedeutsam ist die *klare, aber nicht starre funktionale Akzentuierung der Räume:* Neben der Eingangshalle und den differenzierten Raumkomplexen für die einzelnen Gruppen verfügen die meisten Tageseinrichtungen über ein zentrales grosses Forum, die «Piazza», die wie der Marktplatz einer spätmittelalterlichen Stadt Herzstück des Gemeinwesens ist und damit Bedeutung und Lebendigkeit sozialer Bezüge in der Einrichtung konkret zum Ausdruck bringt (so Elena Giacopini auf einem Vortrag am 05.11.1997 in Reggio; vgl. Krieg 1993, S. 37). Ein weiteres wichtiges Charakteristikum in der Raumstruktur reggianischer Einrichtungen ist das Atelier (vgl. Knauf 2004), in dem eine Werkstattleiterin oder ein Werkstattleiter («atelierista») Kinder beim Ausprobieren und Erweitern der individuellen sinnlichen Ausdrucksmöglichkeiten («die 100 Sprachen der Kinder») unterstützt. Jeder Gruppe ist in der Regel zusätzlich ein «Miniatelier» als Arbeits- und Magazinraum zugeordnet. Entsprechend der besonderen kulturellen und sozialen Bedeutung des Essens speziell in Italien (vgl. Dreier 2007, S. 35) sind die Speiseräume als offene Restaurants gestaltet, die sich oft an die Piazza anschliessen, sich aber auch zur Küche hin öffnen. Diese gehört ebenfalls zu den Aktionsbereichen der Kinder, in denen sie etwas ausprobieren, aber auch durch Imitation lernen können.

Die Räume zeichnen sich durch *Offenheit und Transparenz* aus (vgl. Knauf 1995, S. 20f.). Kinder werden aufgefordert, die ganze Einrichtung (und ihr Umfeld) zu erkunden, um durch das Entdecken immer wieder von Neuem Wissbegierde als eine wichtige Grundhaltung zu stabilisieren und um (immer wieder neu) Orte, Partner und Aktivitäten zu finden, von denen sie sich persönlich angesprochen fühlen. Durch Briefkästen für jedes Kind (vgl. Krieg 1993, S. 42) und durch Schlauchtelefone wird die Bereitschaft der Kinder, zu kommunizieren, noch verstärkt.

Als *Ressourcen und Impulse* für das Stimulieren von Kinderaktivitäten werden in den verschiedenen Räumen Geräte (vom Spiegelzelt bis zum Overheadprojektor), von Kindern oder Erwachsenen geschaffene ästhetische Objekte, vor allem aber vielfältige Gebrauchsmaterialien platziert (vgl. Knauf 1995, S. 20ff.; Krieg 1993, S. 45). Alles ist – mit den montessorischen Grundsätzen der «vorbereiteten Umgebung» vergleichbar – offen, zugleich wohl geordnet und ästhetisch ansprechend präsentiert und verfügt damit über einen unmittelbaren Aufforderungscharakter zum Aktivwerden. Die Schönheit der Präsentation enthält zugleich die implizite Aufforderung, mit Materialien und ihren Arrangements sorgfältig und behutsam umzugehen.

Die *Räume werden von den Kindern mitgestaltet:* Die Resultate ihrer Forschungs- und Gestaltungsprozesse sind die wichtigsten Medien zur Ausgestaltung der Räume. Die Räume gewinnen durch die Werke der Kinder ihren spezifischen ästhetischen Charakter und werden dadurch zugleich zu Dokumenten und Spiegeln der Entwicklung der Kinder. Besonders intensiv ist der Mitgestaltungsprozess der Kinder zu Beginn des neuen Kita-Jahres, wenn sie neue Gruppenräume erhalten. Sie überlegen dann, was sie aus ihren alten Räumen mit in die neuen nehmen wollen, um eine Balance zwischen Bewahren und Verändern als Ausdruck ihrer Entwicklung zu finden. ❭

Literatur

Dreier, Annette (2004): Raum als Dritter Erzieher. In: Lingenauber, Sabine (Hrsg.): Handlexikon der Reggio-Pädagogik. Bochum, S. 135–141.

Dreier, Annette (2007): Was tut der Wind, wenn er nicht weht? Begegnung mit der Kleinkindpädagogik in Reggio Emilia. Berlin, Düsseldorf, Mannheim.

Göhlich, Michael (1993): Reggio-Pädagogik – Innovative Pädagogik heute. Zur Theorie und Praxis der kommunalen Kindertagesstätten von Reggio Emilia. 5. Aufl. Frankfurt a.M.

Knauf, Tassilo (1995): Freiräume schaffen - Spielräume entdecken. Orte für Kinder in Reggio-Emilia. In: klein&gross 11–12/1995, S. 18–23.

Knauf, Tassilo (1996): Pädagogik und die Kategorie Raum. In Bundeszentrale für gesundheitliche Aufklärung (Hrsg.): Lernwelten. Zur Gestaltung schulischer Räume. Bensberg (Thomas-Morus-Akademie), S. 14–30.

Knauf, Tassilo (2004): Atelier. In: Lingenauber, Sabine (Hrsg.): Handlexikon der Reggio-Pädagogik. Bochum.

Knauf, Tassilo, Düx, Gisinde, Schlüter, Daniela (2007): Handbuch Pädagogische Ansätze – Praxisorientierte Konzeptions- und Qualitätsentwicklung in Kindertageseinrichtungen. Berlin: Cornelsen SCRIPTOR.

Krieg, Elsbeth (Hrsg.) (1993): Hundert Welten entdecken. Die Pädagogik der Kindertagesstätten in Reggio Emilia. Essen.

Reggio Children (Hrsg.) (2007): Hundert Sprachen hat das Kind. Das Mögliche erzählen. Kinderprojekte der städtischen Krippen und Kindergärten von Reggio Emilia. Berlin, Düsseldorf, Mannheim

Sommer, Brigitte (1988): Dokumentation der Ausstellung und Fachtagung «Reggio: Kleinkindererziehung in Reggio nell'Emilia – Wie Kinder wahrnehmen, denken und gestalten». Berlin.

Auszug aus: Knauf, T.; Düx, G.; Schlüter, D. (2007). Handbuch Pädagogische Ansätze – Praxisorientierte Konzeptions- und Qualitätsentwicklung in Kindertageseinrichtungen. © Cornelsen Verlag Scriptor, Berlin, S. 140–143.

Kommentierte Literaturhinweise

Burkhardt Bossi, Carine; Lieger Catherine & von Felten, Regula	**Spielen als Lernprozess. Planen, begleiten, beobachten.** Zürich: Verlag Pestalozzianum. (2009) Die DVD enthält zahlreiche Filmsequenzen, die Kinder beim Spielen in einem Kindergarten zeigen, und eignet sich zur Auseinandersetzung mit dem Thema Spiel. Angehenden und erfahrenen Lehrpersonen bietet sich die Gelegenheit, Funktions-, Konstruktions- und Rollenspiele von Kindern in aller Ruhe zu beobachten, sich der Bedeutung des Spielens bewusst zu werden und die Aufgabe der Spielbegleitung zu überdenken. Das Begleitheft zur DVD enthält theoretische Ausführungen zum Thema Spiel und gibt konkrete Beobachtungsimpulse für die Arbeit mit den Filmsequenzen.
Flitner, Andreas	**Spielen-Lernen. Praxis und Deutung des Kinderspiels.** Weinheim/Basel: Beltz Verlag. (2002) Dieses Buch gibt vielseitige Einblicke ins Thema Spiel. Es befasst sich mit dem Spiel in der Vergangenheit und dem Spiel heute und fragt nach der Bedeutung des Spiels für die kognitive Entwicklung und für das Sozialverhalten. Ausserdem setzt sich der Autor mit pädagogischen Streitfragen auseinander: Stimulieren oder Wachsenlassen, schlechtes und gutes Spielzeug, Kampf- und Kriegsspiele, Mädchen- und Jungenspiele, Spiele ohne Sieger, Computerspiele.

Johnson, James E.; Christie, James F. & Wardle, Francis	**Play, Development, and Early Education.** Boston: Pearson Education, Inc. (2005) Dieses Buch beschreibt, was Spiel ist und welche Bedeutung Spielen für die Entwicklung von Kindern hat. Die Autoren setzen sich mit klassischen Theorien zum Spiel auseinander und fragen danach, wie Persönlichkeit und Umgebung das Spiel beeinflussen. Schliesslich geht es um den Stellenwert des Spiels in der frühen Bildung. Dieser Teil befasst sich mit dem Angebot an Spielmaterial, mit Möglichkeiten der Spielbegleitung, mit dem Einsatz von Medien und Technologie und mit der Gestaltung von Spielplätzen.
Franz, Margit & Vollmert, Margit	**Raumgestaltung in der Kita.** München: Don Bosco Verlag. (2005) Die Autorinnen schreiben sehr praxisorientiert über die Bedeutung und Auswirkungen der Dimensionen Farbe, Licht, Akustik, Klima, Einrichtung und Material auf die Raumgestaltung. Sie geben Hinweise, nach welchen Kriterien Räume gestaltet sein müssen, damit sich Kinder darin heimisch fühlen und sinnlich-konkrete Erfahrungen machen können. Das Buch richtet sich an Erzieherinnen in Krippen und Kindertagesstätten, gibt aber grundlegende Hinweise, die auf Schulräume aller Stufen übertragbar sind und Gültigkeit haben.
Petillon, Hann	**1000 tolle Spiele für Grundschulkinder.** Würzburg: Arena Verlag. (2005) Die Spielsammlung will Lehrpersonen dazu anregen, dem Spiel in der Schule einen grösseren Raum zu geben. Das Buch enthält eine breite Palette alter, neuer und selbst erfundener Spiele, praktische Hinweise zu Materialien, Variationsmöglichkeiten und fachlichen Zusammenhängen. Das Buch beginnt mit dem Kapitel «Theoretische Vorbemerkungen», das mit «Kriterien zur differenzierten Betrachtung und Auswahl» von Spielen praxisrelevante Hinweise gibt. Die anschliessende Spielsammlung gliedert sich in die Kapitel «Spiele zum Sozialen Lernen», «Rollenspiele und andere darstellende Spielformen», «Fantasie und Stille», «Mit allen Sinnen lernen», «Bewegte Spiele», «Konzentration und Aufmerksamkeit», «Üben, Anwenden, Vertiefen» und «Spielecke». Viele Spielideen sind auch im Fremdsprachenunterricht einsetzbar und lassen sich für höhere Schulstufen adaptieren.
Pils, Ingeborg & Schuller, Alfons	**Stein-Spiele.** München: Hugendubel Verlag. (1988) Das Buch enthält eine Sammlung von Wurf-, Fang- und Geschicklichkeitsspielen, aber auch Denk- und Strategiespiele für alle Altersgruppen. Bestechend ist die Einfachheit des Materials: Kieselsteine. Viele Spiele lassen sich beinahe in jeder Umgebung spielen und eignen sich ideal für Schulreisen, Klassenlager, aber auch für den Pausenplatz oder das Schulzimmer.

Materialien Spielphasen planen und begleiten

1 Praxisbezogene Aufträge zum Thema Spielen

Die folgenden Aufträge ermöglichen Ihnen, ausgewählte Aspekte des Themas «Spielphasen planen und begleiten» ausgehend von der Praxis zu vertiefen.

Auftrag 1: Kinder beim Spielen beobachten, ihr Spiel analysieren
Beobachten Sie ein Kind oder eine Kindergruppe beim Spielen. Ort: beliebig (Spielplatz, bei Bekannten, in einem Kindergarten, in der Schule, in der Pause, ...)
Beschreiben Sie die Spielszene und die einzelnen Spielhandlungen möglichst genau. Halten Sie auch Informationen zu den beteiligten Kindern schriftlich fest (Anzahl, Alter, Geschlecht, Rolle im Spiel).

Analysieren Sie das Spiel im Nachhinein:
- Welche Spielformen (Funktionsspiel, Rollenspiel, Konstruktionsspiel, Regelspiel) beinhaltet das Spiel?
- Falls Sie eine Gruppe beobachtet haben: Wie organisieren die Kinder ihr Spiel? Wie kommunizieren sie?
- Was wissen und was können die beteiligten Kinder?

Auftrag 2: Ins Spiel eingreifen
Wählen Sie als Ausgangspunkt eine Spielszene, die Sie beobachtet haben (im Praktikum, auf einem Spielplatz, ...).
Beschreiben Sie diese Spielszene und die einzelnen Spielhandlungen der beteiligten Kinder möglichst genau. Halten Sie auch Informationen zu den einzelnen Kindern schriftlich fest (Anzahl, Alter, Geschlecht, Rolle im Spiel).
Entscheiden Sie sich für eine mögliche Spielintervention. Beschreiben Sie ganz konkret, wie Sie ins Spiel eingreifen würden, und begründen Sie das von Ihnen gewählte Vorgehen.

Auftrag 3: Spielbereiche gestalten
Beschreiben und skizzieren Sie Spielbereiche eines Kindergartens oder eines Klassenzimmers der Primarschule. Beobachten Sie, wie die Kinder die Spielbereiche nutzen: Welche Spielorte/-materialien werden bevorzugt? Welche Kinder (Knaben/Mädchen, jüngere/ältere) spielen womit? Welche Spielbereiche/-materialien werden wenig genutzt? Welche Regeln gibt es für die Benutzung (implizite/explizite)? Wie lang ist die Spieldauer?

- Wie würden Sie die Spielbereiche umgestalten, um vielfältigeres Spielen zu ermöglichen?
- Wie könnten Sie die Spielbereiche anreichern, um die Kinder in ausgewählten Bildungsbereichen zum Handeln anzuregen?
- Welche Regeln würden Sie übernehmen? Welche ändern?

2 Merkmale von Spielangeboten und -materialien

Für die Auswahl und Gestaltung von Spielangeboten und -materialien können die folgenden Leitsätze eine Hilfe sein. Einzelne Kriterien beziehen sich spezifisch auf den Kindergarten, andere sind allgemein gültig.

Das Material / das Angebot …

Materialangebot für Rollen- und Konstruktionsspiele

… bietet allen Kindern (Mädchen, Knaben, jüngeren Kindern …) Anreize zum Spielen und Tätigsein.

Rollenspiel «Arztpraxis»

… ermöglicht die Übernahme von unterschiedlichen Rollen aus der Alltags- und Fantasiewelt.

Spielbereich in einem Unterstufenzimmer, der sich am aktuellen Thema orientiert.

... bietet Möglichkeiten zu verschiedenen Sinneserfahrungen.

... ist «offen» und regt zu fantasievollem Tun an.

... fordert zu Tätigkeiten mit allen Bildungsbereichen (Fächer) heraus.

... ermöglicht einen Zugang auf verschiedenen Niveaus.

... orientiert sich am Alltag der Kinder und ermöglicht «reale» Begegnungen.

... eröffnet vielfältige Lerngelegenheiten.

… ist beständig, haltbar und ökologisch sinnvoll.

… hat eine nachvollziehbare Ordnung und ist ansprechend präsentiert.

… ist beständig, haltbar und ökologisch sinnvoll.

© Dorothea Tuggener Lienhard

Auszug aus: Birri, T., Brunner, H. & Tuggener, D. (2009). Eingangsstufe – Einblicke in Forschung und Praxis. © blmv Bern, Lehrmittelverlag St. Gallen, Lehrmittelverlag Zürich. Download 14 und 19.

3 Planspiel

Planspiele werden eingesetzt, um komplexe Zusammenhänge erfahrbar zu machen. Sie beziehen sich in der Regel auf gesellschaftspolitische, soziale und wirtschaftlich relevante Themen. Sie werden eher in der Mittel- oder Oberstufe verwendet. Die folgende Zusammenstellung zeigt zentrale Elemente des Planspiels auf und erläutert diese am Beispiel «Bau eines Golfplatzes in der Gemeinde Hinterklausen».

	Elemente	*Beispiel/Bemerkungen*
Merkmale	• Simulation einer realen Situation	Bau eines Golfplatzes
	• inhaltliche Reduktion und Vereinfachung	Aus den verschiedenen in einen Golfplatzbau involvierten Amtsstellen werden nur diejenigen der Gemeinde und des Kantons einbezogen.
	• zeitliche Begrenzung	Durchführung in einer Projektwoche
	• Beschreibung und Festlegung von unterschiedlichen Rollen oder Gruppen – je nach Planspiel werden hier auch Eigenschaften und Beziehungen einzelner Rollen beschrieben	Gemeindebehörden mit unterschiedlichen politischen Hintergründen, Vereine, lokales Gewerbe, Naturschutzbund …
	• Beschreibung und Festlegung von Spielregeln und Rahmenbedingungen der Situation	Grösse des Platzes, Anteil Land in der Landschaftsschutzzone … Regeln für Spielunterbrüche, Gebrauch von Hilfsmitteln …
Vorbereitungsphase der Lehrperson	• Fachliches Hintergrundwissen aufbauen und nach Bedarf für die SuS aufbereiten	
	• Rollenbeschreibungen erstellen und nach Bedarf passende Rollenutensilien suchen (kann das Ein- und Aussteigen in einer Rolle erleichtern) • Räumliche Bedingungen klären/nach Bedarf den Hauswart einbeziehen	Ab hier können auch die Schüler und Schülerinnen bereits einbezogen werden.
	• Allgemeine Regeln des Planspiels festlegen	Spielzeiten in der Projektwoche, Umgang mit Material, Verhalten ausserhalb des Schulzimmers …
Vorbereitungsphase mit der Klasse	• Ziel des Spieles erläutern • Rahmenbedingungen klären/Regeln • Situation kennenlernen und Grundlagenwissen erarbeiten	
	• Rollen vorstellen und verteilen	Kann mit Exkursionen und realen Begegnungen verbunden werden – je nach Ablauf auch erst nach der Rollenverteilung machen und in Gruppen
Spielphase 1	• Einstieg ins Spiel mit Rollenübernahme	Utensilien zu den einzelnen Rollen erleichtern den Einstieg
	• Spiel • Nach Bedarf «Timeout»-Phasen einbauen, in denen die Rollen verlassen werden und anstehende Fragen geklärt werden können	
	• Lehrperson fungiert als Moderatorin oder Moderator oder hat selber eine Rolle	Bei einem ersten Planspiel empfiehlt es sich, dass die Lehrperson keine Rolle übernimmt und als «Troubleshooter» und Moderatorin oder Moderator fungiert.

Reflexionsphase 1	• Rolle verlassen (Moderation durch Lehrperson) • Spielergebnisse und Spielverlauf auswerten und analysieren • Reflexion zur eigenen Rolle/Erarbeitung von Handlungsalternativen • Je nach Bedarf Anpassung von Rahmenbedingungen und Regeln	Im Falle einer Projektwoche findet diese Phase entweder bereits nach Abschluss des ersten Morgens, sicher aber nach dem ersten Tag statt. Grundsätzlich sollte bei einem längeren Planspiel immer nach einem Spieltag der Ausstieg aus den Rollen durch die Lehrperson moderiert werden.
Spielphase 2	• Einstieg ins Spiel mit Rollenübernahme • Spiel	Je nach Dauer des Planspiels wiederholen sich Spiel- und Reflexionsphasen mehrfach.
Abschluss	• Moderierter Abschluss des Spiels mit Ausstieg aus den Rollen	Als Abschluss wäre eine Diskussionsveranstaltung mit allen Rollenträgern möglich (Gemeindeversammlung z.B.)
	• Spielergebnisse und Spielverlauf auswerten und analysieren • Reflexion der eigenen Rolle • Inhaltliche Erkenntnisse aus der Spielphase mit der Realität in Bezug setzen	
	• Dokumentation des Planspiels	Diese kann individuell für jeden Schüler/jede Schülerin sein oder für die ganze Klasse.
Variationsmöglichkeiten	• Verantwortung für Moderation auch an SuS übergeben	
	• Dokumentation des Planspiels als Rollen einbauen	Reporterin oder Reporter der lokalen Presse, TV ...
	• Im Verlauf des Spiels Situation oder Ausgangslage verändern • Neue Rollen einführen • Rollen im Verlauf des Spiels wechseln	Ein Bauer, der vorher sein Land verkaufen wollte, zieht seinen Entscheid zurück, ein neuer Investor muss gesucht werden ...
	• Rollen als Team besetzen	Hier empfiehlt es sich 2–3 Schülerinnen und Schüler mit unterschiedlichen Kompetenzen und Ressourcen in ein Team einzubinden.
	• Computerunterstützte Planspiele	
	• Planspiele mit Einbezug der realen Welt	Im Falle des Golfplatzbaues wäre es möglich, einzelne Rollen nicht durch Schülerinnen und Schüler zu besetzen (z.B. Gemeindeammann) und diesen für die aktive Teilnahme zu gewinnen.
	• Planspiele als ganze Schulhausprojekte	

Literatur

Gasser, P. (2008). Neue Lernkultur – Eine integrative Didaktik. Oberentfelden, Sauerländer Verlage AG, S. 133–134.

Ochs, D. Das Planspiel im Unterricht. http://www.lehrer-online.de/url/planspiel-im-unterricht (18.5.2010)

www.arbeitslehre.uni-wuerzburg.de/uploads/media/Planspiel.ppt (18.5.2010)

Kapitel 6   Lernprozesse begleiten

Die Begleitung eines Lernprozesses findet überall statt, wo Menschen von anderen Menschen lernen; sei das eine Mutter mit ihrem Kind, ein Kind, das von einem älteren Geschwister lernt, ein Lehrmeister mit seinem Lehrling, eine Fussballtrainerin mit ihren Spielerinnen usw. Für Lehrpersonen ist die Begleitung der Lernprozesse der Schülerinnen und Schüler eine der faszinierendsten Aufgaben. Gleichzeitig ist sie aber auch eine grosse Herausforderung, die viel Wissen und Einfühlungsvermögen in das Denken, Erleben und Fühlen von Kindern und Jugendlichen erfordert.

Da Kinder und Jugendliche innerhalb einer Klasse unterschiedliche Lernvoraussetzungen mitbringen, muss eine Lehrperson ihre Lernbegleitung individuell anpassen. Dafür braucht sie ihr fachliches Wissen über Struktur und Schwierigkeiten von Aufgaben, und sie muss Sachverhalte auf verschiedene Arten erklären können. Gefordert ist aber auch die Fähigkeit, den individuellen Lernstand eines Lernenden zu erkennen und unterstützend, informativ und wohlwollend Rückmeldungen zu geben.

Eine wichtige Aufgabe der Schule ist es, Kinder und Jugendliche darin zu unterstützen, ihre eigenen Lernprozesse bewusster wahrzunehmen, um sie auch selber zu steuern und zu gestalten. Dies bedingt neben der Vermittlung von Lernstrategien ein adaptives Methodenrepertoire, das eine gewisse Selbststeuerung durch die Lernenden ermöglicht.

Wie (angehende) Lehrpersonen das Begleiten von Lernprozessen lernen können, zeigt das Projekt «Eine Schülerin, einen Schüler individuell begleiten» im Materialienteil.

| Basics Seite 179 | Texte Seite 187 | Materialien Seite 195 |

Basics   Lernprozesse begleiten

URBAN FRAEFEL

Was ist unter «Lernprozessbegleitung» zu verstehen?

Die Lernprozessbegleitung ist überall zu beobachten, wo Menschen mit und von anderen Menschen lernen.

Im schulischen Kontext bezieht sich Lernprozessbegleitung auf eine bestimmte Phase des Lernprozesses von Schülern und Schülerinnen, die im gesamten, vollständigen Lernprozess eingebettet ist. Vereinfacht läuft der Lernprozess aus der Sicht von Lehrpersonen meistens so ab:

Lernprozesse werden initiiert

Durch Problemstellungen, Inputs, Zielformulierungen, Aktivitäten, Aufgreifen von virulenten Themen usw. setzen Lehrpersonen einen Prozess in Gang, der neues Lernen ermöglichen und begünstigen soll. Die Schülerinnen und Schüler werden gewissermassen in ein neues Feld geführt, in dem sie sich zunehmend selber zurechtfinden sollen.

Lernprozesse werden begleitet – Lernstrategien werden vermittelt

Die Schülerinnen und Schüler sind zu Beginn dieser Phase noch wenig vertraut mit den neuen Herausforderungen und brauchen meist entsprechend viel Unterstützung. Feedbacks zum Stand des Lernprozesses, Hilfe in der Sache und Hinweise zum Vorgehen kommen oft von Lehrpersonen, aber auch von Mitschülerinnen und Mitschülern, Eltern, geeigneten Texten usw. Je vertrauter die Schülerinnen und Schüler mit der neuen Materie werden, desto weniger direkte Unterstützung brauchen sie. Die Lernenden haben sich das Neue zu eigen gemacht, können damit flexibel umgehen und es in anderen Kontexten anwenden.

Lernprozesse laufen aus – Lernprozesse werden evaluiert

In der Regel laufen Lernprozesse einfach aus und machen neuen Herausforderungen Platz. In der Schule indessen werden sie oft systematisch evaluiert und bewertet.

Dieser Normalverlauf insbesondere schulischer Lernprozesse ist treffend beschrieben worden mit dem Rahmenkonzept der «Lehre» analog zur Berufslehre (Cognitive Apprenticeship, Collins et al. 1989).

Im Folgenden geht es um die Phase der Lernprozessbegleitung einschliesslich der Vermittlung von Lernstrategien. Besonders in dieser Phase des Lernprozesses findet das Lernen im sozialen Kontext statt – im Kontakt der Lernenden zu Lehrpersonen, anderen Lernenden, zu Eltern, zu Kollegen usw.

Lehrpersonen und Lernende tragen dazu bei, dass die Spanne zwischen dem aktuellen Stand und dem erwünschten Lernstand überwunden wird:

Lernende (v.a. Schülerinnen und Schüler) können ihren Einsatz steigern und wirkungsvollere Strategien anwenden. Möglich, aber in der Regel unerwünscht ist hingegen, dass sie ihre Ziele zurücknehmen, verwässern, herunterspielen oder ganz aufgeben.

Lehrende (v.a. Lehrpersonen) können noch grössere Anstrengungen unternehmen, um angemessene, herausfordernde und genaue Ziele vorzuschlagen, und sie können den Lernenden noch intensiver beistehen mit Feedback und wirkungsvollen Lernstrategien.

Die Rahmentheorie: Wissen wird vornehmlich sozial konstruiert

Die soziale Konstruktion von Wissen wurde massgeblich von Lew Vygotsky (1896–1934) beschrieben. Er stellte fest, dass in der kulturellen Entwicklung eines Kindes alles zuerst auf sozialer Ebene geschieht, bevor es im Innern des Kindes Gestalt annimmt. Alle höheren geistigen Funktionen beruhen gemäss Vygotsky auf realen Beziehungen zwischen Menschen (Vygotsky & Cole 1934/1978, S. 57).

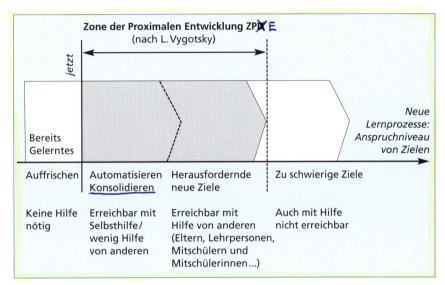

Abb. 1: «Zone der Proximalen Entwicklung» (Vygotsky & Cole 1934/1978; auch Tharp & Gallimore 1991; Fraefel 2007)

Mit der «Zone der proximalen Entwicklung» hat Vygotsky eine einleuchtende Metapher für Lernprozesse im sozialen Kontext geschaffen. Sie wird auch «Zone der nächsten Entwicklung», «Zone des Übergangs» oder «Lernfenster» genannt. Vygotsky versteht darunter die Distanz zwischen dem, was ein Kind alleine erreichen kann, und dem, was es unter Anleitung von Erwachsenen oder mit fähigeren Peers meistern kann (nach Vygotsky & Cole 1934/1978).[1]

Lernende und Fortgeschrittene handeln eine Zeit lang gemeinsam. Die erfahreneren Menschen – in der Schule meist Lehrpersonen oder fortgeschrittene Mitschülerinnen und -schüler – ermöglichen mit ihrer Unterstützung etwas, was den Schülern und Schülerinnen alleine nicht möglich ist. Die Schülerinnen und Schüler können ihrerseits Rat annehmen, sich am Vorbild von Fähigeren orientieren, deren Kompetenzen imitierend erwerben oder sich zumindest vergewissern, dass die Fähigkeiten erworben werden können.

---

[1] «...the distance between the actual developmental level as determined by independent problem solving and the level of potential development as determined through problem solving under adult guidance, or in collaboration with more capable peers» (Vygotsky & Cole 1934/1978, S. 86).

Was sind die Merkmale der Lernprozessbegleitung?

Merkmal 1
Lernprozessbegleitung ist individualisiert.

Lernprozessbegleitung mit einer grossen Gruppe oder der ganzen Klasse ist sehr erschwert, da die Lernenden verschiedene Voraussetzungen und Potenziale haben und daher je andere Unterstützung brauchen. Anders ausgedrückt: Was immer die Lehrperson tut, sie wird nur einen Teil der Lernenden erreichen, nämlich jene, die in ihrer Zone der proximalen Entwicklung angesprochen werden.

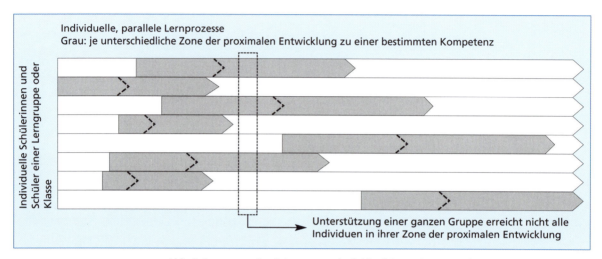

Abb. 2: Lernprozessbegleitung muss individualisiert sein, um Wirkung zu erzielen.

Merkmal 2
Lehrpersonen unterstützen mit Scaffolds und Feedbacks.

«Scaffold» heisst eigentlich «Gerüst», also eine unterstützende Massnahme bei Lernenden, die sich in einem noch wenig bekannten Gebiet bewegen. Scaffolds sind unterstützende Interaktionen in der Zone der proximalen Entwicklung oder anders ausgedrückt: Stützen, die den Schülerinnen und Schülern helfen, den Graben zwischen den aktuellen Fähigkeiten und den angestrebten Zielen zu überbrücken[2] (vgl. Wood et al. 1976; Hogan & Pressley 1997). Die Bezeichnung Feedback wird oft gleichbedeutend mit Scaffolds verwendet. Unter Feedback versteht man Informationen – meist von Lehrpersonen, Kollegen, Texten, auch von sich selbst – zu Aspekten des Könnens oder Verstehens einer Person (Hattie & Timperley 2007). Ein Feedback kann eine sachliche Korrektur von Lehrpersonen oder Eltern sein oder der Hinweis eines Kollegen auf bessere Strategien oder ein klärender Text.

Merkmal 3
Wirkungsvolle Lernprozessbegleitung setzt Diagnose des individuellen Lernstands voraus.

Hilfreiche Scaffolds setzen voraus, dass die Lehrpersonen eine gute Kenntnis der aktuellen Lernprozesse der Lernenden haben. Nur so können Scaffolds die Lernprozesse optimal unterstützen. Daher sind sie dem jeweiligen Stand, den Schwierigkeiten und den Bedürfnissen der Lernenden angepasst. Dies wird in der Übersicht auf der nächsten Seite verdeutlicht.

---

[2] «Scaffolds ... are forms of support to help students bridge the gap between their current abilities and intended goals» (Rosenshine & Meister 1992).

| Merkmal 4 Lernprozessbegleitung ist unabhängig von Methoden oder Lehr-Lern-Arrangements. | Gute, produktive Lernprozessbegleitung kann in jeder Unterrichtsmethode und in jedem Lehr-Lern-Arrangement erfolgen, sofern individuelle Interaktionen unter Schülern und Schülerinnen unterschiedlichen Fortschritts oder mit Lehrpersonen möglich sind. Das ganze methodische Spektrum kann und soll Lernprozessbegleitung zulassen – von direktivem bis offenem Unterricht, von vermittelnden bis entdeckenden Ansätzen. |

Scaffolds und Feedbacks in der Übersicht

| Wichtig | Wirkungsvolle Scaffolds und Feedbacks treffen genau die richtige Ebene und stellen die richtigen Fragen. Ist dies nicht der Fall, gehen Scaffolds und Feedbacks ins Leere, bleiben ohne Wirkung oder sind sogar kontraproduktiv. |

Die folgende Übersicht zeigt die Vielfalt von Scaffolds und Feedbacks. Zum einen kommt es dabei auf die Ebene an – von der Sachebene der konkreten Tipps bis zu Feedbacks zur Person. Zum anderen ändern die Interventionen je nach Zeitpunkt im Lernprozess – vom Nennen passender Ziele bis zum Anwenden des Gelernten. Grundlage ist das Feedback-Modell von Hattie & Timperley (2007).

Im realen Unterricht beschränkt sich die überwiegende Mehrheit aller Feedbacks auf zwei Formen: einerseits Stand, Fortschritt und Probleme bei der Aufgabe (Feld oben Mitte) und andererseits (persönliche) Bemerkungen ohne Informationsgehalt (unterstes Feld). Professionelle Feedbacks hingegen schöpfen alle Phasen und Ebenen des Lernprozesses für produktive Feedbacks aus und fokussieren auch die Ziele und Fortsetzungen (Kolonnen 1 und 3) sowie die Strategien (Zeilen 2 und 3).

	Klären der Ziele geplanter Tätigkeiten	Stand, Probleme und Fortschritt aktueller Tätigkeiten: Diagnose und (evtl.) Intervention in Lernprozess	Ausblick auf spätere Tätigkeiten
	«Wohin?»	«Wie läuft es?»	«Was nachher?»
Ebene der konkreten Aufgabe, Sachebene Bewältigen der gegenwärtigen Aufgabe	Ist klar, was getan werden soll und wozu?	Bewältigen die Lernenden die Aufgabe? Wo liegt allenfalls das sachliche Problem? Wie kann ich den Lernprozess in Gang halten?	Wie können die Lernenden das Gelernte anwenden bzw. darauf aufbauen? Nächste Schritte?
Mögliche Scaffolds/Feedbacks	z.B. klären, worin die Aufgabe besteht; warum es sich lohnt, sie zu lösen	z.B. beobachten, wo das konkrete Problem liegt; sachliche Korrekturen anbringen; praktische Hinweise zum Verflüssigen des Lernprozesses	z.B. eine konkrete Aufgabe zeigen, die mit der neuen Fähigkeit bewältigt werden kann
Ebene der aufgabenbezogenen Strategien Benötigte Strategien, um die Aufgabe zu verstehen und zu bewältigen	Welche Strategien sind hier zu lernen?	Wie wenden die Lernenden beabsichtigte Strategien an? Wie kann ich die Lernenden unterstützen, die Strategien zu optimieren?	Wozu befähigt die gelernte Strategie die Lernenden? Nächste Schritte?
Mögliche Scaffolds/Feedbacks	z.B. mit Schüler oder Schülerin besprechen, weshalb der Lernprozess wiederholt stockt, und das Finden einer geeigneten Strategie als Ziel formulieren	z.B. ein Vorgehen vorschlagen, wie konkrete Fehler selber entdeckt und korrigiert werden können	z.B. als nächsten Schritt anregen, die erworbene Strategie anhand eines anspruchsvolleren Problems noch effektiver zu gestalten
Ebene der Selbstregulierungsstrategien Überwachen, Leiten und Regulieren der eigenen Tätigkeiten	Welche Schritte zu angemessener Selbstregulierung sind zu tun?	Gelingt mehr bzw. angemessene Selbstregulierung? Wie kann ich die Lernenden darin unterstützen?	Wozu befähigen die erworbenen Selbstregulierungsstrategien? Nächste Schritte?
Mögliche Scaffolds/Feedbacks	z.B. feststellen, dass ein gezielteres, aktives Hilfesuchen erlernt werden sollte	z.B. zeigen, woran erfolgreiches Hilfesuchen meistens scheitert	z.B. gemeinsam herausfinden, was neben erfolgreichem Hilfesuchen noch mehr Selbstständigkeit beim Lernen ermöglicht
Ebene der Person Feedbacks, die die Person der Lernenden betreffen, verbunden mit Feedback zu Aufgaben oder Strategien	Qualitätskriterium von Feedbacks zur Person: Enthält eine Aussage zur Person der Lernenden auch irgendwelche Informationen, die den Lernenden hilft, es künftig (noch) besser zu machen? z.B. «Das ist sehr gut, und ich finde es toll, dass du mit dieser neuen Strategie das Problem erfolgreich hast lösen können.» Hingegen praktisch wirkungslos sind Feedbacks auf der persönlichen Ebene, wie Lob oder Missbilligung, wenn sie keine konkreten Aussagen zu den jeweiligen Aufgaben oder Strategien enthalten (vgl. Hattie & Timperley 2007).		

Tabelle: Phasen und Ebenen von Feedbacks (nach Hattie & Timperley 2007)

Die Kompetenz des Begleitens von Lernprozessen

Professionelle «Lernbegleitungs»-Kompetenz konstituiert sich aus mehreren anderen Kompetenzbereichen, die sich in dieser komplexen und anspruchsvollen Lehrerinnen- und Lehrertätigkeit überlagern:

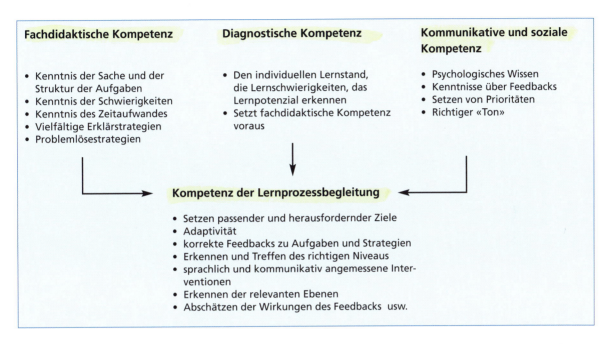

Der Erfolg beim Aufbau von Kompetenzen der Lernprozessbegleitung dürfte wesentlich davon abhängen, in welchem Masse die genannten relevanten Teilkompetenzen ausgebildet und verfügbar sind und in welchem Masse die Lehrperson imstande ist, diese je nach Bedarf zu orchestrieren.

Literatur
Collins, A., Brown, J. S. & Newman, S. E. (1989). Cognitive Apprenticeship: Teaching the Crafts of Reading, Writing, and Mathematics. In L. B. Resnick (Hrsg.), Knowing, Learning, and Instruction. Hillsdale N. J.: Erlbaum.
Fraefel, U. (2007). Lernprozesse begleiten. Arbeitspapier. Zürich: PHZH.
Hattie, J. & Timperley, H. (2007). The power of feedback. Review of Educational Research, 77 (1), 81–112.
Hogan, K. & Pressley, M. (Hrsg.) (1997). Scaffolding Student Learning. Cambridge Massachusetts: Brookline Books.
Rosenshine, B. & Meister, C. (1992). The Use of Scaffolds for Teaching Higher-Level Cognitive Strategies. Educational Leadership, 49 (7), 26–33.
Tharp, R. G. & Gallimore, R. (1991). Rousing minds to life: teaching, learning, and schooling in social context. Cambridge: Cambridge University Press.
Vygotsky, L. S. & Cole, M. (1934/1978). Mind in society: the development of higher psychological processes (Russisch 1930). Cambridge, Mass.: Harvard University Press.
Wood, D., Bruner, J. S. & Ross, G. (1976). The role of tutoring in problem solving. Journal of Psychology and Psychiatry, 17, 89–100.

Texte   Lernprozesse begleiten

1 Adaptiver Unterricht

❰ Adaptiver Unterricht ist «das aussichtsreichste unterrichtliche Konzept, um auf die grossen und stabilen interindividuellen Unterschiede der Schüler in didaktisch angemessener Form zu reagieren» (Helmke & Weinert 1997, S. 137). Unbestreitbar weisen die Schülerinnen und Schüler in jeder Klasse in ihren kognitiven und emotionalen Merkmalen und Bedürfnissen eine grosse Heterogenität auf. Die Heterogenität ist ja auch einer der Ausgangspunkte für die Basis- und Grundstufenprojekte. Adaptiv unterrichtende Lehrpersonen bemühen sich darum, ihr Lehren an die Voraussetzungen und den Lernprozess der Lernenden auf Klassenebene und auf Individualebene anzupassen, um die Bildungsziele zu erreichen. Die Beherrschung unterschiedlichster Lehrmethoden ist für adaptiven Unterricht zentral, da die Lehrmethode dem Lernbedürfnis der Lernenden angepasst werden soll. Lernmaterialien, -ziele, -zeiten, -tempi und -medien sowie Schwierigkeitsgrade müssen auf die Schülerinnen und Schüler abgestimmt werden.

Die Lehrperson begleitet die Schülerinnen und Schüler und bietet ihnen ein optimales Lerngerüst, um ihre Unterstützung langsam zurückzuziehen. Der Unterricht kann, beispielsweise mithilfe der erweiterten Lehr-Lernformen, in seiner Organisationsform Möglichkeiten zur Adaptivität beinhalten: Gruppenunterricht, Wochenplanunterricht und Stationenlernen, Projekt- oder Planarbeit ermöglichen Binnendifferenzierung. Adaptive Organisation ist insbesondere auch in Formen des freien geleiteten Spiels und in freien/angeleiteten/verbindenden Sequenzen zu finden.

Die Auswahl der adäquaten Unterrichtsmethode setzt eine fundierte Diagnose der Schülerbedürfnisse und der Zone ihrer nächsten Entwicklung voraus. Der Gestaltung der Interaktion zwischen Lehrendem und Lernendem kommt für die Diagnose und die adaptive Begleitung des Lernens eine wichtige Rolle zu. Ebenfalls zentral ist der Einbezug der Motivationslage der Schülerinnen und Schüler, um sie bei der Erreichung der Bildungsziele optimal zu stützen. Wie können sie dabei unterstützt werden, Interesse für den Stoff zu entwickeln und zu behalten? Brauchen sie mehr Autonomie im Lernen, um motiviert zu sein? Benötigen sie mehr Gruppenarbeit, um sich sozial eingebunden zu wissen? Oder muss die Lehrperson ihnen leichtere/schwierigere Aufgaben anbieten, sodass sie sich selbstwirksam fühlen? Gibt es möglicherweise Kinder, die extrinsisch motiviert werden müssen? Brauchen gewisse Kinder eine starke Anleitung durch die Lehrperson?

Als Bedingungen für einen gelingenden Lehr-Lern-Prozess, der anpassungsfähige Übernahmen der Kontrolle von Lehrpersonen und Lernenden ermöglicht, werden von Salonen und Vauras (2006) folgende Merkmale identifiziert: a) äquivalente Symmetrie, in der auf Ausführungen und Tätigkeiten der Lehrpersonen Ausführungen der Lernenden folgen, b) von gegenseitiger Achtung getragene «schwache» Komplementarität, in der die Strukturierung der Lehrperson beim Lernenden zwar Zustimmung bewirkt, jedoch ohne Unterwürfigkeit hervorzurufen, und c) positive oder neutrale affektive Symmetrie, in der affektiv positive oder neutrale Haltungen von Lehrperson und Lernenden einander ergänzen.

Für die adaptive Begleitung der Kinder im Unterricht muss die Lehrperson ihren Unterricht den Bedürfnissen der Schülerinnen und Schüler anpassen, ohne die Bildungsziele aus den Augen zu verlieren. Adaptivität kann durch Unterrichtsorganisation oder durch situationale Anpassungen im Unterricht geleistet werden. Die Schwierigkeiten im Lernen und im Erkenntnisprozess vier- bis achtjähriger Kinder können kognitiver, affektiver oder psychomotorischer Natur sein, diese Ebenen sind eng mit Selbst-, Sach- und Sozialkompetenz verbunden und auch untereinander verstrickt. Die Lehrperson von vier- bis achtjährigen Kindern unterstützt diesen Erkenntnisprozess einerseits durch didaktisches Design, also durch die Inszenierung eines sozialen Lernrahmens, durch das Stellen intelligenter Lernaufgaben und die Auswahl und Bereitstellung von Lehr-Lernwerkzeugen und das Gewähren von Zeit. Andererseits stellt sie sich als personale Ressource für das Lernen zur Verfügung, indem sie als Expertin für den Inhalt das Lernen anregt, unterstützt und begleitet, als Expertin für das Lernen die Schwierigkeiten der Kinder diagnostizieren kann und den Kindern erfolgreiche Lernerlebnisse ermöglicht und nicht zuletzt als Expertin für pädagogische Interaktion und Begleitung eine hohe Fähigkeit ausweist, adaptiv auf die unterschiedlichen Bedürfnisse der Kinder einzugehen und sie in die Zone ihrer nächsten Entwicklung in den Bildungsbereichen sowie der Sozial-, Selbst- und Sachkompetenz zu begleiten. ❯

Literatur
Helmke, A. & Weinert, F. E. (1997). Bedingungsfaktoren schulischer Leistungen (Bd. 3). In F. E. Weinert (Hrsg.), Psychologie des Unterrichts und der Schule. Enzyklopädie der Psychologie. Themenbereich X, Serie I (S. 71–176). Göttingen: Hogrefe.
Salonen, P. & Vauras, M. (2006). Interaktion zwischen Lernenden und Lehrenden. In M. Baer, M. Fuchs et al. (Hrsg.), Didaktik auf psychologischer Grundlage. Von Hans Aeblis kognitionspsychologischer Didaktik zur modernen Lehr- und Lernforschung (S. 207–217). Bern: hep verlag AG.

Auszug aus: Leuchter M. & Schwerzmann Humbel P. (2006): Didaktik für den Unterricht mit vier- bis achtjährigen Kindern. © Pädagogische Hochschule Zentralschweiz Luzern PHZ, Luzern.

2 Individuelle Lernbegleitung – Qualitätsansprüche und Indikatoren

	Qualitätsansprüche	Indikatoren
Praxisgestaltung	1. Die Lehrpersonen gestalten differenzierte und individualisierte Unterrichtssequenzen.	a) Die Lehrpersonen differenzieren das Lernangebot (z.B. nach Schwierigkeitsgrad, Lernzielen, Lerntempo, Interesse der Schülerinnen und Schüler). b) Die Lehrpersonen fördern die Schülerinnen und Schüler individuell durch den Einsatz geeigneter Lernformen sowie individueller Aufgabenstellungen und Zielsetzungen. *Binnendifferenzierung*
	2. Die Lehrpersonen erfassen die individuellen Lernmöglichkeiten und Leistungen der Schülerinnen und Schüler.	a) Die Lehrpersonen berücksichtigen im Unterricht das Vorwissen und den Erfahrungshintergrund der Schülerinnen und Schüler. b) Die Lehrpersonen erfassen die Leistungen der Schülerinnen und Schüler regelmässig. (Beispiele: Lernstandserfassung, individuelle Checklisten zur Verbesserung von Leistungen, Verwendung von Hilfsmitteln in Lehrmitteln (Linguoskop in Sprachfenster), vergleichende Prüfungen innerhalb Schule; Auswertung von Klassencockpit u.Ä.).
	3. Die Lehrpersonen unterstützen die Schülerinnen und Schüler individuell.	a) Die Lehrpersonen schaffen durch ihre Unterrichtsgestaltung die Zeit und Möglichkeit, einzelne Schülerinnen und Schüler oder Gruppen individuell zu unterstützen. b) Die Lehrpersonen erkennen Schwierigkeiten einzelner Schülerinnen und Schüler und gehen darauf ein. c) Die Lehrpersonen geben den Schülerinnen und Schülern konstruktive Rückmeldungen und Hinweise zum weiteren Lernen.
	4. Die Lehrpersonen fördern die Auseinandersetzung der Schülerinnen und Schüler mit ihrem eigenen Lernen.	a) Die Lehrpersonen setzen Hilfsmittel ein, welche das Nachdenken über das eigene Lernen fördern. (Beispiele: Lernjournale, Tagebücher, Lernreflexionen, Fehleranalysen, Formulierung individueller Ziele, Selbsteinschätzungsbogen u.Ä.) b) Die Lehrpersonen thematisieren im Unterricht individuelle Lernstrategien und Denkwege der Schülerinnen und Schüler. (Beispiele: fragt bei Antworten der Kinder nach, lässt verschiedene Lösungswege vergleichen etc.) c) Die Lehrpersonen führen gezielt Lernstrategien und Techniken ein und leiten die Schülerinnen und Schüler dazu an, diese individuell zu nutzen.(Beispiele: Techniken der Informationssammlung und -strukturierung, der Memorierung etc.)
Institutionelle und kulturelle Einbindung	5. Die Schule fördert die Zusammenarbeit in der individuellen Lernbegleitung.	a) Die Lehrpersonen arbeiten in der Auswahl und Herstellung von Materialien, welche individuelles Lernen ermöglichen, zusammen. (z.B. gemeinsame Lehrmittel, Austausch von Materialien zur Planarbeit) b) Die Schulleitung sorgt für gute Rahmenbedingungen für die individuelle Lernbegleitung (Wertschätzung, Aus- und Weiterbildung, gegenseitiger Austausch). c) Es gibt verbindliche Vereinbarungen zur Individuellen Lernbegleitung, welche umgesetzt werden.
	6. Zusatzangebote zur individuellen Förderung sind mit dem Regelklassenunterricht abgestimmt.	a) Besondere Förderangebote für leistungsstarke, leistungsschwache oder fremdsprachige Kinder sind vorhanden. b) Besondere Förderangebote werden mit dem Unterricht in der Regelklasse durch gemeinsame Planung, regelmässige kindbezogene Absprachen, inhaltliche Koordination etc. abgestimmt.
Wirkung und Wirksamkeit	7. Schülerinnen, Schüler, Eltern, Lehrpersonen und Schulbehörden sind mit der individuellen Lernbegleitung zufrieden.	a) Die Schülerinnen und Schüler sowie ihre Eltern sind mit der individuellen Förderung zufrieden. b) Lehrpersonen, Schulleitung und Schulbehörden beurteilen die individuelle Lernbegleitung als wirksam.

Auszug aus: Bildungsdirektion Kanton Zürich / Fachstelle für Schulbeurteilung (2008)

3 Fordern und Fördern in der Grundschule
Wie sollte naturwissenschaftlicher Unterricht gestaltet werden?

Ein Unterrichtsbeispiel zu dieser Konzeption des Begleitens von Lernprozessen findet sich in den nachfolgenden Materialien.

« Zur unterstützenden Rolle der Lehrkraft in einem konstruktivistisch orientierten Unterricht

Ein Unterricht, wie er in der [Versuchsgruppe] «durchgeführt wurde, ähnelt einem genetisch angelegten Unterricht, in dem Freiräume zum forschenden Lernen und zur Wissenskonstruktion existieren, in dem gleichzeitig aber durch die Gliederung des Unterrichts und durch eine strukturierende Gesprächsführung der Aufbau von adäquaten Vorstellungen durch die Lehrperson unterstützt wird. Bereits in den 1970er-Jahren gab es z.B. von Einsiedler Untersuchungen zur Bedeutung von Strukturierung und Sequenzierung und zur Bedeutung prozessorientierter Lernhilfen im Rahmen gelenkt entdeckender Unterrichtsverfahren. Leider brachen diese Untersuchungsstränge in den 1980er-Jahren ab. Theoretisch eignet sich das bereits von Vygotsky (1978) und von Wood, Bruner und Ross (1976) beschriebene Konzept des «scaffolding», um die schwierige Aufgabe der Lehrkraft in einem auf kognitive Konstruktion ausgerichteten Unterricht zu beschreiben. Es wurde im Zusammenhang mit komplexen, anspruchsvollen Lernumgebungen von verschiedenen angloamerikanischen Autoren wieder aufgenommen (Davis & Miyake, 2004; Hogan & Pressley 1997, Pea 2004, Reiser 2004). Zum «Scaffolding» gehören

- Gliederungsmassnahmen, welche die Komplexität des Lerngegenstandes reduzieren und den Aufbau adäquater Vorstellungen erleichtern,
- die Auswahl geeigneter Experimente,
- Fokussierungshilfen, welche die Aufmerksamkeit der Schüler auf wichtige Aspekte lenken sollen,
- Impulse, welche Denkanstösse vermitteln, Problematisierungshilfen, welche auf ungelöste Fragen oder Widersprüche aufmerksam machen,
- Aufforderungen zum Mitteilen und Überprüfen von Vermutungen,
- Aufforderungen zum Begründen von Aussagen und zum Reflektieren von Lernwegen,
- Zusammenfassungen und Hervorhebungen wichtiger Schüleräusserungen und
- die Nutzung von Advance Organizern, um die Aufmerksamkeit von Schülern auf wichtige Aspekte zu richten.

Reiser (2004) beschreibt die Rolle der Lehrkraft als delikat, da die Lehrkraft versuchen muss, ein optimales Level an Unterstützung bereitzustellen. Die Aufgabe der Lehrkraft lässt sich dabei auf die Formel bringen: Die Lehrkraft sollte so viel Hilfe wie notwendig und so wenig Hilfe wie möglich anbieten, um forschende Lernprozesse zu ermöglichen und die kognitive Aktivität der Lernenden zu fördern.

Ein auf kognitive Konstruktion ausgerichteter Unterricht, der ein kognitives und motivationales Engagement der Lernenden anstrebt und eigenes Forschen und Entdecken ermöglichen möchte, ist also nur erfolgreich, wenn eine entsprechende Unterstützung durch die Lehrkraft erfolgt. Zu glauben, dass Handeln und Experimentieren der Lernenden allein zu verstandenem Wissen führe und man

Kinder unbehelligt forschen lassen sollte, um ihre kognitive Kreativität und ihr Interesse zu fördern, ist naiv.

Der in unserer Studie evaluierte Unterricht ist deshalb nicht nur für die Lernenden anspruchsvoll. Auch von der Lehrkraft erfordert ein solcher Unterricht eine Reihe anspruchsvoller Kompetenzen – sowohl im fachlichen wie auch im didaktisch-methodischen Bereich. Die Lehrerbildung in allen Phasen sollte sich hier gefordert sehen. ❯

Literatur
Davis, E. & Miyake, N. (2004). Explorations of scaffolding in complex classroom systems. The Journal of the Learning Sciences, 13(3), 265–272.
Hogan, K. & Pressley, M. (1997). Scaffolding scientific competencies within classroom communities of inquiry. In: Hogan, K. & Pressley, M. (Eds.), Scaffolding student learning: Instructional approaches and issues. Louiseville, Quebec, S. 74–107.
Pea, R. (2004). The social and technological dimensions of scaffolding and related theoretical concepts for learning, education, and human activity. The Journal of the Learning Sciences, 13, S. 423–451.
Reiser, B. (2004). Scaffolding complex learning: The mechanisms of structuring and problematizing student work. The Journal of the Learning Sciences, 13(3), S. 273–304.
Vygotsky, L. (1978). Mind in society: The development of higher psychological processes. Cambridge.
Wood, D., Bruner, J. & Ross, G. (1976). The role of tutoring in problem solving. Journal of Child Psychology and Psychiatry and Allied Disciplines, 17, S. 89–100.

Auszug aus: Möller, K. (2006). Fordern und Fördern in der Grundschule. Wie sollte naturwissenschaftlicher Unterricht gestaltet werden? In: Individuelle Förderung: Begabungen entfalten – Persönlichkeiten entwickeln. Allgemeine Forder- und Förderkonzepte. Hrsg. Chr. Fischer, F. J. Mönks, U. Westphal. © LIT Verlag Münster, S. 106–123.

Kommentierte Literaturhinweise

Eschelmüller, Michele — **Lerncoaching: Vom Wissensvermittler zum Lernbegleiter.** Grundlagen und Praxishilfen: Mülheim: Verlag an der Ruhr. (2008)
Der Band zeigt auf, wie die Lern- und Verstehensprozesse der Lernenden optimiert werden können und dadurch Erfolgserlebnisse entstehen. Lerncoaching bedeutet die Begleitung der Lernenden beim selbstverantwortlichen Lernen, die Mitbestimmung der Lernenden am Lernprozess und die individuelle Förderung mithilfe von Lernportfolios. Checklisten, Fragebögen und grafische Übersichten erleichtern die direkte Umsetzung in die Praxis.

Gisbert, Kristin — **Lernen lernen.** Lernmethodische Kompetenzen von Kindern in Tageseinrichtungen fördern. Weinheim: Beltz. (2004)
Dieser Band stellt die Bedeutung früher Lernprozesse und die Vermittlung lernmethodischer Kompetenzen in den Mittelpunkt frühkindlicher Bildung. Die Autorin beschreibt die lern- und entwicklungspsychologischen Grundlagen für diese Kompetenz, stellt Forschungsergebnisse verständlich vor und zeigt, wie kindliche Lernprozesse im Alltag organisiert und begleitet werden können.

Hengartner, Elmar (Hrsg.) — **Mit Kindern lernen.** Standorte und Denkwege im Mathematikunterricht. Zug: Klett und Balmer. (1999)
Mit Standortbestimmungen können zu Beginn des Schuljahres vorhandene Fähigkeiten erkannt werden. Offene Aufgaben lassen sich bzgl. des Lernstandes interpretieren, und mit gezielten Erkundungen lassen sich unterschiedliche Rechenstrategien ermitteln. Nützliche Werkzeuge für einen eigenaktiven Mathematikunterricht von der Vorschule bis Ende Primarschulzeit.

Hinnen, Hanna — **Lernen kennenlernen**, 6.–9. Klasse, Lernstrategien und Lerntechniken richtig einsetzen. Lehrmittelverlag des Kantons Zürich. (2001)

Hinnen, Hanna — **Ich lerne lernen**, 3.–5. Klasse, Lernstrategien und Lerntechniken kennenlernen und einüben. Lehrmittelverlag des Kantons Zürich. (2002)

Hinnen, Hanna — **Kommentar (für Lehrpersonen) zu «Ich lerne lernen» und «Lernen kennenlernen».** Lehrmittelverlag des Kantons Zürich. (2002)
In den Lehrmitteln von Hanna Hinnen finden Lehrpersonen konkrete Hilfestellungen, wie sie mit ihren Schülerinnnen und Schülern über das Lernen nachdenken und gezielt Lernstrategien aufbauen können. Das Lehrmittel enthält Beobachtungsaufgaben, Vorgehensweisen und Arbeitsmittel für die Lernenden.

Huser, Joëlle — **Lichtblick für helle Köpfe.** Zürich: Lehrmittelverlag des Kantons Zürich. (2007, 5. Auflage)
Ein Wegweiser zur Erkennung und Förderung von hohen Fähigkeiten bei Kindern und Jugendlichen auf allen Schulstufen mit vielen Beispielen, Beobachtungsbogen, Anregungen für den Unterricht.

Schräder-Naef, Regula **Lerntraining in der Schule.** Voraussetzungen – Erfahrungen – Beispiele. Weinheim: Beltz Verlag. Für Lehrkräfte der Sekundarstufen. (2002)
Der Band stellt Erkenntnisse und für das Lerntraining relevante Forschungsergebnisse beispielsweise zur Lernpsychologie, zu Lernbiografien, zur Hirnforschung, zu Lernmotivation und Informationsmanagement in allgemein verständlicher Form dar. Er fasst die von Schulen bei der Vermittlung von Lernstrategien und der Durchführung entsprechender Projekte und Kurse gemachten Erfahrungen sowie die Vor- und Nachteile unterschiedlicher Vorgehensweisen zusammen. Mit zahlreichen Beispielen, Kopiervorlagen, Fragebogen etc., die im Unterricht bei der Vermittlung von Lernstrategien verwendet werden können. Das Buch richtet sich in erster Linie an Lehrpersonen der Sekundarstufe.

Materialien   Lernprozesse begleiten

1 Projekt «Eine Schülerin, einen Schüler individuell begleiten»

Mit Beobachten, Über-die-Schulter-Schauen und Hineinhören bekommen Sie einiges über Schülerinnen und Schüler mit, doch um mehr zu erfahren, braucht es Interaktionen mit der Schülerin, dem Schüler. Das können Sie in diesem Projekt exemplarisch erfahren.

Worum es geht

In Absprache mit der Lehrperson der Klasse wählen Sie eine Schülerin, einen Schüler für eine individuelle Lernbegleitung aus. Sie behalten diese Schülerin/diesen Schüler speziell im Auge und unterstützen ihn/sie als temporäre Begleitlehrperson beim Lernen. Die individuelle Lernbegleitung findet in erster Linie während des Unterrichts statt, d.h. vor allem während der Zeit, in der Sie selber nicht unterrichten – mindestens eine Lektion pro Tag in der Schule. Je nach den Gegebenheiten des Stundenplans und nach Absprache können Sie den Schüler/die Schülerin in auch in Randstunden bzw. als Aufgabenhilfe begleiten bzw. im Kindergarten während der freien Sequenzen. Diese Art von Lernbegleitung ist sowohl für leistungsstarke als auch für leistungsschwache Schülerinnen und Schüler möglich.

Nutzen

Sie erhalten eine weitere Gelegenheit, sich mit dem Lernen eines einzelnen Schülers, einer einzelnen Schülerin genauer auseinanderzusetzen. Gleichzeitig kann dadurch auch verständlicher werden, wie Sie selber in Ihrer eigenen Schulzeit gelernt haben. Der Fokus ist bei dieser Aufgabe bewusst auf das Individuum gerichtet: Welches sind seine Lernstrategien, wo hat es Probleme, welches sind seine Stärken, seine Interessen? Wie erlebt es den Unterricht, welche Bedeutung für sein Lernen haben das Soziale, die Klasse, die Freunde? Wie ist die Kommunikation mit der Lehrperson? Wichtig ist dabei, dass Sie versuchen, das Kind, den Jugendlichen in seinem Lernen so gut wie möglich zu verstehen und so eine Sensibilität für die Situation des Einzelnen in der Klasse zu entwickeln. Und ebenso geht es für Sie natürlich darum, das Kind, den Jugendlichen konkret zu unterstützen – d.h. zu erklären, Aufgaben zu erörtern, anschauliche Beispiele zu finden, Übungen zu wiederholen, Strategien weiterzuentwickeln, auf Fragen einzugehen, zu ermutigen usw. Weiter ist diese Lernbegleitung wichtig für die Unterrichtsplanung – sie hilft Ihnen, besser zu verstehen, was mit «Lernprozesse begleiten» gemeint ist.

Planung und Verlauf

Sie beschränken sich anfangs aufs Beobachten und machen sich Notizen. Schon bald nehmen Sie Kontakt auf mit Ihrer Schülerin, Ihrem Schüler und beginnen die Lernbegleitung nach Absprache mit der Lehrperson in einer geeigneten Form.

Der weitere Verlauf der Lernbegleitung muss auf die individuelle Situation des Kindes, des Jugendlichen, auf den Stundenplan und auf die Unterrichtsinhalte abgestimmt werden. Sie besprechen mit der Lehrperson, welche Form geeignet ist: Soll in einem separaten Raum gelernt und vertieft werden, oder ist es besser, wenn man im Klassenzimmer bleibt? Gibt es vielleicht Randzeiten, die sich besser eignen? Möchte der Schüler, die Schülerin Sie eventuell schon vor dem Unterricht treffen? Folgt man in erster Linie dem Klassenunterricht, oder werden individuelle Ziele für diese Begleitung vereinbart? Welches Fach, welche Inhalte sind besonders wichtig? Diese Fragen müssen fortwährend geklärt und auf die Situation in der Schule abgestimmt werden.

Formales
Zeitlicher Umfang: In der Regel findet die Lernbegleitung pro Studierendem/Studierender während einer Lektion pro Kooperationsschultag statt.

Dokumentieren Sie den Verlauf der Lernbegleitung, und halten Sie Ihre Erkenntnisse schriftlich fest.

Informieren Sie Mitstudierende und die Lehrperson regelmässig über den Stand der Lernbegleitung.

Leitfaden zu Beobachten – Begleiten – ein Gespräch führen

Verhalten beobachten
Beobachten Sie das Verhalten der Schülerin/des Schülers in verschiedenen Situationen: während Instruktionsphasen durch die Lehrperson, während Einzel- oder Gruppenarbeiten, beim Hereinkommen nach der Pause, während der freien Sequenz (Kindergarten) etc.
- Wie beteiligt sie/er sich am Unterricht?
- Wie ist ihre/seine Aufmerksamkeit?
- Wie reagiert sie/er auf Mitschüler, Mitschülerinnen bzw. die Lehrperson?
- Wie führt sie/er Aufträge aus?

Protokollieren Sie sämtliche Tätigkeiten und/oder Interaktionen der Schülerin/des Schülers mit anderen. Tipp: Teilen Sie Ihr Protokoll in zwei Spalten auf. In der linken Spalte notieren Sie Ihre Beobachtungen, in der rechten Spalte Ihre Interpretationen.

Lernstrategien und Problemlösen
Begleiten Sie die Schülerin, den Schüler während der Bearbeitung einer Aufgabe (Lösen von Mathematikaufgaben, Textschreiben, Bastelarbeit, Zusammensetzen eines Puzzles etc.). Legen Sie dabei Ihr Augenmerk auf folgende Punkte:
- Wie wird das Problem initiiert?
- Wie geht die Schülerin/der Schüler das Problem an?
- Wie sucht und findet er/sie die Lösung?

Bitten Sie die Schülerin/den Schüler laut «vorzudenken» und Ihnen zu erläutern, wie sie/er die Aufgabe löst. Notieren Sie die Gedanken möglichst genau.
- Was überlegst du gerade?
- Was hast du eben gelernt?
- Was hast du jetzt gerade entdeckt?
- Wie hast du das herausgefunden?

Ein Gespräch führen

Wählen Sie aus den unten aufgeführten Vorschlägen geeignete Fragen aus. Diese Sätze sind als Anregung für Beobachtungen und ein Gespräche gedacht und müssen je nach Situation (Vorschule, Primarschule, Sekundarschule) entsprechend angepasst werden. Schaffen Sie Transparenz, und erklären Sie dem Kind oder Jugendlichen, dass Sie diese Fragen für Ihre Ausbildung stellen und dass es sich hier nicht um Test- oder Kontrollfragen handelt.

Fragen eher für jüngere Kinder

Fächer und Themen in Schule und Vorschule
- Welche Fächer und speziellen Inhalte hast du besonders gern – und warum?
- Gibt es ein Thema, das dich interessiert, welches jedoch in der Schule/Vorschule nicht vorkommt?
- Welche Inhalte und Themen findest du wichtig für dich zu lernen – was findest du völlig unnötig?

Spezielle Interessen
- Was kannst du besonders gut?
- Was magst du besonders gut?
- Hast du oft eigene Ideen zu einem Thema in der Schule/Vorschule?

Während des Unterrichts
- Welche Art von Unterricht hast du am liebsten?
- Brauchst du viel Ruhe zum Lernen, oder stört dich Lärm nicht so sehr? (In der Schule, zu Hause?)
- Gibt es Dinge, die dich nervös machen oder stressen?
- Was machst du gar nicht gern – oder macht dich sogar müde?
- Wann machst du gern im Unterricht aktiv mit?
- Gibt es etwas, das dich manchmal im Unterricht ablenkt?

Erfolg / Misserfolg
- Welches ist bisher dein grösster Erfolg in der Schule/Vorschule?
- Hast du dich schon einmal selbst belohnt, weil du gut warst?
- Was machst du, wenn du etwas nicht verstehst?
- Was machst du, damit du das Gelernte nicht so schnell wieder vergisst?

Ich und die anderen
- Lernst du lieber allein oder in der Gruppe oder zu zweit?
- Wer hilft dir am meisten? Du dir selber? Ein Freund, eine Freundin? Lehrer, Lehrerin? Mutter / Vater / Geschwister?
- Hast du ein Vorbild für dein Lernen?

Rituale und Gewohnheiten
- Zu welcher Tageszeit lernst du am liebsten?
- Fällt es dir manchmal schwer, mit dem Lernen anzufangen?
- Kannst du dir deine Lernzeit gut einteilen?
- Kannst du gut schlafen, oder bist du am Morgen manchmal müde?
- Kannst du deine Sachen gut organisieren?
- Wie muss dein Arbeitsplatz aussehen?

Tipps und Tricks
- Hast du manchmal Angst vor Prüfungen? Vor welchen? Was machst du dann?
- Hast du besondere Tricks beim Lernen oder beim Üben?
- Wo überall suchst du nach Informationen?
- Fragst du gern und oft nach, wenn du etwas nicht verstehst?
- Machst du dir oft Notizen?
- Wie planst du einen Vortrag?
- Wie löst du ein Problem, z.B. eine Knobelaufgabe?
- Wie lernst du ein Gedicht am besten auswendig?

Ergänzende Fragen, eher für Jugendliche
Arbeitstechnik
- Wie beurteilst du das Verhältnis von Aufwand und Ertrag, wenn du lernst? Was machst du, damit sich dein Einsatz lohnt und du deine Arbeit gut bewältigen kannst? In der Schule, zu Hause?
- Gibt es Wissensgebiete, bei denen du einen guten Überblick hast? Wie hast du das geschafft?
- In welchen Unterrichtssituationen kannst du gut zuhören, wann fällt es dir schwer?
- Wie gehst du vor, wenn du komplizierte Texte lesen und verstehen musst? Kennst du hilfreiche Lesetipps? Was machst du, wenn du vieles nicht verstehst?
- Wenn du Notizen machst, was machst du damit – überarbeitest du sie?
- Machst du dir jeweils einen Plan, bevor du mit deinen Hausaufgaben beginnst?
- Wie lernst du in Gruppen – was dünkt dich wichtig bei einer Gruppenarbeit? Welche Spielregeln braucht es, damit man in einer Gruppe gut arbeiten kann?
- Weisst du am Anfang der Woche ungefähr, wie viele Stunden du lernen musst und wie viele du frei hast?
- Wie motivierst du dich selbst am besten zum Lernen?

Prüfungen
- Wie bereitest du dich auf Prüfungen vor? Arbeitest du dafür manchmal auch bis spät in der Nacht?
- Wie bereitest du einen Aufsatz vor, machst du Notizen, beginnst du gleich mit schreiben, oder geht es lange, bis du eine Idee hast?
- Wenn du viele Informationen zu einem Vortrag zusammenfassen musst – wie gehst du vor?
- Wie gehst du mit Misserfolg um?

Diverses
- Wie steht es mit Sport und Bewegung? Treibst du regelmässig Sport? Hilft dir das auch für dein Lernen?
- Achtest du auf deine Ernährung? Isst du z.B. morgens ein Frühstück?
- Hast du schon erlebt, dass dich persönliche Sorgen oder Probleme vom Lernen abhalten?
- Was brauchst du, damit du eine halbe Stunde konzentriert arbeiten kannst? In der Schule, zu Hause?

Literatur
Schräder-Naef, Regula (2003). Rationeller Lernen lernen. Ratschläge und Übungen für alle Wissbegierigen. Weinheim: Beltz.
Hinnen, Hanna (2001). Ich lernenlernen – Lernen kennen lernen. Kommentar. Zürich: Lehrmittelverlag.

2 Lern- und Verstehensprozesse begleiten: Beispiel «Getreide mahlen»

Eine gute Lernbegleitung kann auch darin bestehen, den Dialog unter den Kindern anzuregen und sie aufzufordern, ihre Vermutungen genau zu erklären und zu überprüfen. Folgendes Unterrichtsbeispiel zeigt diese gleichzeitig zurückhaltende als auch die Lernenden aktivierende Rolle der Lehrperson im Lernprozess.

❰ Das Thema «Wie aus Getreide Brot gemacht wird» gehört zu den Standardthemen des Sachunterrichts. Verfolgen wir dieses Thema unter dem Aspekt «Wie die dafür erforderlichen Arbeiten früher aussahen und wie es heute ist», so ermöglichen wir Schülern einen ersten Einblick in die Veränderung von Arbeit durch Mechanisierung und Automatisierung und damit in den Bereich der Folgewirkungen technischer Entwicklungen.

In diesem Zusammenhang überlegen wir mit den Schülern, wie Getreide früher, als es noch keine elektrischen Mühlen gab, zu Mehl oder Schrot verarbeitet wurde. Die Schüler probieren aus: Sie zerreiben Weizen zwischen Steinen, zerklopfen ihn mit Hämmern und zerstossen ihn im Mörser.

Im nächsten Schritt fragen wir danach, wie Menschen sich diese zeitaufwendige Arbeit durch die Nutzung von Naturkräften, also von Wind und Wasser, haben erleichtern können. An dieser Stelle beginnt nun produktives Lernen: Unter Nutzung ihrer Vorerfahrungen mit dem Stössel und mit Windmühlen entwerfen die Schüler mögliche Maschinen (Abbildung 1). Samuel beginnt, indem er eine Windmühle mit Flügeln, ein Gefäss mit Getreidekörnern und einen mächtigen Stössel, der an die Abbildung der Afrikanerin erinnert, in seiner Zeichnung zusammenfügt. Der Stössel ist oben in einer Halterung befestigt. Als er die Zeichnung seinen Mitschülern erklärt, bemerkt er einen Fehler und stutzt: «Wenn sich die Flügel drehen, dann bewegt sich der Stampfer ja gar nicht!» Karin, die seinen

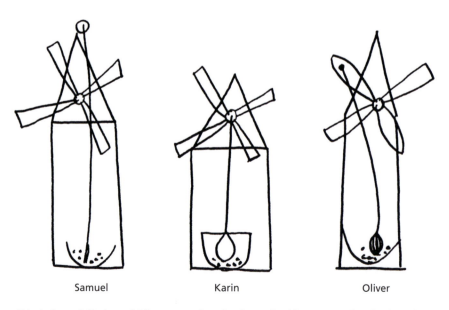

Abb. 1: Samuel, Karin und Oliver entwerfen eine Stampfmühle – entstanden durch Dialoge.

Entwurf verfolgte, hat eine Idee; sie geht zur Tafel und verändert Samuels Zeichnung, indem sie den Stössel mit dem Flügelrad verbindet: «Das (der Stössel) muss ja da dran, sonst bewegt der sich nicht.» Auch sie überprüft ihren Vorschlag, indem sie die Flügel gedanklich rotieren lässt. Dabei entdecken nun Mitschüler, dass es so noch immer nicht funktioniert. Oliver korrigiert, indem er in einer neuen Zeichnung den Stössel an einem Flügel aussen befestigt. Beim Beschreiben seiner Zeichnung stellt er noch eine Unzulänglichkeit fest. Der Stössel muss noch irgendwie eine Führung erhalten, damit er auch auf das Getreide auftreffen kann. Diese Führung entwirft er gestisch und deutet in der Zeichnung an, wo sie eingefügt werden müsste.

Der gemeinsam entwickelte Entwurf stellt eine mögliche, wenn auch nur schwer realisierbare Lösung dar. Immerhin haben die Schüler hierbei das technische Prinzip des Kurbelstangengetriebes nacherfunden. Der Lehrer hielt sich hierbei im Hintergrund: Er forderte zwar auf, zu zeigen und zu beschreiben, griff aber in den Dialog der Kinder nicht ein.

==Kindliches Denken braucht Zeit und Geduld; eigenständiges Denken muss sich auch in eigenen Bahnen entwickeln können.== Auch Irrwege können produktiv sein und sollten nicht sofort durch entsprechende Hilfestellungen oder Lenkungsmassnahmen abgekürzt werden. ==Aufgabe des Lehrers ist es, Situationen zu schaffen, in denen Kinder sich angeregt und interessiert mit Dingen gründlich auseinandersetzen können. Der Weg, den Kinder dabei beschreiten, ist mindestens genauso wichtig wie das Ergebnis ihrer Bemühungen== (S. 343–345). ❯

Auszug aus: Möller, K. (2000). Kinder auf dem Wege zum Verstehen von Technik: Zur Förderung technikbezogenen Denkens im Sachunterricht. In: W. Hinrichs & R. F. Bauer (Hrsg.). Zur Konzeption des Sachunterrichts (S. 328–348). © bei den Autorinnen und Autoren.

In diesem Anhang finden sich Auszüge aus dem Planungsinstrument, auf das in den verschiedenen Kapiteln dieses Buches vertiefend Bezug genommen wird.

Der erste Anhang zeigt das ganze Instrument anhand einer schematischen Planungsübersicht mit den vier Elementen Klärungsfelder, Entscheidungsfelder, Verlaufsplanung und Evaluieren des Unterrichts.

Der zweite Anhang stellt den Teil Evaluieren des Unterrichts im Zusammenhang mit dem Kapitel 2 «Unterricht beobachten – Feedback geben – reflektieren» detaillierter vor.

Planungsübersicht (rechte Seite)

Zumsteg et al. (2009). Unterricht kompetent planen: Vom didaktischen Denken zum professionellen Handeln. Zürich: Verlag Pestalozzianum. S. 11.

Klären

Die Sache klären

- Lehrplan
- Fachliche Quellen
- Struktur darstellen
- Lehrmittel
- Bezüge und Ressourcen von L./Sch.
- Fachdidaktische Aspekte (Prinzipien, Konzeptionen)

Die Bedingungen klären

Strukturelles

Personales/Soziales:
- Soziokultureller Hintergrund, Heterogenität
- Klassenregeln
- Schüler/innen: Individ. Wissen, Interessen, Fertigkeiten, Bedürfnisse
- Lehrpersonen: Wissen, Interessen, Voraussetzungen

Material, Räume, Zeiten

Fachliches:
- Medien
- Inhaltliche Vorgaben
- Lehrplan
- Lehrmittel
- Vorwissen und Lernstand der Klasse

Bedeutungen und Sinn klären

Einfluss auf Themenwahl und Sinngebung: gross / klein
Verantwortung: Lehrperson – gemeinsam – Schüler/in

Thematik

Entscheiden

Entscheid für Lernziele

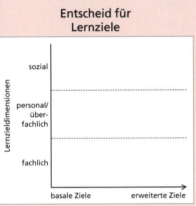

Lernzieldimensionen: sozial, personal/überfachlich, fachlich
basale Ziele — erweiterte Ziele

Entscheid für Formen der Lern-Evaluation

- Lernprozesse optimieren, Lernergebnisse erfassen
  - **Fremdeinschätzung**: Lehrpersonen-/Mitschüler-Feedback, aktuellen Lernstand erfassen
  - **Selbsteinschätzung**: Selbstregulierung/-überprüfung des Lernprozesses
- Lernergebnisse bewerten: Zielerreichung summativ festlegen, prüfen, benoten

Entscheid für Lehr-Lern-Arrangements

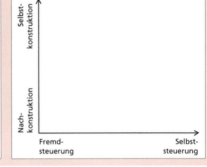

Selbstkonstruktion — Nachkonstruktion
Fremdsteuerung — Selbststeuerung

Gestalten von Lehr- und Lern-Prozessen — Verlaufsplanung

Phasen

Zeitbedarf für die Phase | Teilschritte benennen, die sich aus den Zielen und den L-L-Arrangements ergeben

Aktivitäten Lehrperson

Organisieren, Informieren, Aktivieren:
Ziele transparent machen, Vorwissen aktivieren, Interesse wecken, Informationen anbieten, erklären, zum Denken/Handeln anregen, mit Situationen konfrontieren, Aktivitäten vorschlagen, Classroom-Management, Klima, Umgang mit Störungen …

Lernprozesse begleiten:
Diagnostizieren, Schwierigkeiten erkennen, Feedback geben, Unterstützung anbieten, Lernwege erkennen und ind. Aktivitäten vorschlagen, Lernstand messen und zurückmelden …

Aktivitäten Schüler/innen

Lerntätigkeiten/Sozialformen für Klasse, Gruppen, Schüler/innen:

Mitdenken, ausprobieren, gestalten, Zusammenhänge erkennen, formalisieren, durchdenken, eigenes Lernen reflektieren, austauschen, kooperieren, festhalten, üben, variieren, anwenden, darstellen, vernetzen, Wissen teilen, lernen durch lehren, vortragen …

Medien

Lehrmittel, audiovisuelle Medien, Computer, Software, Arbeitsblätter, Bilder, Versuchsmaterial, Objekte, didaktische Hilfsmittel …

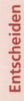

Evaluieren des Unterrichts

Den Unterricht reflektieren, evaluieren und weiterentwickeln

- Planung und Durchführung vergleichen
- Didaktische Entscheidungen reflektieren und Zielerreichung analysieren
- Wirkungen des eigenen Handelns als Lehrperson reflektieren
- Gesamteinschätzung vornehmen und Entwicklungsziele formulieren

Den Unterricht auch systematisch evaluieren

‹ Unterricht evaluieren und weiterentwickeln

Worum geht es?
Nach Abschluss einer Lektion oder einer Unterrichtseinheit sind eine individuelle oder gemeinsame Evaluation und Reflexion der Themenwahl, der Bedeutungsbeimessung, der sachlichen Angemessenheit, der Ziele, der Lehr-Lern-Arrangements und des Entscheids für Formen der Lern-Evaluation von grosser Bedeutung. Ausgangspunkt der Evaluation sind auch Schülerarbeiten und -leistungen.

Eine reflektierte differenzierte Unterrichtsevaluation bildet die Basis für eine erfolgreiche Entwicklung des Unterrichts. Dies umfasst einerseits die Detailplanung folgender Lektionen und andererseits eine umfassend verstandene Planung der Weiterentwicklung des Unterrichts (im Sinne von systematischen und gemeinsamen Anstrengungen der am Unterricht Beteiligten, die zur Verbesserung des Lehrens und Lernens und der schulischen Bedingungen beitragen).

Entscheidend ist, Evaluation als einen natürlichen, im Alltagshandeln verankerten Schritt zu verstehen, d.h., der Planung und Durchführung folgt das Interesse an der Frage, ob das Ziel der Arbeit erreicht wurde und welche Verbesserungen notwendig sind.

Was ist zu tun?

Planung und Durchführung vergleichen
Stellen Sie Beziehungen zwischen Ihren Planungsabsichten und der konkreten Durchführung her. Formulieren Sie die entscheidenden Übereinstimmungen und Abweichungen. Begründen Sie Abweichungen differenziert.

Didaktische Entscheidungen reflektieren und Zielerreichung analysieren
Überprüfen Sie rückblickend, inwieweit die Inhalte für die Schülerinnen und Schüler versteh- und lernbar wurden und ob Darstellung und Vermittlung fachdidaktisch angemessen waren. Analysieren Sie das Erreichen der fachlichen, personalen und sozialen Lernziele. Überprüfen Sie, ob die gewählten Lehr-Lern-Arrangements die erwünschten Wirkungen auf das Lernen der Schülerinnen und Schüler hatten oder nicht, und benennen Sie den Optimierungsbedarf.

Wirkungen des eigenen Handelns als Lehrperson reflektieren
Reflektieren Sie die Wirkungen Ihres Handelns in Bezug auf kognitive Aktivierung, Motivierungsfähigkeit, Schülerorientierung, individuelle Lernunterstützung, effiziente Klassenführung und ein lernförderliches und wertschätzendes Unterrichtsklima.

Gesamteinschätzung vornehmen und Entwicklungsziele formulieren
Schätzen Sie Ihre eigene Leistung realistisch und differenziert ein, und begründen Sie diese. Leiten Sie Ihre fachlichen, didaktischen, erzieherischen und organisatorischen Entwicklungsziele ab, und formulieren Sie diese in Form von konkreten Umsetzungsvorschlägen für weiteres Planen und Handeln.

Theoriebezüge herstellen und Fachsprache verwenden
Achten Sie darauf, vielseitige und passende Theoriebezüge herzustellen und eine differenzierte Fachsprache mit treffenden Fachausdrücken zu verwenden.

Den Unterricht auch systematisch evaluieren
Überlegen Sie sich nach mehrwöchigen Unterrichtsphasen, wie Sie Ihre persönlichen Eindrücke mit systematischer Evaluation ergänzen können. Teil der systematischen Evaluation sind Rückmeldungen von Schülerinnen und Schülern sowie von Fachpersonen und weiteren Beteiligten. ❯

Auszug aus: B. Zumsteg et al. (2009). Unterricht kompetent planen: Vom didaktischen Denken zum professionellen Handeln. © Verlag Pestalozzianum Zürich, S. 28, 29.

Autorinnen und Autoren

Hans Berner
Dozent PH Zürich für Bildung und Erziehung.
    hans.berner@phzh.ch

Urban Fraefel
Leiter Berufspraktische Studien Sek I an der Fachhochschule Nordwestschweiz.
    urban.fraefel@fhnw.ch

Dorothea Tuggener Lienhard
Dozentin PH Zürich für Bildung und Erziehung.
    dorothea.tuggener@phzh.ch

Regula von Felten
Dozentin PH Zürich für Bildung und Erziehung.
    regula.vonfelten@phzh.ch

Barbara Zumsteg
Dozentin PH Zürich für Bildung und Erziehung.
    barbara.zumsteg@phzh.ch

Bildnachweis

15	Aus dem Kinodokumentarfilms, Zum Abschied Mozart (2006), von Christian Labhart. Produktion Filmkollektiv Zürich AG, Verleih Look Now!
19	Donat Bräm, aus: Berner, H. & Isler, R. (2009). Immer noch Lehrer! Portraits und Essays. Bern: Haupt.
32	Donat Bräm, aus: Berner, H. & Isler, R. (2009). Immer noch Lehrer! Portraits und Essays. Bern: Haupt.
35	Donat Bräm, aus: Berner, H. & Isler, R. (2009). Immer noch Lehrer! Portraits und Essays. Bern: Haupt.
37	Camus, A. (1995) Le premier homme, Editions Gallimard Collection Folio.
40	McCourt, F. (2006). Tag und Nacht und auch im Sommer. München: Luchterhand.
57/58	Karikaturen aus: Marmet, O. (2000). Ich und du und so weiter. Weinheim: Beltz.
62	www.photocase.com.
63	Thomas Birri
64	zvg.
171–173	Dorothea Tuggener Lienhard.
181	Urban Fraefel (nach Vygotsky & Cole 1934/1978; Tharp & Gallimore 1991; Fraefel 2007).
182	Urban Fraefel.
184	Urban Fraefel (nach Hattie & Timperley 2007).
200	Aus: Möller, K. (2000). «Kinder auf dem Wege zum Verstehen von Technik». In: W. Hinrichs & R.F. Bauer (Hrsg.). Zur Konzeption des Sachunterrichts. Donauwörth: Auer. S. 328–348.
205	Aus: Zumsteg et al. (2009). Unterricht kompetent planen. Zürich: Verlag Pestalozzianum.

Trotz intensiver schriftlicher und mündlicher Recherchen konnten einige wenige Bild- und Text-Quellen nicht eindeutig geklärt werden. Sollte jemand eine Urheberschaft mit Rechtsanspruch nachweisen können, so ist der Verlag Pestalozzianum an der Pädagogischen Hochschule Zürich bereit, eine angemessene Vereinbarung zu treffen.